Band 44

Schriften zum Notarrecht

Herausgegeben von der Deutschen Notarrechtlichen Vereinigung e.V. (NotRV)

Prof. Dr. Walter Bayer/Prof. Dr. Elisabeth Koch (Hrsg.)

Scheidungsfolgenvereinbarungen

Nomos

Die Deutsche Nationalbibliothek verzeichnet diese Publikation in der Deutschen Nationalbibliografie; detaillierte bibliografische Daten sind im Internet über http://dnb.d-nb.de abrufbar.

ISBN 978-3-8487-2809-1 (Print)
ISBN 978-3-8452-7185-9 (ePDF)

1. Auflage 2016

Vorwort

Dieser Tagungsband versammelt die Vorträge, welche auf dem 10. Symposium des Instituts für Notarrecht an der Friedrich-Schiller-Universität Jena am 10. April 2015 unter dem Titel „Scheidungsfolgenvereinbarungen" gehalten wurden. Schwerpunkt des Bandes ist die Beleuchtung aktueller, praktisch relevanter Fragen bei der Gestaltung von Scheidungsfolgenvereinbarungen für den vertragsgestaltenden Notar und Anwalt.

Einführend gibt *Dieter Schwab* einen Überblick über die Entwicklung von Ehe- und Scheidungsfolgenvereinbarungen. Dabei zeigt er, dass wandelbares Familienrecht wandelbares Vertragsrecht ist und verdeutlicht in diesem Rahmen das problematische Spannungsverhältnis zwischen Privatautomie und Reformbestrebungen. *Christof Münch* beschäftigt sich mit den wichtigen, in der Praxis aber dennoch häufig vernachlässigten, steuerrechtlichen Aspekten, die beim Abschluss einer Vereinbarung bezüglich Zugewinn und Vermögensauseinandersetzung im Falle einer Scheidung zu berücksichten sind. Zudem behandelt er die verschiedenen Interdependenzen des Zugewinns mit anderen Rechtsgebieten und die aktuelle Rechtsprechung des BGH zur Inhaltskontrolle. *Stephan Hammer* stellt Ausgestaltungsmöglichkeiten hinsichtlich des Verbleibs und der Finanzierung der Kinder vor. Eine Thematik, die angesichts der heutigen Vielfalt gelebter Nachtrennungsfamilien an Bedeutung gewinnt, zumal der Beratungs- und Regelungsbedarf bei Betreuungsmodellen wie dem Wechselmodell, bei dem das Kind zwischen den elterlichen Haushalten wechselt, zum Teil erheblich ansteigt. *Meo-Micaela Hahne* widmet sich anhand zahlreicher Fallbeispiele der bisherigen Rechtsprechung des BGH zur Inhaltskontrolle von Scheidungsfolgenvereinbarungen. Abschließend beleuchtet *Wolfgang Reetz* Scheidungsvereinbarungen zum Versorgungsausgleich nach dem VersAusglG aus notarieller Sicht und geht dabei auf verschiedene Problemquellen wie die Versorgungssicherheit im Alter oder Störungen der Äquivalenzbetrachtung von Wertangaben ein.

Univ.-Prof. Dr. Walter Bayer
Direktor des Instituts für Notarrecht an der Friedrich-Schiller-Universität Jena

Inhaltsverzeichnis

Ehe- und Scheidungsvereinbarungen in Zeiten wandelbaren Familienrechts

Dieter Schwab[*]

I. Einleitung- Zur „Rückwirkung" von Rechtsänderungen

1. Allgemeine Erwägungen

Änderungen des Rechts stellen Eingriffe in das persönliche und wirtschaftliche Leben dar. Die Gesellschaft bewegt sich – wie man sagt – auf dem Boden des jeweils geltenden Rechts, die Handlungen der Individuen und Gruppen sind durch den rechtlichen Rahmen und die vom Recht verheißenen Wirkungen mitbedingt. Wird das Recht geändert, so können sich die Vorstellungen der Akteure als irreal erweisen. Der Gesetzgeber sollte diesen einfachen Sachverhalt jederzeit vor Augen haben, hat es aber nicht.

Man könnte das Problem dadurch entschärfen, indem man neue Gesetze nur auf Rechtsverhältnisse anwendet, die erst künftig – nach Inkrafttreten der Änderung – entstehen. Das lässt sich bei kurzlebigen Rechtsverhältnissen, wie etwa dem Kauf eines Fahrrads, so regeln. Für Dauerverhältnisse hingegen wäre diese Lösung problematisch. Man kann sich nicht vorstellen, dass ein neues Kindschaftsrecht jeweils nur für die Kinder gilt, die nach Inkrafttreten der Reform geboren werden – wir hätten dann nebeneinander diverse Kindschaftsrechte, differenziert nach Geburtsdatum der Kinder, anzuwenden. Deshalb stellen Reformgesetze gewöhnlich den Anspruch, auch für diejenigen Dauerrechtsverhältnisse zu gelten, die schon vor ihrem Inkrafttreten begründet waren.

Das ist weniger problematisch, wenn es sich um Rechtsverhältnisse handelt, die durch Gesetz unmittelbar – ohne autonomen Akt der Beteiligten – begründet sind, wie das beim Kindschaftsrecht im Prinzip der Fall ist. Der Staat gestaltet das Kindschaftsrecht als gesetzliches Rechtsverhältnis zwischen Kind und Eltern. Und auch wenn in diesem Verhältnis

* Prof. Dr. Dr. h.c. Dieter Schwab ist emeritierter Ordinarius an der Universität Regensburg.

Willenselemente eine Rolle spielen (Elterneinigung, Wille des Kindes), so ist es letztlich doch der Staat, der durch Gesetz und Gericht das Rechtsverhältnis zwischen Kindern und Eltern bestimmt.

Anders stellt sich die Problemlage dar, wenn es sich um Dauerrechtsverhältnisse handelt, die auf Vertrag beruhen. Für ein Vertragsverhältnis ist – in einem System der Vertragsfreiheit – der Wille der Parteien das Maßgebliche. Dieser Wille ist zwar im Rahmen des gerade geltenden Gesetzesrechts gebildet. Doch zielt er, soweit die Gesetze nicht zwingend sind, auf eine autonome Gestaltung der Rechtswirkungen ab. Daraus könnte man schließen, dass spätere Änderungen des gesetzlichen Umfelds das durch Vertrag geschaffene Rechtsverhältnis nicht mehr berühren.

Das ist allerdings nicht die Auffassung des deutschen Normgebers, der neue Gesetze ab ihrem Inkrafttreten möglichst auch auf vertraglich schon zuvor begründete Dauerrechtsverhältnisse anwenden will. Das Paradebeispiel dafür ist die Ehe. Diese hat allerdings die Eigenart, dass sie einerseits durch einen privatautonomen personenrechtlichen Vertrag begründet wird, andererseits in ein Rechtsverhältnis führt, für das der Staat ein enggeknüpftes Netz von gesetzlichen Folgewirkungen bereithält. Die Ehe ist – so sagt man – nicht nur Vertrag, sondern auch „Institution", sozusagen ein Mittelding zwischen einem rein vertraglichen und einem gesetzlichen Rechtsverhältnis.

Gleichwohl ist der Wille der Beteiligten auch hier das letztlich Entscheidende. Wenn ein Paar an einem bestimmten Tag heiratet, dann begibt es sich freiwillig in ein Rechtsverhältnis, das an diesem Tage so und nicht anders gestaltet ist. Und dann ist es nicht selbstverständlich, dass sich dieses Rechtsverhältnis später im Laufe wohlgemeinter Gesetzesreformen ohne Zutun und Zustimmung der Parteien ändern soll, besonders wenn die Änderungen fundamental sind, also das sogenannte Wesen der Ehe berühren.

2. Übergangsvorschriften bei Reformen des Eherechts

Genau aber das mutet der Gesetzgeber den Eheleuten vielfach zu, wie ein kurzer Blick auf Übergangsregelungen zeigen mag. Je nach Reformgesetz und Gegenstand ergeben sich freilich Unterschiede.

a) Ehebegründung

Die Voraussetzungen und Formen wirksamer Eheschließung werden gewöhnlich nicht rückwirkend verändert.[1] Die „Altehen" bleiben also auch für das neue Recht als Ehen erhalten.

b) Persönliches Eherecht

Neues persönliches Eherecht wird den „Altehen" ohne weiteres aufgestülpt, so bei Einführung des BGB[2] ebenso wie bei der Eherechtsreform von 1976[3]. Das galt nach dem Gleichberechtigungsgesetz 1957 auch für die eheliche Unterhaltspflicht.[4]

c) Scheidungsrecht

Gleiches gilt für das Recht der Scheidungsgründe und des Scheidungsverfahrens: Nach altem Recht begründete Ehen können gewöhnlich nur nach neuem Recht geschieden werden, so bei Einführung des BGB[5] und beim Ehegesetz von 1938, das allerdings für die Nichtigerklärung und Aufhebung einer Ehe mit einigen Sonderregelungen aufwartete.[6] Auch das Scheidungsrecht des Ersten Eherechtsreformgesetzes (1976) folgte dieser Linie[7]: Es gibt kein Vertrauen auf den Fortbestand eines Scheidungsrechts.

---

1 Nach § 85 Ehegesetz 1938 galt für die Eheschließung bisheriges Recht, wenn zur Zeit des Inkrafttretens des Gesetzes das Aufgebot angeordnet war.

2 Art. 199 EGBGB (1900).

3 Art. 12 Nr. 1 Erstes Gesetz zur Reform des Ehe- und Familienrechts (1. EheRG) vom 14.6.1976 (BGBl. 1976 I 1421).

4 Art. 8 Abs.1 Nr.1 Gesetz über die Gleichberechtigung von Mann und Frau auf dem Gebiete des bürgerlichen Rechts (Gleichberechtigungsgesetz) vom 18.6. 1957 (BGBl. I S.609).

5 Art. 201 EGBGB (1900).

6 § 86 ff. EheG (1938).

7 Art. 12 Nr. 3 S.1 des 1. EheRG.

d) Güterrecht und Versorgungsausgleich

Beim Güterrecht wird die Sache komplizierter, es fehlt eine klare Linie. Die Schöpfer des BGB schreckten davor zurück, in bisher bestehende Güterstände einzugreifen: Die Eheleute blieben auch unter der Geltung des BGB in ihrem Güterstand nach bisherigem Recht,[8] die Bewältigung des Güterstandswechsels war dem Landesrecht vorbehalten.[9]

Eine andere Regelung fand hingegen das Gleichberechtigungsgesetz von 1957 bei der Einführung des gesetzlichen Güterstandes der Zugewinngemeinschaft. Der neue gesetzliche Güterstand galt auch für die bisher schon bestehenden Ehen vorbehaltlich einer befristet geltend zu machenden Option jedes Ehegatten für die Gütertrennung.[10] Dieser Regelung lag die Auffassung zugrunde, dass das alte gesetzliche Güterrecht (Verwaltung und Nutznießung des Mannes) verfassungswidrig war. Gleichwohl wollte der Gesetzgeber den Eheleuten den neuen Zugewinnausgleich nicht aufzwingen und bot die Gütertrennung als Alternative.

Eine ähnliche Lösung fand der Gesetzgeber bei Herstellung der deutschen Rechtseinheit im Jahre 1990: Obwohl der gesetzliche Güterstand des DDR-Rechts (Eigentums- und Vermögensgemeinschaft) nicht als verfassungswidrig gelten konnte, überführte der Einigungsvertrag alle am Einigungsstichtag in diesem Güterstand lebenden Paare ohne weiteres in die Zugewinngemeinschaft des bundesrepublikanischen Rechts. Dieser Eingriff in bestehende Eigentumsrechte war nur tragbar, weil zugleich jedem Ehegatten die Möglichkeit vorbehalten wurde, binnen zwei Jahren für die Aufrechterhaltung des alten Güterstandes zu optieren.[11] Ohne weiteres galt das alte Recht für diejenigen Paare, deren Ehen bereits vor Wirksamkeit des Beitritts geschieden worden waren.[12]

---

8 Art. 200 Abs.1 EGBGB (1900).

9 Art. 218 EGBGB (1900).

10 Art. 8 Abs. 1 Nr. 3, 4 Gleichberechtigungsgesetz: Für die Ehegatten, die am 31.März 1953 – dem Gleichberechtigungsstichtag – im gesetzlichen Güterstand der Verwaltung und Nutznießung des Mannes gelebt haben, galt der neue Güterstand der Zugewinngemeinschaft vorbehaltlich einer Option jedes Ehegatten für die Gütertrennung; für diejenigen, die zwischen dem 31.März 1953 und dem Inkrafttreten des GleichberG geheiratet hatten, galt dasselbe; die Option für die Gütertrennung entfiel bei denjenigen, welche erst nach Verkündung, aber vor Inkrafttreten des Reformgesetzes geheiratet hatten.

11 Art. 234 § 4 Abs.2, 3 EGBGB.

12 Art. 234 § 4 Abs.5 EGBGB.

Ganz anders freilich verfuhr die Reform des Zugewinnausgleichsrechts im Jahre 2009. Obwohl das materielle Recht wesentlich verändert wurde, glaubte der Gesetzgeber auf Übergangsvorschriften verzichten zu können – ausgenommen betreffend einen einzigen Paragraphen (§ 1374) und nur für Verfahren, die vor dem 1.9.2009 schon anhängig gemacht waren.[13] Von dieser Ausnahme abgesehen sollte das neue Recht unterschiedslos auf alle schon bestehenden Ehen angewendet werden.[14] Das bedeutet: Ehegatten, die nach altem Recht keinen Ausgleichsanspruch gehabt hätten, können nun ausgleichsberechtigt sein und umgekehrt. Auch dort, wo die Rollen des „Berechtigten" und „Verpflichteten" gleich bleiben, ändern sich vielfach die Ausgleichssummen. Diese Regelung griff in bestehende Eigentumsrechte ein, wenn man den Zugewinnausgleich nicht als bloße Scheidungsfolge, sondern als rechtstechnisches Instrument zur Realisierung einer Ehewirkung, nämlich der fortlaufenden Beteiligung am ehezeitlichen Vermögenserwerb betrachtet.

Keine Bedenken trug der Gesetzgeber auch, als er 1976 den Versorgungsausgleich rückwirkend einführte. Zumindest für öffentlich-rechtlich begründete Versorgungswerte war das eine völlig neue Ehewirkung, von der nur diejenigen Ehen verschont blieben, die nach bisherigem Scheidungsrecht (des alten Ehegesetzes) bereits geschieden waren.[15] Für die anderen waren mit einem Schlag die bisher von den Ehegatten erworbenen Altersversorgungen zur Teilungsmasse erklärt – ohne Möglichkeit eines einseitigen „Opt-out". Eine Art Härteklausel wurde nur für denjenigen Ehegatten hinzugefügt, der nach altem Recht allein wegen des Widerspruchs des anderen gegen die Scheidung nicht geschieden werden konnte, da konnte der Ausgleichsanspruch herabgesetzt werden.[16] Das war aber die Ausnahme vom Prinzip.

---

13 Gesetz zur Änderung des Zugewinnausgleichs- und Vormundschaftsrechts vom 6.7.2009 (BGBl. I 1696), Art. 6 Nr.2; Art. 229 § 20 EGBGB.

14 Dass die „Übergangsvorschriften" zur Reform des Zugewinnausgleichsrechts im Jahre 2009 zu ganz unmöglichen Ergebnissen führen, habe ich an anderer Stelle dargelegt, siehe den Aufsatz „Übergangsprobleme der Reform des Zugewinnausgleichs", FamRZ 2009, 1961 ff. Die Vorschriften dürften einer verfassungsrechtlichen Überprüfung kaum standhalten.

15 Art.12 Nr.3 Abs.3 S.1 des 1. EheRG.

16 Art. 12 Nr.3 S.3, 4 des 1. EheRG.

e) Nachehelicher Unterhalt

Besonders spannend sind die Übergangsregelungen für das Unterhaltsrecht nach der Scheidung. Das Ehegesetz von 1938, welches das Scheidungsrecht grundlegend reformierte, sah vor, dass auch für Ehen, die vor Inkrafttreten des Gesetzes geschieden worden waren, für die Zukunft das neue nacheheliche Unterhaltsrecht gelten sollte, außer wenn beide Ehegatten für schuldig erklärt worden waren.[17] Das Eherechtsreformgesetz von 1976 erstreckte die Geltung des neuen Unterhaltsrechts auf bisher schon bestehende Ehen, ausgenommen diejenigen, die nach bisherigem Recht bereits geschieden waren.[18] Scheidungsgründe und Scheidungsfolgen wurden also in konzeptioneller Verbindung miteinander gesehen: Erst die neue Scheidung (Zerrüttung) öffnet das Tor zum neuen Geschiedenenunterhalt.

Eine solche gedankliche Verbindung fehlt bei den folgenden Änderungen des Unterhaltsrechts, die das Scheidungsrecht selbst unberührt ließen. Das UÄndG von 1986 wollte für alle Ehen gelten, auch die schon zuvor geschiedenen. Einschränkungen waren nur vorgesehen, wenn über einen Unterhaltsanspruch vor Inkrafttreten der Reform bereits rechtskräftig entschieden, ein vollstreckbarer Schuldtitel errichtet oder eine Unterhaltsvereinbarung getroffen war. In diesem Fall galt zwar auch das neue Recht, aber vorbehaltlich eines gewissen Vertrauensschutzes: Der Pflichtige konnte sich auf Umstände, die vor Inkrafttreten des Gesetzes entstanden waren, nur berufen, soweit ihm die Aufrechterhaltung der bisherigen Regelung auch unter Berücksichtigung des Vertrauens des Berechtigten unzumutbar war. Durch Fakten, die nach Inkrafttreten der Reform entstanden, konnten hingegen auch schon ausgeurteilte oder vereinbarte Unterhaltsverpflichtungen ohne weiteres gekippt werden.[19]

Das Unterhaltsänderungsgesetz von 2007 schließlich wendet wie selbstverständlich das neue Recht auch auf „Altehen" an, und zwar auch wenn sie schon zuvor geschieden waren. Eine Einschränkung bietet § 36 Nr.1 EGZPO:[20] Wenn vor Inkrafttreten der Reform über einen Unterhalts-

17 § 96 EheG (1938).

18 Art. 12 Nr.3 S.2 des 1. EheRG.

19 Art. 6 Nr. 1 Gesetz zur Änderung unterhaltsrechtlicher, verfahrensrechtlicher und anderer Vorschriften (UÄndG) vom 20. 2. 1986 (BGBl. 1986 I S.301).

20 § 36 Nr.1 EGZPO in der Fassung des Art. 3 Abs.2 Gesetz zur Änderung des Unterhaltsrechts vom 21.12.2007 (BGBl. I 3189).

anspruch schon rechtskräftig entschieden, ein vollstreckbarer Titel errichtet oder eine Unterhaltsvereinbarung getroffen war, so sind Umstände, die vor diesem Tag entstanden waren und durch die Reform erheblich geworden sind, nur zu berücksichtigen, soweit eine wesentliche Änderung der Unterhaltsverpflichtung eintritt und die Änderung dem Unterhaltsgläubiger unter Berücksichtigung seines Vertrauens in die getroffene Regelung zumutbar ist. Im Übrigen enthält das Gesetz keine eigentlichen Übergangsvorschriften: Wenn am 1. Januar 2008 noch kein rechtskräftige Entscheidung, noch kein Titel oder keine Vereinbarung vorlag, dann ist das neue Recht ohne jede Einschränkung auf „Altehen" anzuwenden[21] – auch unter Berücksichtigung von Fakten, die bereits vor Inkrafttreten der Reform gegeben waren.

Die Auswirkungen dieser Regelung auf die bestehenden Unterhaltsrechtsverhältnisse auszumalen, hieße Eulen nach Athen tragen. Selbst Unterhaltsansprüche, die bereits ausgeurteilt oder vereinbart waren, unterliegen nach § 323 ZPO (alt) bzw. §§ 238, 239 FamFG (neu) der Abänderung. Ansprüche, die nach altem Recht noch nicht dergestalt fixiert waren, beurteilen sich ohne weiteres und ausschließlich nach neuem Recht.

3. Fazit

Der Überblick zeigt, dass neues Ehe- und Scheidungsrecht Geltungsanspruch auch auf Eherechtsverhältnisse zu erheben pflegt, die bei seinem Inkrafttreten bereits bestehen, ja sogar bereits geschieden sind. Einige Ausnahmen und Vertrauensschutzklauseln lassen keine einheitliche Linie erkennen. Sie zeigen, dass man sich einer gewissen Rückwirkungsproblematik bewusst ist. Doch siegt letztlich der Neuerungswille: Das Nebeneinander mehrerer Ehe- und Scheidungsrechte wäre lästig. Zudem ist der Gesetzgeber davon überzeugt, dass das neue Recht stets das Bessere ist, sonst würde er es nicht machen. Warum also nicht auch „Altehen" an den Segnungen neuen, besseren Rechts teilnehmen lassen?

---

21 Diese Linie auch in der Rechtsprechung, siehe BGH, FamRZ 2010, 1414; FamRZ 2010, 1884 und öfter.

II. Rechtsänderung und vertragliche Regelungen

1. Zur Lage bei Ehevereinbarungen

Nun könnte man annehmen, dass die Lage grundsätzlich anders ist, wenn das eheliche Rechtsverhältnis durch expliziten Vertrag der Beteiligten näher ausgestaltet ist. Mag der Gesetzgeber das, was er für Ehe hält, ändern wie er will, so bricht sich doch sein Reformstreben an dem gegenläufigen Willen der freien Subjekte des Privatrechts, soweit es sich um dispositive Regelungen handelt, was im Bereich der vermögensrechtlichen Verhältnisse weitgehend zutrifft. Also sollten die einschlägigen Vereinbarungen von späteren Gesetzesänderungen eigentlich nicht tangiert werden.

Wir wissen alle, dass die Lage so nicht ist. Das ergibt sich ohne weiteres daraus, dass nicht alle Ehevereinbarungen den Sinn haben, sich völlig von der gesetzlichen Regelung zu lösen. Oft versuchen die Parteien geradezu, die Rechtslage, wie sie nach Gesetz in etwa besteht, durch Einigung außer Streit zu stellen, also eine verlässliche Lösung ungefähr nach den Rastern des Gesetzes, aber ohne (weiteres) Gerichtsverfahren zu finden. So ist es der Fall bei vielen Vergleichen, die im zeitlichen Kontext mit einer Scheidung zustande kommen. Es ist dann logisch, dass der Inhalt einer Vereinbarung zweifelhaft wird, wenn die Rechtslage, auf deren Basis man verhandelt hat, später wesentlich umgestaltet wird. Die Änderung der Gesetzeslage infiziert dann auch die an ihren Inhalten orientierte Vereinbarung.

Auch wenn man das in Rechnung stellt, würde der unbefangene Zivilrechtler vielleicht doch zweierlei erwarten:

Erstens: Vertragliche Regelungen, mögen sie auch materiell an die gesetzliche Lage anknüpfen, müssten bestandssicherer sein als unmittelbar nach dem Gesetz getroffene Gerichtsentscheidungen. Denn bei einem Vertrag schiebt sich zwischen die Orientierung an der gesetzlichen Lage und die schließlich getroffene Regelung der übereinstimmende Wille der Parteien als der eigentliche, selbstständige Geltungsgrund. Mag das Gesetz sein wie es will, mögen die Parteien die gesetzliche Lage ungefähr getroffen haben oder doch in gewissem Grad davon abgewichen sein – in jedem Fall haben sie eine Vereinbarung als Grundlage für ihr weiteres Leben getroffen, auf die sich einstellen und mit der sie hinfort rechnen.

Zweitens: Spätere Gesetzesänderungen müssten zumindest dann bedeutungslos werden, wenn die Vertragsschließenden sich nicht am Inhalt der gesetzlichen Regelung orientiert haben, sondern eine davon abweichende Gestaltung vornehmen wollten.

Auch diese beiden Erwartungen werden allerdings weitgehend enttäuscht. Ich möchte das anhand von Beispielen aus der Rechtsprechung aufzeigen, die sich nach der letzten Unterhaltsrechtsreform (2007) mit der Fortgeltung von früheren Unterhaltsvereinbarungen befasst hat.

2. Wandelbares Unterhaltsrecht

Kurz zum Hintergrund: In der Zeit vor 2008 war der nacheheliche Unterhalt Gegenstand beständigen Streits und auch volatiler Rechtslagen gewesen, deren Auf und Ab ich bei anderer Gelegenheit in Form einer Börsenkurve dargestellt habe.[22]

Hatte es das 1. Eherechtsreformgesetz darauf angelegt, als Kompensation für die nun mögliche Verstoßungsscheidung die Hausfrau und Mutter durch opulente nacheheliche Unterhaltsberechtigungen zu schützen, so erfolgte ein erster Gegenschlag durch das Unterhaltsrechtänderungsgesetz von 1986, das unter anderem die Befristung einiger Unterhaltstatbestände und die Herabsetzung aller Unterhaltsansprüche aus Billigkeitsgründen zuließ.[23] Allerdings erwies sich das Gesetz zunächst als weitgehend wirkungslos.

In der Folgezeit ging es mit den Unterhaltserwartungen der geschiedenen Hausfrauen und Mütter wieder steil aufwärts. Im Jahre 2001 kippte der BGH seine bisherige Rechtsprechung zum Anwendungsbereich der Differenzmethode; diese Änderung bescherte Ehegatten, die aus Anlass der Scheidung neu oder wieder in das Berufsleben einstiegen, sehr viel bessere Unterhaltsaussichten als bisher.[24] Das BVerfG flankierte diesen Schwenk mit der Erkenntnis, dass sich die Höhe des nachehelichen Unterhalts aus dem Recht der Ehegatten auf gleichberechtigte Teilhabe am ehezeitlichen Erwerb herleite.[25]

Ein weiterer Schritt zur Befestigung nachehelicher Unterhaltsansprüche erfolgte etwa zur selben Zeit durch die Rechtsprechung des BVerfG zur gerichtlichen Inhaltskontrolle von Ehe- und Scheidungsvereinbarungen (2001)[26] und durch die nachfolgende Judikatur des BGH ab 2004.[27] Insbe-

---

22 Siehe den Aufsatz „Unterhalt 2014“, Forum Familienrecht 2012, 138.

23 § 1573 Abs. 5, § 1578 Abs.1 S.2,3 BGB i.d.F. des UÄndG.

24 BGH, FamRZ 2001, 986.

25 BVerfG, FamRZ 2002, 527, 529.

26 BVerfG, FamRZ 2001, 343 und 985.

sondere die Kernbereichslehre des BGH schien einige Tatbestände des Geschiedenenunterhalts gegen vertragliche Minimierung zu schützen, zwar nicht absolut, aber gleitend: Je näher ein Unterhaltsanspruch an den Kern des Scheidungsfolgenrechts gerückt wurde, desto bestandsfester schien er gegenüber abweichenden Vereinbarungen.

Der Gegenschlag ließ nicht lange auf sich warten. Schon vor Verabschiedung des Reformgesetzes von 2007 änderte der Bundesgerichtshof seine Rechtsprechung. Nacheheliche Unterhaltsansprüche sollten nun leichter herabgesetzt, der Aufstockungsunterhalt leichter als bisher befristet werden können. Der 12. Zivilsenat ordnete später selbst seine einschlägige Entscheidung vom 12. April 2006[28] als eine „Rechtsänderung" ein, die geeignet ist, die Geschäftsgrundlage einer Unterhaltsvereinbarung entfallen zu lassen.[29] Dem folgte alsbald die Gesetzesreform vom Dezember 2007, gültig ab 1.1.2008,[30] mit einer wesentlichen Dämpfung der nachehelichen Unterhaltserwartungen.

3. Das neue Unterhaltsrecht 2008 und Unterhaltsvereinbarungen

a) Überblick

Nun war spannend, wie sich das neue Recht gegenüber den zuvor geschlossenen Unterhaltsvereinbarungen verhalten würde.[31]

Der Überblick zeigt eine bemerkenswerte Hinfälligkeit von Vereinbarungen bei wandelnder Rechtslage. Die Einzelheiten der einschlägigen verfahrensrechtlichen Vorschriften – ehedem § 323 Abs. 4 ZPO, jetzt § 239 FamFG – möchte ich aussparen. Grundprinzip ist, dass sich die Bindung an Verträge bzw. das Recht auf Abänderung auch bei titulierten Unterhaltsvergleichen nach materiellem Zivilrecht, also insbesondere nach

---

27 BGH, FamRZ 2004, 601 und viele weitere Entscheidungen. Übersicht bei *Bergschneider*, Verträge in Familiensachen, 5. Aufl. 2014, Rn. 144 ff.

28 BGH vom 12.4.2006, FamRZ 2006, 1006, fortgeführt in BGH, FamRZ 2008, 134, 135; FamRZ 2008, 1325, 1328; FamRZ 2008, 1508, 1510; FamRZ 2009, 406, 408; FamRZ 2009, 1207, 1210.

29 BGH, FamRZ 2010, 192 Rn.33; FamRZ 2010, 111 Rn. 60; FamRZ 2010, 538 Rn. 22; FamRZ 2010, 1884 Rn.18-23; FamRZ 2011, 1381 Rn. 18; FamRZ 2012, 197 Rn.20; FamRZ 2012, 525 Rn.24; FamRZ 2012, 1284 Rn. 18.

30 Gesetz zur Änderung des Unterhaltsrechts vom 21.12.2007 (BGBl. I 3189).

31 Zur Problematik: *Heumann*, FamRZ 2007, 178.

§ 313 BGB richtet. So sagt es nun ausdrücklich § 239 Abs. 2 FamFG, Gleiches war schon bei § 323 ZPO (alt) anerkannt.[32] Für Unterhaltsvereinbarungen, die nicht Form eines gerichtlichen Vergleichs gefunden haben, gilt das ohnehin.

Die Rechtsprechung fand drei Hebel, mit deren Hilfe es möglich war, angesichts der neuen Rechtslage die vorher getroffenen Vereinbarungen relativ einfach zu Fall zu bringen.

b) Anwendung des neuen Rechts neben der Vereinbarung (erster Hebel)

Beispiel (nach BGH FamRZ 2010, 1238):[33] Eine kinderlose Ehe wurde nach etwa 16 Jahren im Jahre 2004 geschieden. Der Ehemann war leitender Oberarzt in einem Universitätsklinikum, die Frau arbeitete nach abgebrochenem Studium als Kulturmanagerin in einem Goethe-Institut. Es ging um Aufstockungsunterhalt nach § 1573 Abs. 2 BGB. Im Zuge des Scheidungsverfahrens kam ein Prozessvergleich zustande, der den Mann zur Zahlung von 1500 Euro monatlich verpflichtete. Als Vergleichsgrundlage waren die Nettoeinkünfte niedergelegt und dazu vereinbart, dass der Vergleich abgeändert werden sollte, wenn sich die Einkommen um mehr als 10 % veränderten. Im Vorfeld wurde auch über eine Befristung verhandelt, doch dazu fand sich im Text des Vergleichs keine Aussage.

Im Jahr 2007, als die Pläne der Unterhaltsrechtsreform ruchbar wurden, verlangte der Mann im Wege der Abänderungsklage die Befristung seiner Unterhaltsschuld. Damit hatte er beim AmtsG keinen Erfolg, wohl aber in den höheren Instanzen. Der BGH prüft, ob einer Befristung des Anspruchs die Bindungswirkung des Vergleichs entgegensteht und verneint: Die Frage der Befristung ist nach Auffassung des Gerichts gar nicht Gegenstand des Vergleichs gewesen[34] und daher einer späteren Regelung vorbehalten worden. Die ausdrückliche Absprache über Abänderungen im Fall einer bestimmten Einkommensentwicklung bedeutet nach BGH nicht, dass die

32 BGH, FamRZ 2012, 699 Rn. 28. Übersicht bei Prütting/Helms/ *Bömelburg*, FamFG, 3. Aufl. 2014 § 239 Rn. 32 ff. Dabei keine Präklusion nach § 238 Abs.2 FamFG, siehe BGH, FamRZ 2011, 1721 Rn.17; 2010, 1238 Rn.12 (betr. § 323 Abs.2 ZPO a.F.).

33 BGH, FamRZ 2010, 1238.

34 BGH, FamRZ 2010, 1238 Rn. 14 ff.; die Linie ist bestätigt in der Entscheidung BGH, vom 11.2.2015 FamRZ 2015, 734 Rn. 18 ff.

Parteien andere Abänderungsgründe ausschließen wollten.[35] Ein Ausschluss des Befristungseinwands hätte ausdrücklich oder konkludent vereinbart werden müssen;[36] die bloße Nichterwähnung einer Befristung genügt hierfür nicht.

Die Konsequenz: Das Gericht muss sich bei der Frage der Abänderung gar nicht auf einen möglichen Wegfall der Geschäftsgrundlage einlassen. Es ergibt sich in der Befristungsfrage überhaupt keine Bindung an den Vergleich, weil die Befristung gar nicht Gegenstand des Vergleichs gewesen ist. Im geschilderten Fall war im Verlaufe des Instanzenzugs mittlerweile das neue Recht in Kraft getreten. Also konnte nun der Unterhaltsanspruch so befristet werden, als wäre er nach dem 1.1.2008 erstmals geltend gemacht worden. Im Ergebnis billigt der BGH die Befristung des Unterhalts, welche die Vorinstanz noch nach dem alten Recht (§ 1573 Abs. 5 BGB) gefunden hatte, nun auf Grundlage des neuen Rechts:[37] Der 2004 im Vergleichswege unbegrenzt vereinbarte Aufstockungsunterhalt wurde durch spätere Gerichtsentscheidung auf 8 Jahre begrenzt.

Die Auffassung, dass ein Zeitfaktor gar nicht Gegenstand des Vergleichs gewesen ist, hätte den Ehemann eigentlich instand gesetzt, schon eine Woche, ja einen Tag nach Vergleichsschluss die Abänderung zu beantragen. Hier macht der BGH dann doch eine Einschränkung: Es würde regelmäßig treuwidrig sein, wenn der Unterhaltspflichtige schon kurze Zeit nach Vergleichsschluss die Änderung verlangt hätte, im Interesse der Rechtssicherheit müsse der getroffenen Regelung eine gewisse Mindestdauer zukommen.[38] Aber davon abgesehen konnte das Gericht ohne Bindung an den Vergleich die Befristung nach neuem Recht durchführen.

Gewiss könnte man die Rechtslage auch anders interpretieren. Wenn ein Aufstockungsunterhalt unbefristet vereinbart wird, obwohl er nach dem aktuell geltenden Gesetz befristet werden könnte, so kann darin auch Vereinbarung über die Dauer liegen: Die Unterhaltspflicht besteht, solange der Unterhaltstatbestand (Aufstockungslage) gegeben ist. Dann wäre es auf die Änderung der Geschäftsgrundlage durch Inkrafttreten des neuen Unterhaltsrechts und die damit gebotene Prüfung der Zumutbarkeit angekommen.

---

35 BGH, FamRZ 2010, 1238 Rn. 18.
36 BGH, FamRZ 2010, 1238 Rn. 23.
37 BGH, FamRZ 2010, 1238 Rn. 42.
38 BGH, FamRZ 2010, 1238 Rn. 27.

Man kann daraus Folgendes lernen. Will man eine Unterhaltsvereinbarung schließen, die dauerhaft gelten soll, solange der Unterhaltstatbestand erfüllt ist, darf man nicht nur die konkret streitigen Punkte regeln, sondern muss mehr oder minder alle Elemente festlegen, die Einfluss auf Bestand und Höhe des Unterhalts haben können. Alles, was nicht dezidiert geregelt ist, droht künftigen Gesetzesänderungen widerstandslos anheimzufallen.

c) Abänderung aufgrund des Wegfalls der Geschäftsgrundlage (zweiter Hebel)

Ist eine Unterhaltsfrage in einem Vertrag geregelt, so kann eine spätere Rechtsänderung die Geschäftsgrundlage tangieren mit der Folge, dass unter den Voraussetzungen des § 313 BGB Anpassung an die neue Lage verlangt werden kann. Das gilt für grundlegende Gesetzesänderungen ebenso wie – nach der Überzeugung der Gerichte – für Änderungen einer „gefestigten höchstrichterlichen Rechtsprechung".[39] Der Beispiele nach 2008 sind viele, eines möchte ich herausgreifen.

Beispiel (nach BGH FamRZ 2012, 197):[40] Bei einer im Jahr 1987 geschiedenen Ehe ging es um den Altersunterhalt – die Frau war 1932 geboren, der Mann etwas jünger. Der Unterhalt der Frau wurde durch eine Abfolge von Vergleichen geregelt, der letzte aus dem Jahr 2003: 700 Euro monatlich auf der Basis der beiderseitigen Renteneinkünfte. Nach Inkrafttreten des neuen Rechts erhob der Mann Abänderungsklage und machte den Wegfall seiner Unterhaltspflicht geltend. Das Amtsgericht setzte den Unterhalt auf 500 Euro herab und befristete ihn bis 30. Juni 2011. Das OLG hob diese Entscheidung auf und wies die Abänderungsklage vollständig ab.

Der BGH hingegen entschied auf der Linie des Amtsgerichts. Dabei ist zu bedenken, dass der Altersunterhalt vor 2008 zwar aus Billigkeitsgründen herabsetzbar (§ 1578 Abs. 1 S. 2 BGB alter Fassung), aber nicht befristbar war. Der Bundesgerichtshof prüft die Abänderbarkeit unter dem Gesichtspunkt der Störung der Geschäftsgrundlage. Diese Prüfung wurde nicht auf neue Tatsachen beschränkt, weil die Präklusionsvorschrift des § 323 Abs. 2 ZPO (§ 238 Abs. 2 FamFG neu) auf Vergleiche keine An-

---

39 BGH, FamRZ 2010, 192 Rn. 28 ff.; FamRZ 2010, 1884 Rn. 16; FamRZ 2011, 1381 Rn. 18; FamRZ 2013, 853 Rn. 26 und öfter.

40 BGH, FamRZ 2012, 197.

wendung findet.[41] Der BGH stellt zunächst die Frage, ob der Vergleich eine bindende Regelung über den Ausschluss einer späteren Herabsetzung und Befristung enthält. Wenn nicht, so wäre es nach dem eben Gesagten auf einen Wegfall der Geschäftsgrundlage gar nicht angekommen: Was vertraglich nicht geregelt ist, braucht nicht angepasst zu werden.

Der BGH vermisst beim OLG diese Prüfung, hält das aber letztlich für unschädlich, weil auf jeden Fall eine Anpassung nach § 313 BGB möglich sei. Selbst wenn die Parteien im Vergleich die spätere Herabsetzung und Befristung ausgeschlossen hätten, wäre eine Abänderung wegen Änderung der Geschäftsgrundlage „eröffnet".[42] Denn die neue Unbilligkeitsklausel des § 1578 b lässt nun auch beim Altersunterhalt eine Befristung zu.

Das gilt für die Befristung. Für die Herabsetzung des Unterhalts – den das Amtsgericht ja auch vorgenommen hatte – war der Wegfall Geschäftsgrundlage schwieriger zu begründen, weil diese Maßnahme auch beim Altersunterhalt schon vor 2008 möglich war (§ 1578 Abs. 1 S. 2 BGB alter Fassung). Doch weist der Gerichtshof auch hier einen Weg zur Abänderung: Auch bei der Herabsetzung aus Billigkeitsgründen hat sich nach BGB durch die Reform etwas geändert: Der Gesetzgeber habe nun die Möglichkeit geschaffen, Herabsetzung und Befristung zu kombinieren: „Damit kann die Herabsetzung im Rahmen der Billigkeitsabwägung von nun an nicht mehr isoliert betrachtet werden, sondern muss immer auch im Lichte einer kumulativ oder aber auch alternativ möglichen Befristung gesehen werden. Dadurch bekommen die jeweils anzusetzenden Maßstäbe ein anderes Gewicht."[43] Mit anderen Worten: Auch für die bisher schon mögliche Herabsetzung bringt die Reform neues Recht, das die Geschäftsgrundlage des Vergleichs ändert.

Das weitere Schicksal des Falles braucht uns nicht aufhalten. Der Weg zur Abänderung war somit eröffnet, die Frage ging folglich hauptsächlich nach den ehebedingten Nachteilen, die der Senat nicht abschließend beurteilen konnte. Er verwies den Fall zurück, nicht ohne einige Hinweise zu geben. Sie betrafen die Vertrauensschutzregel des § 36 Nr. 1 EGPZO. Diese ist nach BGH nur anzuwenden, wenn die für die Abänderung geltend gemachten Umstände durch das Unterhaltsreformgesetz erheblich geworden sind.[44] Gerade das hatte der BGH hier angenommen, und zwar

41 BGH, FamRZ 2012, 197 Rn. 15.
42 BGH, FamRZ 2012, 197 Rn. 16.
43 BGH, FamRZ 2012, 197 Rn. 21.
44 BGH, vom 25.1.2012 FamRZ 2012, 525 Rn. 52 und öfter.

auch – wie gesagt – für die Herabsetzung des Unterhalts, obwohl diese theoretisch schon nach altem Recht möglich gewesen wäre.

Es kam also darauf an, ob die Abänderung dem Berechtigten unter Berücksichtigung seines Vertrauens in die vereinbarte Regelung zumutbar war. Der Gerichtshof meint aber, dieser Vertrauensschutz müsse nicht eigens geprüft werden, sondern könne schon im Rahmen der Billigkeitswertung des § 1578 b selbst in Ansatz kommen. Die Zumutbarkeit nach der Übergangsregelung könne in dem umfassenden Tatbestand des § 1578 b aufgehen.[45]

Dass ein solches Beseiteschieben einer gesetzlichen Übergangsregelung, die dem Gericht eine spezielle Zumutbarkeitsprüfung auferlegt, methodisch schwer begründbar ist, liegt offen zutage. Aufs Ganze gesehen wählt der Gerichtshof bei möglichen Wegegabelungen fast immer den für die Abänderung zugunsten der Unterhaltspflichtigen günstigeren Weg.

d) Hindernisse für eigenständige Unterhaltsvereinbarungen (dritter Hebel)

Die Hinfälligkeit von Unterhaltsvereinbarungen wird schließlich dadurch gefördert, dass die Rechtsprechung der Annahme eigenständiger, vom Gesetz völlig gelöster Verträge Hindernisse in den Weg legt. Auch dazu ein Beispiel.

Beispiel (nach BGH FamRZ 2012, 525):[46] Ein Zahnarzt sicherte im Jahre 1996 aus Anlass der Trennung seiner Frau einen opulenten Unterhalt zu: ausdrücklich lebenslänglich 50 % der bereinigten Einnahmen aus der Praxis, mindestens monatlich 5000 DM unter Vorbehalt späterer endgültiger Festlegung nach Gewinn- und Verlustrechnung. Dies geschah im Rahmen eines umfassenden notariellen Vertrages zur Regelung der anstehenden Vermögensfragen. Die Ehe wurde drei Jahre später geschieden. Es ging um Aufstockungsunterhalt. Als die Sache streitig wurde, erwirkte die Frau im Jahre 2005 bei Gericht auf der Grundlage der Unterhaltsvereinbarung ein Leistungsurteil über rund 2800 Euro monatlich.

Nach Inkrafttreten des neuen Rechts erhob der Mann Abänderungsklage mit dem Ziel der Herabsetzung und Befristung des Unterhalts, hatte damit aber bei Amtsgericht und Oberlandesgericht nicht den erhofften Er-

45 BGH, FamRZ 2012, 197 Rn. 21.
46 BGH, FamRZ 2012, 525.

folg.[47] Zur Klarstellung: Es ging nicht um die Änderung eines Vergleichs, sondern eines gerichtlichen Titels, der aber auf der früheren Vereinbarung basierte. Der Weg lief also über den § 323 Abs. 1 ZPO (alt) in Verbindung mit dem Wegfall der Geschäftsgrundlage des betreffenden Vertrages.

Das Oberlandesgericht hatte den Weg zur neuen Billigkeitsklausel des § 1578 b mit der Begründung versperrt, mit dem Vertrag habe nicht der gesetzliche Unterhaltsanspruch nach §§ 1570 ff geregelt werden sollen, es liege vielmehr ein vom gesetzlichen Unterhaltsanspruch gelöstes, eigenständiges Leistungsversprechen vor, ein Leibrentenversprechen nach § 759 BGB; der Unterhalt sei der Frau lebenslänglich, unbefristet und ohne Anrechnung eigenen Einkommens (außer dem ausdrücklich genannten Renteneinkommen) versprochenen worden. Das OLG sah die Anspruchsgrundlage also nicht im Gesetz, sondern im Vertrag.

Der BGH schließt die Möglichkeit selbständiger Unterhaltversprechen nicht grundsätzlich aus, befindet aber, das OLG habe den Vertrag falsch ausgelegt. Aus dem Vertrag ergebe sich nicht, dass der Unterhalt losgelöst von sämtlichen gesetzlichen Voraussetzungen ausgestaltet werden sollte, die Vertragsregelung sei an die gesetzlichen Unterhaltsgrundsätze angelehnt, z. B. werde im Vertrag das Renteneinkommen der Ehefrau bedarfsmindernd berücksichtigt; es sei auch vereinbart, dass sich aus unverschuldeten Einkommenseinbußen des Mannes eine Abänderung ergeben kann. Und auch die „Lebenslänglichkeit“ der Verpflichtung bedeutet nach BGH nicht, dass der Anspruch vom gesetzlichen Unterhaltsrecht gelöst sei, ebenso nicht der Umstand, dass sich die Vereinbarung als Teil eines Gesamtgefüges von ehevertraglichen Regelungen darstellt.[48]

Gegenstand des Vertrages ist demnach die gesetzliche Unterhaltspflicht. Mit Änderung des Gesetzes steht der Vertrag einer Anpassung offen, damit ist auch die auf dieser Grundlage ergangene Gerichtsentscheidung nach § 323 Abs. 1 ZPO (alt, jetzt § 238 FamFG) abänderbar. Ein „lebenslänglicher Unterhalt“ ist also nicht geschuldet.[49] Es gibt auch keinen Vertrauensschutz nach § 36 Nr. 1 EGZPO, weil der Aufstockungsunterhalt schon vor 2008 nach § 1573 Abs. 5 BGB befristbar war. Auch der

---

47 Die im konkreten Fall vorgenommenen, relativ geringfügigen Abänderungen haben mit unserer Problematik nichts zu tun.

48 BGH, FamRZ 2012, 525 Rn.33-35.

49 Der Fall hat den BGH neuerdings – nach dem Tod der Frau – noch einmal beschäftigt, Entscheidung vom 18.2.2015 FamRZ 2015, 824; es geht bei dieser neuen Entscheidung um Folgefragen auf der Basis der bejahten Änderung der Geschäftsgrundlage.

Umstand, dass der BGH ab 12.4.2006 diese Vorschrift anders interpretiert hat, führt nicht zur Anwendung des besonderen Vertrauensschutzes, weil § 36 Nr. 1 EGZPO auf Änderungen durch die Rechtsprechung keine Anwendung finde.[50]

Interessant ist noch eine Zusatzerwägung des BGH: Auch dann, wenn man ein selbstständiges Schuldversprechen annähme, wäre gleichwohl zu prüfen, ob das damals (1996) geltende Recht nicht Geschäftsgrundlage des Vertrages war, die beim Aufstockungsunterhalt spätestens mit der Senatsentscheidung vom 12.4.2006 gestört sein konnte.[51] Möglicherweise wäre also sogar ein selbständiges Schuldversprechen dem Wegfall der Geschäftsgrundlage anheimgefallen.

Eine Unterhaltsvereinbarung zu treffen, die gegenüber späteren Gesetzesänderungen bestandsfest ist, scheint also vorauszusetzen, dass man den Anspruch möglichst von allen Gesichtspunkten löst, die beim gesetzlichen Unterhalt eine Rolle spielen können – das ist schwierig, ja eigentlich unmöglich, weil die Gesichtspunkte, unter denen eine nacheheliche Solidarität zum Zuge kommen kann, etwa Bedürftigkeit und Leistungsfähigkeit, in der Natur der Sache liegen, auch wenn sie auch in der gesetzlichen Regelung eine Rolle spielen.

Der BGH hielt seine Linie auch in einem weiteren Fall.[52] Es ging um eine 1979 erfolgte Scheidung mit einem komplizierten Vergleich, der einen Geschiedenenunterhalt von insgesamt 8000 DM monatlich vorsah. Nach 2008 wurde Abänderung im Sinne der Herabsetzung und Befristung verlangt. Nach BGH hätte die Vorinstanz prüfen müssen, ob die Vereinbarung nicht einen vom Gesetz gelösten eigenständigen Schuldgrund geschaffen hatte, verneint dies aber auch in diesem Fall: Ein solche Parteiwille könne nur „beim Vorliegen besonderer dafür sprechender Anhaltspunkte angenommen werden“.[53] Dagegen spreche das Alter der Unterhaltsempfängerin – sie war bei Vertragsschluss 28 Jahre alt.[54] Bei diesem Alter war mit erneuter Eheschließung der Frau oder Aufnahme einer neuer festen Verbindung zu rechnen. Dass der Vertrag diese Fälle nicht regelte, spreche gegen ein eigenständiges Leistungsversprechen. Der BGH konnte sich offenbar nicht vorstellen, dass ein Mann selbst bei neuen Partner-

50 BGH, FamRZ 2010, 1238; BGH, FamRZ 2012, 525 Rn.52.

51 BGH, FamRZ 2012, 525 Rn.40.

52 BGH vom 21.9.2011, FamRZ 2012, 699.

53 BGH vom 21.9.2011, FamRZ 2012, 699 Rn. 19.

54 BGH, FamRZ 2012, 699 Rn. 22.

schaften der Frau zum weiteren Unterhalt verpflichtet sein wollte. Also auch hier: Der Vertrag gestaltet nur den aus dem Gesetz begründeten Unterhaltsanspruch. Die spätere Änderung des Gesetzes führt ohne weiteres zur Änderung der Geschäftsgrundlage mit den beschriebenen Folgen.

4. Verzicht auf das Recht zur Abänderung?

Gibt es nun gar keine Möglichkeit, eine Vereinbarung zu treffen, die gegenüber späteren Reformen wirklich bestandsfest ist? Man könnte an eine Vertragsklausel denken, die spätere Rechtsänderungen ganz einfach für bedeutungslos erklärt oder die Abänderung wegen späterer Rechtsänderung ausschließt. Solche Vereinbarungen hält der BGH für möglich, verlangt aber die ausdrückliche Verlautbarung eines dahin gerichteten Willens.[55] „An die Deutlichkeit dieser Vereinbarung sind hohe Anforderungen zu stellen."[56]

In einem kürzlich entschiedenen Fall[57] hielt der BGH einen ausdrücklich vereinbarten Verzicht auf das Recht zur Abänderung aus anderen als im Vertrag geregelten Gründen – hier betreffend die Geltendmachung des Befristungseinwands – für wirksam. Die Parteien hatten die Frage der Abänderung wegen späterer Entwicklungen ausführlich geregelt und diese Regelung für abschließend erklärt. Doch letzte Sicherheit bietet auch diese Entscheidung nicht. Denn der Gerichtshof prüft auch bei dieser Konstellation, ob nicht durch nachfolgende Rechtsänderungen auch für eine solche Klausel die Geschäftsgrundlage entfallen ist[58]: „Auch wenn die Auslegung des Vertrages zu dem Ergebnis führt, dass die Vertragsparteien bei Abschluss ihrer Unterhaltsvereinbarung im Hinblick auf die damals geltende Rechtslage - hier im Jahre 1993 - eine Befristung des Unterhalts auf Dauer ausschließen wollten, bedarf es einer weiteren Prüfung, ob sich die für den Unterhaltsanspruch relevanten gesetzlichen Grundlagen oder die höchstrichterliche Rechtsprechung nach Abschluss der Vereinbarung grundlegend geändert haben und dies nach den Grundsätzen der Störung der Ge-

---

55 BGH, FamRZ 2010, 192 Rn. 29; BGH vom 11.2.2015, FamRZ 2015, 734 Rn. 24, mit Anmerkung *Bergschneider* FamRZ 2015, 737; im gleichen Sinn KG, FamRZ 2015, 419, 420.

56 BGH, FamRZ 2015, 734 Rn.24.

57 BGH (betreffend Erwerbslosen- und Aufstockungsunterhalt), FamRZ 2015, 734.

58 BGH, FamRZ 2015, 734 Rn. 16 ff.

schäftsgrundlage (§ 313 BGB) für den Unterhaltspflichtigen nunmehr die Möglichkeit zur Geltendmachung eines Befristungseinwands eröffnet." Im konkreten Fall wurde der Abänderungsverzicht – in Bezug auf die Befristbarkeit – letzten Endes gerettet; es fehlte nach BGH die in § 313 BGB enthaltene Voraussetzung, dass das Festhalten am Vertrag dem Änderungswilligen unzumutbar sein muss.[59] Der BGH sieht in der Vereinbarung eine Risikoübernahme des Unterhaltsschuldners, die es diesem verwehrt, sich insoweit auf den Wegfall der Geschäftsgrundlage zu berufen. Doch ist dies eine fallbezogene, für andere Fälle offene Wertung.

Auch Vertragsklauseln wie „Diese Vereinbarungen werden durch spätere Rechtsänderungen nicht berührt" oder „Die Parteien verzichten gegenseitig auf das Recht, wegen späterer Rechtsänderungen Anpassung wegen Störung der Geschäftsgrundlage zu verlangen" sind also möglich, eine letzte Sicherheit schaffen sie nicht. Es droht der circulus vitiosus des Wegfalls der Geschäftsgrundlage auch bei solchen Vereinbarungen, die eben diesen Wegfall für irrelevant erklären.

III. Ein Blick aus der Distanz

Zweierlei habe ich zu zeigen versucht:

Erstens: Gesetzesänderungen im Ehe- und Scheidungsrecht werden durchweg mit dem Anspruch in Kraft gesetzt, auch für schon vorher geschlossene Ehen, ja auch für vorher geschiedene Ehen zu gelten. Es herrscht das Prinzip der Rückwirkung, mag man sie bei Dauerrechtsverhältnissen auch als „mittelbare Rückwirkung" verharmlosen. Neues Familienrecht will alle Familien erfassen. Zwar meldet sich beim Reformgesetzgeber von Zeit zu Zeit der Gedanke des Vertrauensschutzes, der in Übergangsregelungen einen variablen Ausdruck findet. Doch fehlt diesen Regelungen die klare und konsequente Linie.

Zweitens: Von der Wandelbarkeit des Gesetzesrechts sind durchweg auch vertragliche Gestaltungen betroffen. Die Rechtsprechung verfolgt eindeutig die Linie, mit Änderungen der Gesetze auch Verträge, die in der Zeit früheren Rechts geschlossen sind, zu Fall zu bringen: Wandelbares Familienrecht ist wandelbares Vertragsrecht.

Welche Erklärung haben wir dafür?

59 BGH, FamRZ 2015, 734 Rn. 23.

Wir könnten uns fragen: Was ist es eigentlich, was durch Gesetz oder Vertrag als „Ehe“ geregelt wird? Was ist das Wesen der Ehe, das der Bundesgerichtshof in seinen Entscheidungen zur Vertragskontrolle[60] ja auch noch kennt?

Historisch kurzatmig könnten wir sagen: Die Ehe ist ein staatliches Produkt. Der Staat bietet seiner Bevölkerung eine Möglichkeit an, ihre partnerschaftlichen Beziehungen im Rahmen einer rechtlichen Struktur zu leben, die „bürgerliche Ehe“ heißt (später ergänzt durch die „eingetragene Lebenspartnerschaft“ für Personen des gleichen Geschlechts). Diese rechtliche Struktur ist einerseits dadurch gekennzeichnet, dass sie Rechte und Pflichten unter den Beteiligten erzeugt, andererseits durch eine Vielzahl von Rechtswohltaten, die an das staatliche Produkt „Ehe“ angeknüpft werden (Sozialrecht, Steuerrecht, Erbrecht etc.).

Wenn man vertragliche Vereinbarungen zwischen Ehegatten aus dieser Sicht betrachtet und deutet, geht es dabei nur um Variationen des staatlichen Produkts „Ehe“. Da schon der Ehebegriff (auch des Grundgesetzes) auf die staatliche Ehe bezogen ist, bleibt das gesetzliche Eherecht die Folie, die auf die Verträge gelegt wird. Spätere fundamentale Änderungen des Ehe- und Scheidungsrechts bedeuten dann, dass die Folie durch eine andere ausgetauscht wird, mit der Folge, dass nunmehr fast nichts mehr stimmt und folglich geändert werden muss.

Nun könnte man diesem staatsbezogenen, „etatisierten“ Ehebegriff ein anderes Verständnis entgegensetzen. Die Ehe als Staatsehe ist historisch gesehen eine relativ neue Erscheinung. „Ehe“ war zunächst familiäre Angelegenheit, dann wurde sie als religiös-kirchliche Einrichtung begriffen. Das Naturrecht verschiedener Zeiten hat uns gelehrt, die Ehe als natürliche Vertragsgesellschaft zu verstehen, die schon vor dem Staat existiert. Die Romantik gab noch das Eheverständnis als Vereinigung der Herzen und Willen, also eine psychische Komponente hinzu.[61] Alle diese Ansätze füh-

---

60 BGH, FamRZ 2004, 601, 606, betreffend die richterliche Ausübungskontrolle „Entscheidend ist vielmehr, ob sich nunmehr - im Zeitpunkt des Scheiterns der Lebensgemeinschaft - aus dem vereinbarten Ausschluss der Scheidungsfolge eine evident einseitige Lastenverteilung ergibt, die hinzunehmen für den belasteten Ehegatten auch bei angemessener Berücksichtigung der Belange des anderen Ehegatten und seines Vertrauens in die Geltung der getroffenen Abrede sowie bei verständiger Würdigung des Wesens der Ehe unzumutbar ist.

61 Näheres in meinen Arbeiten: Die Familie als Vertragsgesellschaft im Naturrecht der Aufklärung, in: Quaderni Fiorentini per la storia del pensiero giuridico moderno, 1972, S. 357 ff. (auch abgedruckt in: *Dieter Schwab*, Geschichtliches

ren zu einem außerstaatlichen Ehebegriff, der nicht unbedingt an die Strukturen der vom Staat als Modell angebotenen „bürgerlichen Ehe" gebunden ist, aber auch innerhalb dieses Modells verwirklicht werden kann.

Aus dieser Sicht kann man dem ehelichen Vertragsrecht einen weitaus größeren Spielraum geben als es derzeit geschieht. Auch wenn die Paare zum Standesamt gehen, um ihre Gemeinschaft auf staatlich-rechtlichem Boden zu begründen und zu leben, könnte man ihnen eine größere Freiheit zugestehen, dasjenige, was sie als ihre Ehe rechtlich verwirklichen wollen, vertraglich auch abweichend von den für Durchschnittsfälle und Durchschnittsauffassungen gedachten gesetzlichen Regeln zu gestalten, nota bene innerhalb der Grenzen der Verfassung und der guten Sitten.

Man sollte den Trend umkehren, nämlich statt Ehevereinbarungen bei nachfolgenden Gesetzesreformen möglichst zu entwerten sie im Zweifel möglichst zu retten, wenn in ihnen der Wille zur autonomen Gestaltung zum Ausdruck kommt. Es geht mir nicht darum, die Lösung einzelner Fälle zu kritisieren, die ich nur zu Demonstrationszwecken aufgerufen habe, da gibt es viel Für und Wider. Es geht mir darum, die enge Anbindung der privatautonomen Vereinbarungen an das jeweils geltende, wandelnde Gesetzesrecht in Fragen zu stellen und die Richtung zugunsten der ehelichen Vertragsfreiheit zu korrigieren.

Ein weiteres Anliegen ist das Einfordern eines einsichtigen Konzepts für die Frage der rückwirkenden Anwendung neuer Ehegesetze auf schon bestehende Ehen. Auch das ist ein Problem der Vertragsfreiheit: Denn die Anwendung neuen Rechts auf Ehen, die unter einem früheren Eherecht geschlossen worden sind, bildet einen ein Eingriff in die Privatautonomie, der begründet und begrenzt sein will. Der Gesetzgeber scheint zu meinen, er habe verfassungsrechtlich völlig freie Hand, ob er seinen Reformen Vertrauensschutzklauseln hinzufügt oder nicht und wie er sie gestaltet. Das überzeugt nicht und bedarf der verfassungsrechtlichen Überprüfung.

Recht und moderne Zeiten, Heidelberg 1995, S. 179 ff.); Jena und die Entdeckung der romantischen Ehe, in: Zeitschrift für Neuere Rechtsgeschichte, Jahrgang 27, 2005, S. 177 ff.

Scheidungsfolgevereinbarungen - Update zu Vereinbarungen im Bereich des Zugewinns

Christof Münch *

Der heutige Vortrag widmet sich vor allem drei Themen rund um die Scheidungsfolgevereinbarungen. Gerade diese Vertragsgestaltung hat zahlreiche steuerrechtliche Folgen, die vor dem Abschluss bedacht sein wollen. Damit befasst sich der erste Teil. Im zweiten Teil sollen die verschiedenen Interdependenzen des Zugewinns mit anderen Rechtsgebieten Berücksichtigung finden, deren Kenntnis zu einer zutreffenden Behandlung in der Scheidungsvereinbarung erforderlich ist. Schlussendlich wird noch die neue Rechtsprechung zur Inhaltskontrolle im Bereich des Zugewinns betrachtet.

I. Steuerrecht bei Vereinbarungen zu Zugewinn und Vermögensauseinandersetzung in der Scheidung

1. Veräußerungsgewinnbesteuerung

a) Scheidungsvereinbarung als Veräußerung

Scheidungs(folge-)vereinbarungen erhält der Notar oft nach längerer Vorverhandlung zwischen den Vertragsteilen und ihren Anwälten. Auf die Nachfrage, ob denn die gewünschte Regelung auch schon einer steuerlichen Klärung zugeführt sei, erntet man dennoch oft erstaunte Blicke. Daher soll der erste Teil dieses Vortrages den steuerlichen Implikationen einer solchen Scheidungsvereinbarung gewidmet sein. Vorab lässt sich bereits sagen, dass ohne Hinzuziehung einer steuerlichen Beratung eine Scheidungsvereinbarung nicht geschlossen werden sollte.[1] Da sich hier oft

---

* Dr. Christof Münch ist Notar in Kitzingen.
1 Hierzu näher: Münch, Handbuch Familiensteuerrecht, 2015.

die Interessen entgegenstehen, ist durchaus zu empfehlen, dass jeder Ehegatte sich eigens steuerlich beraten lässt.

Als Einstieg mag folgender einfache Fall dienen:

Fall 1:
Ehemann M, der mit seiner Ehefrau F im gesetzlichen Güterstand lebte, erwarb 2009 ein Grundstück für 100.000,00 € zum alleinigen Eigentum und vermietete es. Im Jahr 2015 wird die Ehe von M und F geschieden. F hat einen Zugewinnausgleichsanspruch i.H.v. 250.000,00 €. Zur Abgeltung dieses Anspruchs überträgt ihr M dieses Grundstück, das bei Übertragung ebenfalls 250.000,00 € wert war.[2]

Der BFH verneint ein Sonderrecht für Ehegatten und nimmt eine steuerlich entgeltliche Veräußerung auch bei Rechtsgeschäften zwischen Ehegatten an, und zwar unabhängig davon, wie der Zusammenhang mit dem Zugewinnausgleich dargestellt wird. Eine solche entgeltliche Veräußerung hat der BFH bejaht bei

- schlichten Veräußerungsverträgen,[3]
- Austausch von Vermögensgütern „im Gesamtzusammenhang des Zugewinns",[4]
- Übertragung von Vermögen zur Abgeltung des Zugewinns.[5]

Die Steuerverwaltung hat diese Auffassung in zwei OFD-Verfügungen aus dem Jahre 2001 ausdrücklich konkretisiert und geht bei der Übertragung einer Immobilie als Leistung an Erfüllungs statt zur Abgeltung des Zugewinns von einer entgeltlichen Veräußerung aus.[6] Spätestens seit diesem Zeitpunkt ist eine steuerliche Prüfung der Immobilienübertragung in der Scheidungsvereinbarung – dem Standardfall notarieller Tätigkeit – angezeigt.

Dabei kann man bei der Leistung an Erfüllungs statt dogmatisch aber durchaus anderer Auffassung sein[7] und eine Entgeltlichkeit verneinen,

2 Die Berücksichtigung von Abschreibungen wird an dieser Stelle ausgeblendet.
3 BFH/NV 1999, 173.
4 BFH, BStBl. 2002 II, 519 ff.
5 BFH, BStBl. 1977 II, 389 f.; BFH, DStRE 2005, 449; hierzu Götz, FamRB 2004, 89 f.
6 OFD Frankfurt, FR 2001, 322 und OFD München, DB 2001, 1533.
7 So etwa Tiedtke, DB 2003, 1471 ff.; Schmidt/Kulosa, EStG, 33. Aufl., 2014, § 6 Rn. 131 (Leistung an Erfüllungs statt auf den Pflichtteil führt nicht zu Anschaf-

denn nach der zivilrechtlichen Literatur[8] und Rechtsprechung[9] ist die Leistung an Erfüllungs statt gerade kein entgeltlicher Austauschvertrag, bei dem die ursprüngliche Forderung erlassen und stattdessen die Leistung an Erfüllungs statt vereinbart wird, sondern ein Hilfsgeschäft zur Erfüllung der ursprünglichen Schuld. Zivilrechtlich sprechen daher die besseren Argumente gegen eine Entgeltlichkeit.

Dennoch hat der BFH steuerlich nun die Frage für einen Fall, bei welchem die Vertragsteile Pflichtteilsansprüche durch eine Beteiligung an einer Personengesellschaft abgegolten hatten, eindeutig entschieden, dass zwar der originäre Pflichtteilsanspruch unentgeltlich erworben sei, die Abrede der Abgeltung des reinen Geldanspruches durch die Beteiligung an der Gesellschaft sei aber steuerrechtlich als entgeltlich zu werten, und zwar völlig unabhängig von ihrer zivilrechtlichen Einordnung als Leistung an Erfüllungs statt.[10] Auch wenn das Urteil des BFH völlig zu Recht auf Kritik stößt,[11] wird es als für die Praxis maßgeblich zu betrachten sein,[12] sodass die Frage auch für den Bereich des Zugewinnausgleichs nicht anders entschieden werden kann. Die Rechtsprechung des BFH geht daher sowohl für die reine Auseinandersetzung[13] wie auch für die Abgeltung von Zugewinnausgleichsansprüchen von einem entgeltlichen Geschäft

---

fungskosten) – ob dessen Berufung auf BFH/NV 2001, 1113 freilich zutrifft, sei dahingestellt, denn dieser Beschluss befasst sich mit der Gegenleistung für einen Pflichtteilsverzicht; aus dem Beschluss geht deutlich hervor, wie umstritten die Frage auch für den Pflichtteilsverzicht innerhalb der Senate des BFH ist. Für Entgeltlichkeit hingegen: Korn/Carlé, EStG, § 23 Rn. 27; Schmidt/Wacker, EStG, § 16 Rn. 599, der bei Leistung an Erfüllungs statt mit Wirtschaftsgütern des Betriebsvermögens nicht eine Entnahme mit anschließender unentgeltlicher Zuwendung annehmen will, sondern eine entgeltliche Veräußerung des Wirtschaftsguts unmittelbar aus dem Betrieb heraus – mit der dann angenehmen Folge der Möglichkeit einer § 6b-Rücklage.

8 Bamberger/Roth/Dennhardt, BGB, 3. Aufl., 2012, § 364 Rn. 1; Palandt/ Grüneberg, BGB, 74. Aufl., 2015, § 364 Rn. 2; Staudinger/Olzen, BGB, § 364 Rn. 7 ff. m.w.N. entgegen früherer Rechtsprechung (BGHZ 46, 338, 342), der selbst von einem besonderen Schuldänderungsvertrag spricht.

9 BGHZ 89, 126, 133.

10 BFH, DStRE 2005, 449; dem folgend FG Berlin-Brandenburg, EFG 2008, 1563 = DStRE 2008, 1439 und EFG 2009, 745; zu erbschaft- und grunderwerbsteuerlichen Folgen: Gottwald, ZErb 2005, 317 ff.; zur ertragsteuerlichen Umsetzung: OFD Münster, DB 2006, 1293.

11 Wälzholz, MittBayNot 2005, 465 f.; Tiedtke/Langheim, FR 2007, 368 ff.

12 Vgl. OFD Münster, ZEV 2006, 311.

13 BFH, BStBl. 2002 II, S. 519 ff.

aus, dessen einkommensteuerliche Folgen sowohl i.R.d. § 23 EStG bei Privatvermögen wie auch bei Betriebsvermögen bedacht sein müssen. Damit haben die genannten OFD-Erlasse sozusagen höchstrichterlichen Segen erhalten.

Wenn zum Unterlaufen dieser Problematik vorgeschlagen wird, schon den Zugewinnausgleich als solchen vertraglich abweichend zu regeln, so dass der Anspruch statt auf Geld auf die Übertragung einer Immobilie geht,[14] so dass die Immobilie nicht nur auf eine bleibende Zugewinnforderung anzurechnen wäre, sondern selbst den Zugewinnausgleich darstellte, dann ist Skepsis angebracht. Dies ist zwar zivilrechtlich zulässig, ist aber bei einer vorsorgenden Vereinbarung für beide Seiten unwägbar, denn sowohl die Entwicklung des Zugewinns wie die Wertentwicklung der Immobilie sind nicht absehbar. Wird die Vereinbarung aber scheidungsnah getroffen, so wird der BFH dies kaum anders beurteilen, hat er doch deutlich gemacht, dass es ihm nicht auf die zivilrechtliche Konstruktion ankommt, sondern auf das wirtschaftliche Ergebnis.

Dies führt nach OFD Frankfurt zur folgenden

Lösung des Falles 1:
M erzielt mit der Übertragung einen steuerpflichtigen Veräußerungsgewinn nach § 23 EStG in Höhe von 150.000,- €.

Dieses einkommensteuerliche Ergebnis bringt die familienrechtliche Zugewinnberechnung ins Schwanken. Dies wird sogleich unter dem Punkt latente Ertragsteuer zu betrachten sein. Das Ergebnis wird nach der Verfügung der OFD Frankfurt ebenso ausfallen, wenn noch mit Unterhaltsansprüchen verrechnet wird.

Fall 2:
Ehemann M, der mit seiner Ehefrau F im gesetzlichen Güterstand lebte, erwarb 2009 ein Grundstück für 100.000,00 € zum alleinigen Eigentum und vermietete es. Im Jahr 2015 wird die Ehe von M und F geschieden. F hat einen Zugewinnausgleichsanspruch i.H.v. 250.000,00 €. Zur Abgeltung dieses Anspruchs überträgt ihr M dieses Grundstück, das bei Über-

14 Stein, DStR 2012, 1063 f.

tragung bereits 300.000,00 € wert war. Die überschießenden 50.000,00 € sollen mit Unterhaltsansprüchen der F verrechnet werden.

Lösung des Falles 2:
M erfüllt damit zwei unterschiedliche Forderungen, so dass er einen steuerpflichtigen Veräußerungsgewinn von 200.000,- € erzielt.

Ganz besonders problematisch sind momentan Fälle mit Teilentgeltlichkeit. Auch hierzu ein Beispielsfall, bei dem die Beteiligten niemals an steuerliche Folgen gedacht hatten.

Fall 3:
Ehemann M, der mit seiner Ehefrau F im gesetzlichen Güterstand lebte, erwarb 2009 ein Grundstück für 100.000,00 € zum alleinigen Eigentum und vermietete es. Im Jahr 2015 wird die Ehe von M und F geschieden. F hat einen Zugewinnausgleichsanspruch i.H.v. exakt ebenfalls 100.000,00 €. Zur Abgeltung dieses Anspruchs überträgt ihr M dieses Grundstück, das bei Übertragung aber schon 150.000,00 € wert war, ohne dass der höhere Betrag mit anderen Ansprüchen der F verrechnet wurde, weil M an einer einvernehmlichen Lösung ohne großen Aufwand gelegen war.

Hier wird von Teilentgeltlichkeit auszugehen sein, denn F hat einen Teil von 2/3 entgeltlich erworben (100.000,00 € von 150.000,00 € zur Abgeltung des Zugewinns). Das restliche 1/3 hat F unentgeltlich erworben. Obwohl somit M nicht mehr erlöst, als er seinerzeit für den Erwerb des Grundstücks bezahlt hat, kommt es zu einem Veräußerungsgewinn. Als Anschaffungskosten i.R.d. § 23 EStG sind dann nämlich nur 2/3 = 66.667,00 € anzusetzen.

Lösung des Falles 3:
M hat einen Veräußerungsgewinn von 33.333,- € zu versteuern.

Die Fragen der Teilentgeltlichkeit sind aber derzeit steuerlich heftig umstritten. In den vorstehenden Fällen zu § 23 EStG kam es mehrfach zu teilentgeltlichen Übertragungen, die nach der bisher von der Finanzverwaltung angewendeten Trennungstheorie gelöst wurde. Es erfolgte also eine Aufspaltung in einen entgeltlichen und einen unentgeltlichen Teil nach dem Verhältnis des Veräußerungserlöses zum Wert.

Der IV. Senat des BFH[15] hat sich jedoch in zwei Urteilen gegen diese Trennungstheorie ausgesprochen, und zwar im Bereich der teilentgeltlichen Übertragung von Gegenständen des Sonderbetriebsvermögens in das Gesamthandsvermögen derselben Mitunternehmerschaft bzw. einer Schwesterpersonengesellschaft. Er hat eine Gewinnrealisierung abgelehnt, solange die Gegenleistung den Gesamtbuchwert nicht übersteigt. Danach erfolgt keine Aufteilung des Buchwertes mehr in einen entgeltlichen und einen unentgeltlichen Teil.[16] Zustimmend zu dieser Rechtsprechung hat sich der I. Senat geäußert.[17] Mit dieser Rechtsprechung ist ein Bruch des bisherigen Systems verbunden. Die Finanzverwaltung hat daraufhin mit einem Nichtanwendungserlass reagiert.[18]

Fraglich ist, ob die Rechtsprechung des IV. Senats des BFH auch für die Veräußerung von steuerverstrickten Gegenständen des Privatvermögens und damit im Rahmen des § 23 EStG angewendet werden muss. Richter des dafür zuständigen IX. Senats sehen dies nicht und plädieren für die Beibehaltung der bisherigen strengen Trennungstheorie in diesem Bereich.[19] Andere halten die Rechtsprechung auch auf § 23 EStG für übertragbar.[20]

Das BMF wurde nun in einer Beitrittsaufforderung des X. Senates vom 19.3.2014[21] explizit danach gefragt, welche Folgen die modifizierte Trennungstheorie des IV. Senates für die Beurteilung teilentgeltlicher Übertragungen von Wirtschaftsgütern des Privatvermögens hat.[22] Es bleibt zu hoffen, dass die Thematik auf diese Weise einer Klärung zugeführt werden kann. Bis dahin muss man die Lösungen bei teilentgeltlichem Erwerb noch mit einem Fragezeichen betrachten.

Wichtig für den Vertragsgestalter ist neben der Hinzuziehung steuerlichen Rates, dass er versucht, diejenigen Ansprüche, welche gegen die Immobilie gegengerechnet werden, zu quantifizieren, damit es zu einer Berechnung des etwaigen Veräußerungsgewinns kommen kann.

---

15 BFH, DStR 2012, 1500; BFH, DStR 2012, 2051.

16 Strahl, KÖSDI 2013, 18528, 18529.

17 BFH, DStR 2013, 2158 Tz. 23.

18 BMF v. 12.9.2013, BStBl. 2013 I, 1164.

19 Heuermann, DB 2013, 1328 f.

20 Demuth, DStR-Beihefter zu Heft 49/2012, 146.

21 BFH, DStRE 2014, 1025.

22 Zu diesem Beschluss Hennigfeld, DB 2014, 2254.

b) Der Tatbestand des § 23 EStG bei der Scheidungsvereinbarung

Wollen wir noch kurz einige der Fragestellungen im Rahmen des § 23 EStG betrachten, die für die Gestaltung von Scheidungs(folge-) vereinbarungen von Bedeutung sind.

Nach § 23 Abs. 1 Nr. 1 Satz 2 EStG sind Gebäude und Außenanlagen einzubeziehen, wenn sie innerhalb der Veräußerungsfrist errichtet, ausgebaut oder erweitert werden. Damit stellt das Gesetz klar, dass auch in diesem Fall noch Identität zwischen dem angeschafften Wirtschaftsgut „Grundstück" und dem veräußerten Wirtschaftsgut „Grundstück mit Gebäude" besteht. Der Veräußerungsgewinn für das Gebäude ist also einzubeziehen, allerdings liegt kein selbstständiger Veräußerungstatbestand vor, sondern der Veräußerungsgewinn für das Gebäude teilt das Schicksal des Veräußerungsgewinns für den Grund und Boden. Die Herstellung des Gebäudes löst etwa keine eigene Frist mehr aus.[23] Es erfolgt keine Trennung des bebauten Grundstücks in zwei Wirtschaftsgüter.[24]

Fall 4:[25]
Der Steuerpflichtige St. erwarb am 05.01.2004 ein Grundstück für 100.000,00 € und errichtete hierauf 2008 ein Hausanwesen für 300.000,00 €, das er vermietete. Am 15.02.2015 veräußerte er Grundstück mit Gebäude für 500.000,00 €.

Lösung Fall 4:
Aufgrund der gesetzlichen Regelung, dass Gebäude nur einzubeziehen sind, der Fristlauf sich aber nach der Anschaffung und Veräußerung des Grund und Bodens richtet, ist die Veräußerung steuerfrei, da die Veräußerungsfrist bereits abgelaufen ist.

Eine weitere schwierige Frage liegt im Hinblick auf die 10-Jahresfrist des § 23 EStG darin, wann eine Veräußerung vorliegt. Maßgeblich hierfür ist allein der schuldrechtliche Vertrag, bei der Grundstücksübertragung in der

23 BMF, BStBl. 2000 I, S. 1383, Rn. 9 ff. mit Ergänzung v. 7.2.2007, BStBl. 2007 I, 262.
24 Korn/Carlé, EStG, § 23 Rn. 1.
25 Nach BMF, BStBl. 2000 I, S. 1383, Rn. 9.

Scheidungsvereinbarung also diese. Besitzübergang oder Geldfluss spielen hierfür ebensowenig eine Rolle wie die Grundbucheintragung.[26]

Noch keine Veräußerung stellen dar:[27]

- ein bindendes Angebot. Zweifelhaft ist, ob dies auch für ein bindendes Angebot des Verkäufers gilt. Grund dafür ist, dass im Schmidt, EStG[28] kommentiert ist, dass beim bindenden Verkaufsangebot eine Anschaffung oder Veräußerung vorliege. Allerdings verweist diese Fundstelle dann auf diverse BFH-Urteile, bei denen es gerade nicht um ein bloßes Angebot geht, sondern stets noch weitere Begleitgeschäfte zur wirtschaftlichen Vorwegnahme getätigt wurden. Demgegenüber sagt der BFH[29] ganz klar: „Ist aber ... bei Abgabe des Verkaufsangebots die Gefahr noch nicht übergegangen und hat der Verkäufer dem Käufer noch kein wirtschaftliches Eigentum verschafft, so müssen beide Vertragserklärungen innerhalb der Frist abgegeben werden." Nach BFH stellt also auch das bindende Verkaufsangebot allein noch keine Veräußerung dar.[30] Anders kann das dann sein, wenn die Rechte und Risiken im Rahmen einer rechtlich geschützten Position bereits übergangen sind.[31] Allerdings ist der Anbietende davor zu schützen, dass das Angebot innerhalb der Spekulationsfrist angenommen wird, sodass die Praxis solche Angebote so gestaltet, dass sie erst nach Fristablauf angenommen werden können;
- ein Vertrag, zu dem noch eine Genehmigung zur Wirksamkeit aussteht.[32] Im vom BFH entschiedenen Fall fehlte die Genehmigung des Käufers;
- ein Vertrag, der mit einem befristeten Rücktrittsrecht für den Käufer versehen ist. Der BFH hat entschieden,[33] dass in einem solchen Fall

---

26 Büte, FuR 2003, 390; Obermeier, NWB Fach 3, 11449; Herrmann/Heuer/Raupach/Musil, EStG, § 23, Rn. 92.
27 Korn/Carlé, EStG, § 23 Rn. 28 f.
28 Schmidt/Weber-Grellet, EStG, § 23 Rn. 37.
29 BFH, BStBl. 2002 II, S. 10, 11.
30 So nunmehr auch ganz deutlich BFH, DStR 2013, 1021: Das unwiderrufliche notarielle Kaufangebot allein steht nicht einem obligatorischen Erwerbsvertrag gleich.
31 BFH, DStR 2006, 2163.
32 BFH, BStBl. 2002 II, S. 10.
33 BFH, BB 2006, 814 = BStBl. 2006 II, S. 513.

die Vertragserklärungen nicht verbindlich innerhalb der Spekulationsfrist abgegeben worden sind. Ob dies allgemein für aufschiebende Bedingungen gilt, hat der BFH offen gelassen. Das FG Münster[34] hingegen hat entschieden, dass ein Vertrag, der noch unter einer aufschiebenden Bedingung steht - hier die Erlangung einer behördlichen Bescheinigung -, erst mit deren Eintritt wirksam wird. Erst dann liegt eine Veräußerung i.S.d. § 23 EStG vor.

Das Urteil des BFH zum Rücktrittsrecht lässt sich gezielt zur Gestaltung von Verträgen einsetzen, die nicht innerhalb der Spekulationsfrist eingegangen sein sollen.

Allerdings gilt dies nur dann, wenn nicht durch weitere Begleitgeschäfte wie Nutzungsüberlassung, Kaufpreisvorauszahlung, Darlehensgewährung mit Kaufpreisverrechnung etc. wirtschaftlich eine Veräußerung bereits vorweggenommen wird. Auch die Auflassungsvormerkung, verbunden mit einer Auflassungsvollmacht, wird in diesem Zusammenhang genannt.[35] Da die Rechtslage nicht völlig gesichert ist, sollte man einem Veräußerer, der auf den Ablauf der Veräußerungsfrist warten kann, zuraten, dies zu tun. Gerade bei der Scheidungsvereinbarung ist zudem zu sehen, dass es sich regelmäßig um ein Gesamtpaket handelt, für das Rücktrittsmöglichkeiten eher selten in Betracht kommen.

c) Trennungsfalle

Schließlich soll noch der Ausnahmetatbestand betrachtet werden, denn der betroffene Grundbesitz unterfällt dann nicht der Besteuerung nach § 23 EStG, wenn er nach § 23 Abs. 1 Nr. 1 EStG zu eigenen Wohnzwecken genutzt wurde.

Ausgenommen von der Besteuerung ist demnach Grundbesitz, der entweder

- zwischen Anschaffung/Herstellung und Veräußerung ausschließlich zu eigenen Wohnzwecken genutzt wurde oder
- im Jahr der Veräußerung und in den beiden vorangegangenen Jahren zu eigenen Wohnzwecken genutzt wurde.

34 FG Münster, DStRE 2014, 849.

35 Reich, ZNotP 2000, 375, 382 m.w.N.

Dient nur ein Gebäude teilweise eigenen Wohnzwecken, so fällt dieser entsprechende Anteil nicht unter die Besteuerung nach § 23 EStG.[36] Der Grund und Boden ist hierbei nach dem Verhältnis der eigengenutzten Wohnfläche zur Gesamtwohnfläche zu verteilen.[37]

Bei unentgeltlicher Überlassung zu Wohnzwecken an ein Kind, für das ein Anspruch auf Kindergeld oder der Freibetrag nach § 32 Abs. 6 EStG besteht, soll auch noch eine Nutzung zu eigenen Wohnzwecken vorliegen. Bei unentgeltlicher Überlassung an andere Angehörige liegt hingegen keine Nutzung zu eigenen Wohnzwecken mehr vor, selbst wenn diese unterhaltsberechtigt sind.[38] Das bedeutet insbesondere, dass bei einer unentgeltlichen Überlassung zur Nutzung als Wohnung an den anderen Ehegatten keine Eigennutzung mehr vorliegt.

Dies führt zu folgendem Hinweis auf die „Trennungsfalle“:

Hinweis:
Zieht der Eigentümer-Ehegatte bei der Trennung der Eheleute aus und verbleibt der Nichteigentümer-Ehegatte in der Wohnung, so liegt keine Nutzung zu eigenen Wohnzwecken mehr vor. Dies kann zum Verlust des entsprechenden Steuerprivilegs bei einer späteren Veräußerung führen.

Sind beide Ehegatten Eigentümer und einer von ihnen zieht aus, so ist die Frage der Nutzung zu eigenen Wohnzwecken für jeden der Miteigentümer getrennt zu beurteilen. Für den ausziehenden Ehegatten ergeben sich also ggf. Steuernachteile nach § 23 EStG. Beim Trennungs- oder Scheidungsmandat ist es notwendig, die Folgen des § 23 EStG am Anfang der Beratung zu erörtern. Ggf. ist es aus der Sicht der Steueroptimierung zu raten, eine Trennung im gemeinsamen Anwesen durchzuführen. Mit dem Wegzug jedenfalls werden steuerlich Fakten geschaffen.

Hinsichtlich des zeitlichen Umfangs der Nutzung zu eigenen Wohnzwecken sieht das Gesetz zwei Alternativen vor, deren Auslegung durch die Finanzverwaltung man kennen muss, um sie zuverlässig zu beurteilen:

- Ausschließliche Nutzung zu eigenen Wohnzwecken zwischen Anschaffung/Herstellung und Veräußerung: Nach den Ausführungsbestimmungen der Finanzverwaltung ist für den Zeitpunkt der Anschaffung bzw. Veräußerung – anders als bei der Bestimmung der 10-

36 BMF, BStBl. 2000 I, S. 1383 ff., Rn. 16.
37 BMF, BStBl. 2000 I, S. 1383 ff., Rn. 18.
38 BMF, BStBl. 2000 I, S. 1383 ff., Rn. 22 f.

Jahres-Frist! - jeweils der Übergang des wirtschaftlichen Eigentums entscheidend.[39] Dies meint bei einer Grundstücksveräußerung regelmäßig den Übergang von Besitz, Nutzen und Lasten. Ausschließliche Nutzung bedeutet ununterbrochene Nutzung. Leerstände sind unschädlich vor Nutzungsbeginn, wenn sie mit der Aufnahme der Eigennutzung in Zusammenhang stehen (z.B. für Umbauzwecke), und zwischen Nutzungsende und Veräußerung, wenn der Steuerpflichtige die Veräußerungsabsicht nachweist. Bei einem trennungsbedingten Auszug liegt diese Voraussetzung zumeist nicht vor. Nach dieser Alternative ist die Veräußerung auch dann steuerfrei, wenn die Eigennutzung nur für einen ganz kurzen Zeitraum erfolgte.[40]

- Nutzung zu eigenen Wohnzwecken im Jahr der Veräußerung und in den beiden vorangegangenen Kalenderjahren. Hierzu fordert die Finanzverwaltung[41] die Eigennutzung in einem zusammenhängenden Zeitraum[42] innerhalb der letzten drei Kalenderjahre. Der Zeitraum muss aber nicht die vollen drei Kalenderjahre umfassen. Im Extremfall genügt somit zur Erfüllung dieser Voraussetzungen ein Nutzungszeitraum von etwas über 12 Monaten, wenn sich dieser über drei Kalenderjahre erstreckt.[43] Ein Leerstand soll nach der Finanzverwaltung unschädlich sein, wenn die Veräußerung noch im Jahr der Nutzungsbeendigung erfolgt. Da bei einem scheidungsbedingten Auszug dieser i.d.R. nicht im Hinblick auf eine Veräußerung erfolgt (so die Leerstandsformel der Finanzverwaltung in der ersten Alternative), wird man bei einem Auszug vor Veräußerung auf diese Alternative zurückzugreifen haben. Dabei sei nochmals ins Gedächtnis gerufen, dass die Finanzverwaltung unter Veräußerung den Übergang des wirtschaftlichen Eigentums verstehen will. Das bedeutet, dass im Jahr des Auszugs bei Veräußerung auch das wirtschaftliche Eigentum übergegangen sein muss. Dies wird oft nicht gesehen.

---

39 BMF, BStBl. 2000 I, S. 1383 ff., Rn. 25.

40 Gottwald, MittBayNot 2001, 8, 13.

41 BMF, BStBl. 2000 I, S. 1383 ff., Rn. 25.

42 Das Erfordernis des zusammenhängenden Zeitraums ergibt sich m.E. nicht aus dem Gesetzestext, da sich das Wort ausschließlich, aus dem die Finanzverwaltung ununterbrochen liest, eindeutig nur auf die erste Alternative bezieht. Daher zu Recht krit. Gottwald, MittBayNot 2001, 8,13; Korn/Carlé, EStG, § 23 Rn. 33, der auch eine Fremdvermietung als unschädlich ansieht, wenn sich diese nicht über den Zeitraum eines Kalenderjahres erstreckt.

43 Arens, FPR 2003, 426, 427; Karasek, FamRZ 2002, 590, 591.

Daher muss die Vertragsgestaltung folgenden Hinweis beachten:

> Hinweis:
> I.R.d. § 23 EStG ist die Trennungsfalle zu beachten. Nach dem Auszug eines Eigentümerehegatten liegt eine Eigennutzung i.d.R. nur vor, wenn noch im Jahr des Auszugs eine Veräußerung unter Übergang von Besitz, Nutzen und Lasten erfolgt.

Hierzu folgender
Fall 5:
M und F erwarben mit Übergang von Besitz, Nutzen und Lasten zum 01.05.2012 ein Einfamilienhaus zum Miteigentum je zur Hälfte. Nach Renovierung zogen sie am 01.09.2012 ein. An Weihnachten 2013 erfolgte nach einem Zerwürfnis die Trennung. M zog sofort aus, F zog im Januar 2014 zu ihrer Mutter. Sie hatte bis dahin ohne weitere Absprache das Haus bewohnt. Kinder hatten M und F nicht. Im Oktober 2014 schlossen sie schließlich eine Scheidungsfolgenvereinbarung, wonach M das Haus gegen Zahlung eines Übernahmepreises zu Alleineigentum erwarb. Besitz, Nutzen und Lasten sollten mit Zahlung des Übernahmepreises und Schuldentlassung der F für die Hausdarlehen übergehen. Diese Voraussetzungen traten im Dezember 2014/alternativ im Januar 2015 ein.

Bei der Lösung wird die Problematik der Eigennutzung deutlich:
Lösung Fall 5:
Der Auszug erfolgte trennungsbedingt, der Leerstand ist daher nicht durch die beabsichtigte Veräußerung verursacht. F hat das Anwesen noch zu eigenen Wohnzwecken im Jahr der Veräußerung 2014 und auch in den beiden vorangegangenen Jahren 2012 und 2013 ununterbrochen genutzt. Daher ist die Veräußerung ihres Anteils wegen der Eigennutzung nicht nach § 23 EStG zu versteuern, soweit Besitz, Nutzen und Lasten noch in 2014 übergingen. Geschah dies hingegen erst im Januar 2015, so ist die Veräußerung ihres Anteils nach Ansicht der Finanzverwaltung steuerpflichtig.
Würde das Haus fremdveräußert, so wäre der Anteil des M in jedem Falle steuerpflichtig, da er keinen zusammenhängenden Nutzungszeitraum von drei Jahren aufweist.

> Hinweis:
> Für die Vertragsgestaltung ergibt sich daraus der Rat, den Übergang von Besitz, Nutzen und Lasten bei einer Scheidungs(folge-)vereinbarung fest im Jahr des Auszuges zu vereinbaren.

d) Anrechnung nach § 1380 BGB

Ein letzter Blick in diesem Zusammenhang soll noch der Anrechnungsbestimmung auf einen künftigen Zugewinnausgleich bei einer Zuwendung unter Ehegatten nach § 1380 BGB gelten.

Die Zuwendung unter Ehegatten war zunächst unentgeltlich und löste insoweit im Lichte des § 23 EStG keine einkommensteuerlichen Folgen aus.[44] Fraglich ist die Auswirkung, wenn es später zur Trennung und damit zur Anrechnung auf die Zugewinnausgleichsforderung kommt. Zum einen wird angenommen, dass damit das Rechtsgeschäft umgestaltet und zu einer antizipierten Leistung an Erfüllungs statt wird.[45] So ordnet etwa § 29 Abs. 1 Nr. 3 ErbStG an, dass eine bei der unentgeltlichen Zuwendung erhobene Schenkungsteuer bei der späteren Anrechnung zurückzuerstatten ist. Für die Schenkungsteuer steht damit fest, dass der Zuwendung der freigiebige Charakter nunmehr fehlt.[46]

Dabei gilt es zu beachten, dass eine Umqualifizierung in eine entgeltliche Übertragung auch einkommensteuerliche Folgen haben kann, die bei steuerverstricktem Vermögen zu hohen Belastungen führen können. Nicht zuletzt deshalb wird vertreten, dass eine Anrechnung nach § 1380 BGB nichts an der Unentgeltlichkeit ändert.[47] Die steuerrechtliche Einordnung des § 1380 BGB und der darauf basierenden Anrechnung ist also derzeit offen und es bleibt abzuwarten, wie die Rechtsprechung sich äußert.[48]

Gegen eine Umqualifizierung spricht m.E. zivilrechtlich die Einseitigkeit der Anrechnung. Die Umqualifizierung setzt doch wohl eine vertragliche Vereinbarung voraus.

---

44 Eine Entnahme aus betrieblichem Vermögen liegt nicht vor.

45 Hollender/Schlütter, DStR 2002, 1932, 1933 m.w.N.; Arens, FPR 2003, 426, 429.

46 Weidlich, ZEV 2014, 345, 350.

47 Hermanns, DStR 2002, 1065 f.; Stein, DStR 2012, 1734 f.

48 So Jülicher in Troll/Gebel/Jülicher, ErbStG, § 29, Rn. 93.

2. Latente Ertragsteuer

a) Ausgangspunkt: Unternehmensbewertung

Da sich im Rahmen der Unternehmensbewertung die Ertragswertmethode weitgehend durchgesetzt hat, ist somit im Zugewinnausgleich derjenige Wert festzustellen, den ein Verkäufer bei einer Unternehmensveräußerung erzielen würde. Die Rechtsprechung des BGH ist daher bereits seit längerem der Auffassung, dass dann bei Unternehmen die latente Ertragsteuer abgezogen werden müsse.[49] Dies gelte als Konsequenz der Bewertungsmethode unabhängig davon, ob eine konkrete Veräußerung beabsichtigt sei.[50] Der Abzug mindert unmittelbar den Unternehmenswert, es handelt sich nicht etwa um eine Verbindlichkeit im Zugewinn.[51]

Zu prüfen ist freilich, ob diese Steuerlast nicht schon beim Ansatz der Bewertungsmethode Berücksichtigung gefunden hat, dann scheidet insoweit ein nochmaliger Abzug aus. In diesem Zusammenhang hatte der BGH früher auch gebilligt, dass eine pauschale Heranziehung des halben Steuersatzes aus Gründen der Zweckmäßigkeit und Praktikabilität auch für den Zugewinnausgleich gerechtfertigt sei.

b) Erweiterung auf alle Vermögensgüter

Der BGH hat seine Rechtsprechung zu den latenten Ertragsteuern in einem neueren Urteil aufgegriffen und – wenngleich nur in einem obiter dictum – sehr stark erweitert. Der BGH hat weiter ausgeführt, dass er damit von einer fiktiven Veräußerung zum Stichtag ausgehe.[52] Damit wird der Abzug der latenten Steuer unabhängig von einer Veräußerungsabsicht oder einer späteren Veräußerung, ja selbst von einer fehlenden Veräußerbarkeit aufgrund gesellschaftsrechtlicher Sperren. Damit will sich der BGH auch der Diskussion entziehen, wie wahrscheinlich oder unwahrscheinlich die Veräußerung ist, weil es bei einer zum Stichtag fingierten

---

49 BGH, NJW 1972, 125; BGH, NJW-RR 1990, 68; BGH, NJW-RR 2005, 153.

50 BGH, NJW-RR 2005, 153; Haußleiter/Schulz Vermögensauseinandersetzung bei Trennung und Scheidung, 6. Aufl., 2015, Rn. 1954 f.; Kogel, NJW 2011, 3337, 3338.

51 Palandt/Brudermüller, BGB, § 1375, Rn. 15.

52 BGH, NJW 2011, 2572 Tz. 50 f. = DStR 2011, 1683.

Veräußerung auf die spätere Entwicklung nicht mehr ankommt. Dies wird z. T. anders gesehen, weil es sich wie sonst auch um eine ungewisse Forderung handele, deren Bewertung von der Wahrscheinlichkeit ihres Entstehens abhänge.[53]

Nachdem in der familienrechtlichen Literatur wegen des Abzugs der latenten Ertragsteuer bei der Unternehmensbewertung vereinzelt eine Ungleichbehandlung dieser Bewertung mit der Bewertung anderer Vermögensgüter gerügt worden war,[54] hat der BGH nunmehr festgestellt, ein solcher Abzug latenter Ertragsteuern habe aus Gründen der Gleichbehandlung bei allen Vermögensgütern im Rahmen des Zugewinnausgleichs zu erfolgen. Genannt werden neben den Unternehmen Immobilien, Wertpapiere und Lebensversicherungen.

Diese Erweiterung, die lange Zeit relativ unbemerkt geblieben war, hat nun zu einem familienrechtlichen Aufschrei geführt, weil man merkt, wie kompliziert solche Bewertungen werden. Es ist nun von einer Katastrophe für die Rechtspraxis die Rede,[55] ja von einem Irrweg juristischer Konstruktionen.[56]

Vermögenswerte im Zugewinn lassen sich kaum noch ohne sachverständige Hilfe steuerlicher Berater feststellen. Wenn die Ehegatten um die Werte streiten, wird es häufig je eines eigenen steuerlichen Beraters bedürfen. Bei Wertpapieren ergibt sich abhängig vom Anschaffungszeitpunkt (§ 52a Abs. 10 EStG - vor oder nach dem 1.1.2009) eine Besteuerung des halben Kursgewinnes bei einer Haltedauer von unter einem Jahr nach § 23 Abs.1 S. 1 Nr. 2 EStG a.F. bzw. eine von der Haltedauer unabhängige Besteuerung nach § 20 Abs. 2 EStG, derzeit als Abgeltungssteuer. Auch bei Lebensversicherungen stellen sich komplizierte Fragen nach Abschlussdatum und Haltedauer. Bei der Immobilienbewertung wegen der Veräußerungsgewinnbesteuerung spielt die latente Ertragsteuer ebenso eine Rolle. Die neue Rechtsprechung des BGH wird dahin verstanden, dass die latente Steuer immer abgezogen werden müsse, wenn sie bei einer Veräußerung zum Stichtag angefallen wäre, unabhängig davon, dass das Objekt ggf. durch reinen Zeitablauf später aus der Steuerverhaftung her-

---

53 Koch, FamRZ 2011, 628 f.

54 Kogel, NJW 2007, 556, 559.

55 Hoppenz, FamRZ 2012, 1618; Piltz, NJW 2012, 1111; Klein, FPR 2012, 324 f.; Stabenow/Czubayko, FamRZ 2012, 682 f; schon früh warnte Kogel, NJW 2011, 3337 f.

56 Fassnacht, FamRZ 2014, 1681, 1683.

ausfällt.[57] Das soll auch bedeuten, dass für die Ausnahme der Eigennutzung die entsprechenden Fristen bereits abgelaufen sein müssen, wenn die Ausnahme eingreifen soll.[58] Hierzu gibt es jedoch beachtliche Gegenstimmen, die in diesen Fällen entweder eine latente Steuer gar nicht abziehen möchten[59] oder nur im Verhältnis des verbleibenden 10-Jahreszeitraums zum abgelaufenen[60] oder mit einer entsprechenden Abzinsung bzw. einem Rechtsnachteil aus der aufzuschiebenden Veräußerung.[61]

c) Individualisierung der latenten Ertragsteuer

Als Konsequenz der fingierten Veräußerung zum Stichtag, welche die Berechnung unabhängig von künftigen Entwicklungen macht, fordert der BGH konsequent die Berücksichtigung der dann bekannten individuellen steuerlich relevanten tatsächlichen und rechtlichen Verhältnisse zum Stichtag.[62] Insbesondere sei damit der individuelle Steuersatz des Inhabers maßgeblich – noch kurz zuvor hatte der BGH die Anwendung eines pauschalen Steuersatzes gebilligt.[63] Das bedeutet nicht mehr und nicht weniger, als dass die latente Steuerlast unter Heranziehung des Gesamteinkommens des Inhabers individuell berechnet werden muss und dass sie für jeden Ehegatten unterschiedlich ausfallen kann, so dass nicht einmal mehr Miteigentum zu gleicher Quote gleich viel wert ist.

d) Familienrechtliche Probleme

Dem entsprechend diskutiert die familienrechtliche Praxis derzeit eine breite Palette an Problemen mit der latenten Ertragsteuer.[64]

---

57 Kogel, Strategien zum Zugewinnausgleich, 4. Aufl., 2013, Rn. 1070; Klein, FPR 2012, 324 f.

58 Schlimpert, DS 2013, 342, 345 f.

59 Palandt/Brudermüller, BGB, § 1376, Rn. 3; Hoppenz, FamRZ 2012, 1618 f.

60 Piltz, NJW 2012, 1111, 1115.

61 Fassnacht, FamRZ 2014, 1681, 1683 ff.

62 BGH, NJW 2011, 2572 = DStR 2011, 1683.

63 BGH, NJW 2011, 601 = DStR 2011, 581.

64 Vgl. etwa Klein, FPR 2012, 324 f.; Kogel, Strategien beim Zugewinnausgleich, Rn. 1051 f.; Kuckenburg, FuR 2012, 71 f.; Piltz, NJW 2012, 1111 f.

Die Betrachtung des Gesamteinkommens macht eine umfangreiche steuerliche Berechnung erforderlich. Sie führt zudem zu einem unterschiedlichen Wert für jeden Inhaber, da eine jeweils unterschiedliche latente Ertragsteuer abzuziehen ist, d.h. ein Gesellschaftsanteil etwa ist bei jedem Inhaber unterschiedlich hoch zu bewerten.

Es wäre dann auch zu entscheiden, ob für die Steuerberechnung die Grund- oder die Splittingtabelle Anwendung findet. Ist das Trennungsjahr abgelaufen und wird sodann der Scheidungsantrag eingereicht, so müsste die Grundtabelle Anwendung finden, was einen hohen Steuerabzug zur Folge hätte.[65] Wäre nach § 1375 Abs. 2 BGB wegen einer Vermögensminderung nach Trennung der Trennungszeitpunkt maßgeblich, so fände aber für diesen wiederum die Splittingtabelle Anwendung.

Auch im Todesfall ist ein Zugewinn zu berechnen. Hier fände dann die Splittingtabelle Anwendung.[66] Dies würde dazu führen, dass die latente Ertragsteuer jeweils unterschiedlich zu berechnen wäre, je nachdem ob der Zugewinn anlässlich des Scheidungs- oder des Todesfalles anfiele.

Die Berechnung der latenten Ertragsteuer müsste nicht nur zum Stichtag der Endvermögensberechnung (Rechtshängigkeit des Scheidungsantrages bzw. Tod) erfolgen, sondern auch zum Stichtag des Anfangsvermögens (Eintritt des Güterstandes), der oftmals Jahrzehnte zurückliegt, und in Bezug auf Zuwendungen nach § 1374 Abs. 2 BGB jeweils zum Zuwendungszeitpunkt mit dem jeweils geltenden Steuerrecht; eine auch für steuerliche Berater langwierige Aufgabe. Allein durch den Wechsel von der Splitting- in die Grundtabelle würde zudem ein erheblicher Verlust an Zugewinn eintreten, ohne dass sich sachlich etwas geändert hätte.

Die Auswirkungen gehen sogar soweit, dass einem Mandanten mit volatilen Steuerbelastungen geraten werden müsste, den Scheidungsantrag in ein Jahr mit einer höheren Steuerbelastung zu verschieben.

e) Kritik

Diese Ausführungen zeigen, dass - so richtig der Abzug der latenten Steuerlast sein mag - der Verweis auf die individuelle Steuerlast ein Irrweg ist.

---

65 Man mag sich gar nicht vorstellen, wie die Frage zu lösen ist, wenn der Unternehmer nach schneller Scheidung im selben VZ wieder heiratet, die Berechnung der latenten Steuer aber streng stichtagsbezogen ist.

66 Vgl. sogar § 32a Abs. 6 Nr. 1 EStG – Gnadensplitting im Folgejahr.

Gerade wenn die latente Ertragsteuer ein Element der Bewertung ist, muss sie vom Gegenstand her gedacht sein und nicht von der Person des Inhabers. Hier zeigen gängige Bewertungsverfahren die Methode auf, mit einem pauschalen Steuersatz zu rechnen, mit dem dann auch Bewertungsunsicherheiten abgegolten sind.[67] Zudem sollte im Anfangs- und Endvermögen mit dem gleichen Satz gerechnet werden, um nicht künstliche Wertänderungen zu produzieren.

Andererseits ist zu beachten, dass mit der Versteuerung des Veräußerungsgewinns durch einen Ehegatten für den erwerbenden Ehegatten der Steuervorteil einer erhöhten Abschreibung korrespondieren kann, sodass allein der Abzug der latenten Ertragsteuern noch kein vollständiges Bild der Gegebenheiten darstellt. Wenn man eine Korrektur befürwortet, müsste diese alle Folgen korrigieren.

In jedem Falle ist eine steuerliche Beratung beider Parteien dringend erforderlich.[68]

3. Neues zur Schenkungsteuer beim Zugewinn

Abgerundet werden soll der Blick auf die steuerlichen Konsequenzen bei der Zugewinnberechnung durch ein kurzes Eingehen auf Neuerungen im Bereich der Schenkungsteuer.

a) Ehevertragliche Kompensationen und Unterhaltsverstärkung als steuerliche Schenkung

Dass die Rechtsprechung des BFH ehevertraglich im Lichte der Inhaltskontrolle erforderliche Kompensationen als Schenkung ansieht, war an dieser Stelle bereits vor einigen Jahren berichtet worden.[69] Dass dies aus Sicht desjenigen, bei dem solche Eheverträge oft in monatelangen Verhandlungen unter Beteiligung von Anwälten auf beiden Seiten ausgehan-

67 Vgl. etwa IDW S 1, Rn. 43 f.
68 Schulz, FamRZ 2014, 1684, 1687.
69 BFH, DStRE 2007, 516; BFH, DStR 2008, 348 ff.

delt werden, wobei man sich nichts schenkt, eine verfehlte Einschätzung ist, wurde bereits ausführlich dargelegt.[70]

Inzwischen ergeht die Mahnung, dass eine solche Sicht auch bei unterhaltsverstärkenden Vereinbarungen Platz greifen kann, bei denen Unterhalt über das gesetzliche Maß hinaus zugesprochen wird.[71] Auch bei dieser Vertragsgestaltung, die als neuer Vertragstyp zu betrachten ist, wird daher steuerrechtlich Vorsicht geboten sein.

Diese schenkungsteuerlichen Konsequenzen können – soweit nicht die steuerfreie Übertragung des eigenbewohnten Familienheims nach § 13 Abs. 1 Nr. 4a ErbStG in Betracht kommt – nur dann vermieden werden, wenn die Kompensationsbeträge unterhalb der Freibeträge liegen. Ansonsten gilt es, durch ein Bedingungsgeflecht sicherzustellen, dass wenigstens die günstige Steuerklasse I eingreift, dass also das Versprechen der Kompensation aufschiebend bedingt ist durch die Heirat, damit das Schenkungsversprechen nicht unter Verlobten stattfindet, und dass als weitere aufschiebende Bedingung die Scheidung hinzukommt, damit das Entstehen der Steuerpflicht hinausgeschoben ist. Die Steuerklasse I besteht bis zur rechtskräftigen Scheidung,[72] so dass die Bedingung zuvor eintreten kann, wenn dies gewünscht ist.

b) Steuerfreier Zugewinn und Anrechnung

Ist für § 5 ErbStG die steuerfreie Zugewinnausgleichsforderung nach dem Gesetz zu berechnen, so ist dabei auch § 1380 BGB zu beachten. Durch eine solche Anrechnung von Zuwendungen während der Ehe kann die steuerfreie Zugewinnausgleichsforderung sinken. Dies kann dann ungerecht erscheinen, wenn es sich um nicht steuerpflichtige Gegenstände handelt, die vorab geschenkt wurden und daher keine Steuerpflicht auslösten, so etwa beim Familienheim.[73]

Hiergegen vermag auch die Vereinbarung der Nichtanrechnung nicht zu helfen, wenn der geschenkte Gegenstand noch im Endvermögen des Be-

---

70 Münch, DStR 2008, 26; Münch, FPR 2012, 302 f. zustimmend Geck, DNotZ 2008, 347, 355; von Oertzen, FamRZ 2010, 1785, 1786 und Jeep, NZFam 2014, 293, 297.

71 Von Oertzen, FamRZ 2010, 1785 ff.

72 Jülicher in Troll/Gebel/Jülicher, ErbStG, 48. Erg., 2014, § 15, Rn. 26.

73 So jüngst Götz, ErbStB 2013, 355 mit zahlreichen Berechnungsbeispielen, ebenso in ZEV 2013, 74; vgl. aber schon Netzer, FamRZ 1988, 678 ff.

schenkten vorhanden ist, da sie die Auswirkungen nicht ändert.[74] Eine vertragliche Abhilfe müsste vielmehr die Nichteinbeziehung des vorab geschenkten Gegenstandes im Endvermögen eines jeden Ehegatten (und ggf. im Anfangsvermögen) anordnen. Jedoch sind bei Berechnung des fiktiven Zugewinns nach § 5 Abs. 1 ErbStG solche ehevertraglichen Vereinbarungen nicht zu berücksichtigen.

Was kann nun vertragsgestalterisch dagegen unternommen werden? Zum einen könnte man überlegen, den Zugewinn nicht erst im Todesfalle, sondern schon unter Lebenden mit Anwendung des § 5 Abs. 2 ErbStG auszugleichen. Dann wären ehevertragliche Vereinbarungen zu berücksichtigen, zumal die Bestimmung des § 1380 BGB nicht in erster Linie erbrechtliche Wirkung haben werden, nachdem diese Vorschrift ohnehin so umstritten ist. Zum anderen könnte man in den deutsch-französischen Güterstand der Wahl-Zugewinngemeinschaft wechseln. Dieser kennt eine dem § 1380 BGB entsprechende Vorschrift nicht.

c) Rückwirkender Zugewinn – Änderung der ErbStRL

Seit 2006 war eine Überarbeitung der ErbStRL im Hinblick auf die rückwirkende Vereinbarung von Zugewinngemeinschaft angekündigt.[75] Diese ist inzwischen in R E 5.2. ErbStR (2011) erfolgt, das Änderungsversprechen wurde aber nur sehr unvollkommen umgesetzt. Zwar betonen die Richtlinien nun, dass die Nichtsteuerbarkeit des Zugewinns auch die durch Ehevertrag oder Scheidungsvereinbarung modifizierte Zugewinnausgleichsforderung erfasst, weil dies Ausdruck der bürgerlich-rechtlichen Gestaltungsfreiheit der Ehegatten bei der Ausgestaltung des Zugewinns ist. Sodann aber heißt es unverändert, dass eine Schenkung in der Verschaffung einer erhöhten güterrechtlichen Ausgleichsforderung zu sehen ist, wenn dadurch »nicht in erster Linie güterrechtliche, sondern erbrechtliche Wirkungen herbeigeführt werden sollen«. Sofern ein Beginn des Güterstandes vereinbart wurde, der zeitlich vor dem Vertragsschluss lag, nahmen die bisherigen Erbschaftsteuerrichtlinien zwingend eine überhöhte Zugewinnausgleichsforderung an. Die Neufassung dagegen sagt, dass darin eine überhöhte Zugewinnausgleichsforderung zu sehen sein kann. Aus

74 Götz, ErbStB 2013, 355 f.; ders. ZEV 2013, 74 f.

75 BayLAfSt, DStZ 2006, 782 im Gefolge des FG Düsseldorf; ebenso OFD Rheinland und Münster, ErbStB 2007, 73.

der rückwirkenden Vereinbarung allein ergibt sich aber noch nicht, dass die Ausgleichsforderung überhöht ist. Damit besteht der bisherige Automatismus, dass eine rückwirkende Vereinbarung stets zu einer überhöhten Zugewinnausgleichsforderung führt, nicht mehr. Die Finanzverwaltung behält sich aber wohl in jedem einzelnen Fall weiterhin eine Einzelfallprüfung vor. Damit wird eine Rechtsunsicherheit geschaffen, die den eindeutigen Äußerungen der Rechtsprechung nicht entspricht.[76]

Hinweis:
I.R.d. § 5 Abs. 2 ErbStG wird von den Gerichten die rückwirkende Vereinbarung der Zugewinngemeinschaft anerkannt! Hier besteht großes Erbschaftsteuersparpotenzial. Bei vielen »Altehen« mit Gütertrennung besteht insoweit Handlungsbedarf. Es ist hier zunächst rückwirkend die Zugewinngemeinschaft zu vereinbaren und dann der Zugewinn unter Lebenden auszugleichen.[77]

d) Oder-Konten-Rechtsprechung

War eine Anrechnung auf die Zugewinnausgleichsforderung angeordnet und gelangt diese dann zur Wirkung,[78] so zieht Schenkungsteuer daraus die Konsequenz, dass gem. § 29 Abs. 1 Nr. 3 ErbStG die Schenkungsteuer mit Wirkung für die Vergangenheit wegfällt.

Die Vorschrift des § 29 Abs. 1 Nr. 3 ErbStG erlangte Bedeutung vor allem in Fällen der »Reparatur« einer verunglückten Ehegattenschenkung. Die Fälle, welche momentan die Gerichte beschäftigen, sind zumeist Oder-Konto Einzahlungen durch den alleinverdienenden Ehegatten über eine lange Ehezeit hinweg.

Der BFH[79] hat hier in einer Revisionsentscheidung für eine Erleichterung gesorgt, indem er annahm, das Finanzamt trage die Feststellungslast dafür, dass der nicht einzahlende Ehegatte im Verhältnis zum einzahlenden Ehegatten tatsächlich und rechtlich frei zur Hälfte über das eingezahl-

76 Tiedtke, FPR 2012, 107, 112/113; für hinreichend klar sehen die Änderung an Viskorf/Haag, DStR 2012, 219, 221.

77 Ein Gestaltungsmodell findet sich z.B. bei N. Mayer in FS Spiegelberger, 1064 ff.

78 Nachweis erforderlich: FG Nürnberg, INF 2005, 247.

79 BFH, DStR 2012, 796; hierzu Bönig, DStR 2012, 2050 und Wefers/Carlé, ErbStB 2013, 48 ff.

te Guthaben verfügen konnte, denn dies wäre Voraussetzung für eine Schenkung gewesen.

Aus dem Urteil wird zu Recht gefolgert, dass allein aus der Bestreitung des gemeinsamen Lebensunterhaltes vom Oder-Konto noch nicht auf eine Schenkung geschlossen werden kann.[80] Gleiches soll für die Verwendung der Erträge des Oder-Kontos gelten.[81]

Wenn die Schenkung schon geschehen ist, dann kommt als »Reparaturmaßnahme« die Beendigung der Zugewinngemeinschaft und die Anrechnung der bisherigen Zuwendungen auf die entstehende Zugewinnausgleichsforderung im Wege einer „simulierten Scheidung" in Betracht. Diese Anrechnung führt zur Steuerfreiheit nach § 29 Abs. 1 Nr. 3 ErbStG.[82] Nach Durchführung des Zugewinnausgleichs auf diese Weise kommt es nicht mehr darauf an, ob im Zusammenhang mit dem Oder-Konto tatsächlich eine Schenkung vorlag.[83] Die Literatur bezeichnet es allerdings als nicht geklärt, ob damit auch strafrechtliche Risiken erledigt sind.[84]

II. Interdependenzen mit dem Zugewinn

In den letzten Jahren haben zahlreiche Gerichtsentscheidungen und literarische Stellungnahmen das Verhältnis des Zugewinns zu anderen Scheidungsfolgen problematisiert. Die hierzu geführten Diskussionen haben insbesondere für die Scheidungsvereinbarung Bedeutung und sollen daher hier vorgestellt sein.

1. Zugewinn und Versorgungsausgleich

Ein solcher Punkt ist die Berücksichtigung von Lebensversicherungen. Als Grundsatz ist festzuhalten:

---

80 Schienke-Ohletz, DStR 2012, 1265, 1266.

81 Schlünder/Geißler in Münch, Familienrecht, § 18, Rn. 201 mit ausführlicher Darstellung der Problematik.

82 Götz, DStR 2001, 417 f.; von Oertzen/Straub, BB 2007, 1473 ff.; Reich, ZEV 2011, 59; Schienke-Ohletz, DStR 2012, 1265, 1266.

83 Von Oertzen, FPR 2012, 103, 106.

84 Demuth, ZEV 2012, 405, 409; Geck, KÖSDI 2014, 18725, Tz. 19.

a) Grundsatzanknüpfung: Rentenlebensversicherung im Versorgungsausgleich

Anrechte, die im Versorgungsausgleich behandelt werden, unterliegen nicht dem Zugewinnausgleich, § 2 Abs. 4 VersAusglG. Diese Ausschließlichkeit ist zwingend und unterliegt nicht der Parteidisposition.

Damit fallen Lebensversicherungen auf Rentenbasis nicht in den Zugewinnausgleich. Dies gilt nach den allgemeinen Einschränkungen im Versorgungsausgleich allerdings nur für Rentenversicherungen, die speziell für das Alter bestimmt sind und im Anschluss an die Beendigung des aktiven Berufslebens gewährt werden.[85] Kapitallebensversicherungen mit Rentenwahlrecht, für welche das Wahlrecht bis zur Rechtshängigkeit[86] ausgeübt wurde, unterliegen ebenfalls nicht dem Zugewinnausgleich. Rentenlebensversicherungen mit Kapitalwahlrecht unterfallen grds. dem Versorgungsausgleich, es sei denn, das Wahlrecht wäre bereits vor Rechtshängigkeit des Scheidungsantrags ausgeübt worden, dann nämlich liegt eine Kapitalforderung vor, die in den Zugewinn fällt.

Kapitallebensversicherungen hingegen unterfallen dem Zugewinnausgleich, auch wenn sie mit einem Rentenwahlrecht versehen sind.[87] Ist ein Ehegatte Versicherungsnehmer und hat der andere Ehegatte eine unwiderrufliche Bezugsberechtigung, so ist die Versicherung im Endvermögen des Begünstigten zu erfassen,[88] anders hingegen bei einem bloß widerruflichen Bezugsrecht. Hier ist die Versicherung noch beim Versicherungsnehmer zu erfassen.[89] Diese Einordnung bleibt auch nach der Neuregelung des Versorgungsausgleichs bestehen, da Kapitallebensversicherungen häufig keinen reinen Versorgungscharakter haben, sondern z.B. zur Kreditfinanzierung dienen.[90]

85 BGH, FamRB 2007, 889 = DNotZ 2007, 722; zur Abgrenzung Büte, FuR 2014, 11 ff.

86 Hier ist nicht auf das Ehezeitende nach § 3 Abs. 1 VersAusglG abzustellen, BGH, FamRZ 1984, 156, 158.

87 Näher Büte, Zugewinnausgleich bei Ehescheidung, 4. Aufl., 2012, Rn. 157 ff.

88 BGH, FamRZ 1992, 1155, 1158; Büte, FuR 2014, 11, 14.

89 Büte, FuR 2014, 11, 14.

90 Glockner/Hoenes/Weil, Der Versorgungsausgleich, 2. Aufl., 2013, § 2 Rn. 20.

b) Kapitalwahl nach Rechtshängigkeit des Scheidungsantrags

Der BGH hat jedoch entschieden, dass auch dann, wenn das Kapitalwahlrecht erst nach Rechtshängigkeit des Scheidungsantrags ausgeübt wird, die Versicherung im Zugewinn zu berücksichtigen ist, da der Versorgungsausgleich keine Ausgleichsmechanismen zum Ausgleich von Kapitalforderungen habe.[91] Hierzu meint der BGH, dass trotz Ausübung des Wahlrechts erst nach dem Stichtag für die Endvermögensberechnung gemäß § 1384 BGB ein Wert in den Zugewinn falle, da der wirtschaftliche Wert im Endvermögen bei Rechtshängigkeit bereits vorhanden gewesen sei.

Dennoch entstehen Rechtsschutzlücken etwa dann, wenn entweder das Zugewinnausgleichsverfahren bereits rechtswirksam abgeschlossen ist[92] oder wenn über den Zugewinn eine abschließende notarielle Vereinbarung geschlossen worden war. Für den Anwalt birgt diese Situation Haftungsrisiken. Er muss darauf achten, dass bei einem Ausscheiden aus dem Versorgungsausgleich eine Berücksichtigung im Zugewinnausgleich noch möglich bleibt.

Noch weitergehend hat das OLG Hamm[93] entschieden, dass sogar ein vorbehaltener schuldrechtlicher Versorgungsausgleich entfällt, wenn das Recht aufgrund nachträglicher Kapitalwahl aus dem Versorgungsausgleich ausscheidet.

c) Kapitalrechte im neuen Versorgungsausgleich

Auch im neuen Versorgungsausgleichsrecht werden grds. nur Anrechte erfasst, die auf Rente gerichtet sind. Hiervon macht jedoch § 2 Abs. 2 Nr. 3 Halbs. 2 VersAusglG eine wichtige Ausnahme. Nach dieser Vorschrift sind unabhängig von ihrer Leistungsform Anrechte i.S.d. Betriebsrentengesetzes oder des Altersvorsorgeverträge-Zertifizierungsgesetzes[94] im Versorgungsausgleich auszugleichen. Damit unterfallen nunmehr erstmals auch Anrechte, die auf Kapitalzahlung gerichtet sind, dem Versorgungsausgleich. Hierfür werden in erster Linie zwei Gründe genannt: Zum

---

91 BGH, DNotZ 2003, 542 m. Anm. Zimmermann = JZ 2003, 900 f. m. Anm. Lipp = FamRZ 2003, 664 m. abl. Anm. Deisenhofer, FamRZ 2003, 745.

92 Lipp, JZ 2003, 902.

93 OLG Hamm, NJW 2013, 547.

94 BGBl. 2000 I, S. 1322.

einen überlassen zunehmend mehr Verträge der betrieblichen Altersvorsorge dem Arbeitgeber ein Wahlrecht, ob er die Leistung im Leistungszeitpunkt als Kapitalzahlung, Rente oder Mischform erbringt.[95] Hinzu kommt, dass diese Versorgungsformen regelmäßig nicht beliehen oder zurückgekauft werden dürfen, sodass ihre Einbeziehung in den Zugewinnausgleich dort einen Ausgleichsanspruch schafft, der mangels Liquidität nicht bedient werden kann.[96]

Diese Änderung des gesetzgeberischen Konzeptes hat verschiedene Folgen. Eine davon ist, dass man Eheverträge, welche sich mit diesen Rechten befassen, einer Überprüfung unterziehen muss, nachdem der Gesetzgeber die Einordnung dieser Rechte geändert hat.

Hinweis:
Wenn ein bereits in der Vergangenheit abgeschlossener Ehevertrag solche Kapitalrechte im Zugewinn behandelt hat, dann besteht nunmehr Änderungsbedarf. Dies gilt ganz besonders, wenn man einen Ausschluss der Ausgleichung hatte erreichen wollen und diesen zugewinnrechtlich vereinbart hatte.

Andererseits zeigt m.E. diese Änderung, dass der Versorgungsausgleich nunmehr sehr wohl auch mit Kapitalrechten umgehen kann, zumal er mit dem korrespondierenden Kapitalwert eine allgemeine Vergleichsgröße auf der Basis eines Kapitalwertes geschaffen hat. Damit ist der Rechtsprechung eigentlich das bisherige Argument für die Berücksichtigung einer nachträglichen Kapitalwahl aus der Hand geschlagen.

d) Nachträgliche Kapitalwahl im neuen Versorgungsausgleich

Dennoch hat sich die Hoffnung einer Rechtsprechungsänderung nicht erfüllt. Vielmehr ist der BGH auch für das neue Recht bei seiner Ansicht geblieben.[97] Er sieht die Regelung des VersAusglG als abschließend an. Für den Ausgleich weiterer Kapitalrechte sei daher kein Platz.

Damit ist in der Scheidungsvereinbarung eine abschließende vertragliche Regelung des Zugewinns dann gefährlich, wenn gleichzeitig der Ver-

---

95 Hauß/Bührer, Versorgungsausgleich und Verfahren in der Praxis, 2. Aufl., 2013, Rn. 89.

96 Glockner/Hoenes/Weil, § 2 Rn. 20.

97 BGH, FamRB 2011, 367 = NJW-RR 2011, 1633 f.; BGH, FamFR 2012, 299.

sorgungsausgleich vorbehalten wird. Hier sollte nunmehr nachgefragt werden, ob eine Rentenlebensversicherung mit Kapitalwahlrecht besteht. Wird diese Frage bejaht, so bietet sich eine vertragliche Regelung an, dass für den Fall, dass das Kapitalwahlrecht noch ausgeübt wird, das Kapital im Zugewinnausgleich zusätzlich zu berücksichtigen ist.

Formulierungsvorschlag (Nachträgliche Ausübung des Kapitalwahlrechts):

.... Ferner vereinbaren wir: Soweit heute der Versorgungsausgleich nicht endgültig geregelt wird und Lebensversicherungen aus dem Versorgungsausgleich nachträglich durch Kapitalwahl ausscheiden, dann sind solche Rechte nachträglich noch dem Zugewinn zu unterwerfen. Dies gilt auch dann, wenn dieser ansonsten bereits geregelt ist. Hierfür wird die Verjährung des Zugewinnausgleichsanspruchs auf zehn Jahre seit rechtskräftiger Ehescheidung verlängert.

Möglicherweise kann eine nachträgliche Kapitalwahl durch einen Ehegatten auch im Rahmen des § 27 VersAusglG Berücksichtigung finden. Auch damit kann der Vermögenswert nicht aus dem Zugewinn wieder hinüber in den Versorgungsausgleich gezogen werden, aber es kann ein Versorgungsausgleich, der den Wählenden begünstigt, nach § 27 VersAusglG unbillig sein.[98]

e) Sonstiges

Eine Lebensversicherungsrente soll dann dem Zugewinnausgleich unterfallen, wenn sie in vollem Umfang finanziert ist und das am Stichtag noch bestehende Darlehen im Zugewinn zu berücksichtigen wäre, da sonst eine Vermischung von Versorgungsausgleich und Zugewinn einträte.[99] Die Rechtsprechung hat dies jedenfalls für Fälle bestätigt, in denen die Versicherung an den Darlehensgeber abgetreten ist.[100]

Eine Leibrente aus einer Übertragung im Wege der vorweggenommenen Erbfolge unterfällt – dies hat der BGH jüngst bestätigt[101] – dem Versorgungsausgleich. Gleichzeitig hat der BGH das Recht jedoch für noch

98 OLG Köln, FamRZ 2012, 1881.
99 Weinreich, FuR 2003, 385.
100 OLG Nürnberg, OLGR 2007, 165.
101 BGH, NJW-RR 2014, 129.

nicht ausgleichsreif gehalten, da nach Übergabevertrag gemäß § 323 a ZPO auch ein Absenken möglich war. Damit wurde das Recht in den schuldrechtlichen Versorgungsausgleich verwiesen.

Noch wenig diskutiert ist die Einstufung von sog. Zeitwertkonten, auf denen ein Arbeitnehmer »Zeitguthaben« anspart. Das bedeutet, er hat Arbeitszeit erbracht, bekommt aber den Lohn nicht ausbezahlt, sondern spart ein Wertguthaben an, um daraus in Zeiten späterer Arbeitsfreistellung (sabbatical, vorzeitiger Ruhestand etc.) Arbeitslohn zu entnehmen. Seit 01.01.2009 ist ein Insolvenzschutz angesparter Wertguthaben und eine steuerliche Regelung dieser flexiblen Arbeitszeit erfolgt,[102] die bei Erfüllung der Voraussetzungen bewirkt, dass eine Versteuerung der Wertguthaben erst im Zeitpunkt des Zuflusses erfolgt.[103] Steuerlich verfestigen sich die Möglichkeiten des späteren Zuflusses sogar für Geschäftsführer und Vorstandsmitglieder.[104]

Eine endgültige familienrechtliche Einordnung hingegen steht noch aus. Das AG Braunschweig[105] hatte für entsprechende Gestaltungen bei der Volkswagen-AG entschieden, dass die Wertguthaben jedenfalls keinen Zugewinn darstellen. Die Begründung dafür war, dass sie bei Auszahlung nicht als Kapitalbetrag zur Verfügung stehen, sondern nur zeitratierlich. Das Gericht ließ offen, ob die Wertguthaben dann im Versorgungsausgleich oder im Unterhalt erfasst werden.

Das OLG Celle[106] hat ganz aktuell ebenfalls eine Einordnung in den Zugewinnausgleich abgelehnt, da es sich um Arbeitsentgelt handele, das nicht dem Zugewinnausgleich unterfalle. Das OLG Celle lehnt aber auch eine Zuordnung zum Versorgungsausgleich ab, da die Zeitwertkonten nicht der Altersversorgung dienen, sondern der Finanzierung späterer Freistellung noch in der Arbeitsphase. Nur wenn in der Ehe aus diesem Guthaben Beiträge zur Altersversorgung abgeführt werden, finde eine versorgungsausgleichsrechtliche Würdigung statt. Somit bleibt allenfalls eine

---

102 Gesetz zur Verbesserung der Rahmenbedingungen für die Absicherung flexibler Arbeitszeitregelungen und zur Änderung anderer Gesetze vom 21.12.2008, BGBl. 2008 I, S. 2940.

103 Hierzu Portner, DStR 2009, 1838.

104 FG Düsseldorf, DStRE 2013, 277; Hessisches FG, DStRE 2013, 6 ff. gegen BMF BStBl. 2009 I, 1286 = DStR 2009, 1370; hierzu Graefe, DStR 2012, 2419 f.

105 AG Braunschweig, NJOZ 2007, 3551; vgl. auch Frank, DB 2007, 1640; Gutachten DNotI v. 17.09.2010, 105386.

106 OLG Celle, FamRZ 2014, 1699.

unterhaltsrechtliche Berücksichtigung, ggf. auch über die Zurechnung fiktiven Einkommens.[107]

Eine solche Sicht ist durchaus problematisch, denn es ist keinesfalls gewiss, dass im Zeitpunkt der Auszahlung Unterhaltsansprüche bestehen. Daher bleibt eine Zurechnung zum Zugewinnausgleich überlegenswert, zumal der Anspruch auf spätere Auszahlung gerichtet ist; ggf. ist eine entsprechende Abzinsung vorzunehmen.

Das Verhältnis von Zugewinn und Versorgungsausgleich ist in einem weiteren Sinne problematisch, nämlich bei der Frage, ob aus bestimmten Mitteln begründete Anwartschaften vom Versorgungsausgleich ausgenommen sind.[108]

(1) Zunächst ist zu konstatieren, dass es beim Versorgungsausgleich kein Anfangsvermögen wie bei § 1374 Abs. 2 BGB gibt. Anwartschaften sind also auch auszugleichen, wenn sie aus Mitteln des Anfangsvermögens geschaffen sind, die ansonsten beim Zugewinnausgleich nicht auszugleichen gewesen wären; dies führt auch nicht zur Unbilligkeit.[109]
(2) Das OLG Hamm wollte ein Versorgungsanrecht, das über 30 Jahre nach ehevertraglicher Gütertrennung durch Einmalzahlung aus Mitteln erbracht wurde, die durch die Gütertrennung von einem Ausgleich ausgenommen worden waren, auch im Versorgungsausgleich nicht berücksichtigen.[110] In ähnlicher Weise gibt es Rechtsprechung des KG.[111]
(3) Dann gibt es Entscheidungen des BGH[112] und der OLGe Köln[113] und Zweibrücken,[114] die keinen Versorgungsausgleich für Rentenanwartschaften durchführen wollen, die mit Geldern aus einem vorzeitigen Zugewinn erlangt wurden.

Hinweis:
Bei der Anlage von Altersvorsorgevermögen, das dem Versorgungsausgleich unterliegt, ist also Vorsicht geboten, wenn die hierfür verwendeten Mittel eigentlich nicht einem Ausgleich unterliegen sollten.

107 OLG Celle, FamRZ 2014, 1699 f.; dem folgend Teslau/May/Andersen, FamRZ 2014, 1831.
108 Hierzu C. Münch, FamRB 2012, 194 f.
109 BGH, FamRZ 2011, 877 m. ab. Anm. Hoppenz.
110 OLG Hamm, FamRZ 2006, 795.
111 KG, FamRZ 2003, 39.
112 BGH, NJW 1992, 1888 f.
113 OLG Köln, FamRZ 1996, 1549.
114 OLG Zweibrücken, FamRB 2003, 79.

Hierauf ist also ehevertraglich zu reagieren.
So kann im Falle (1) in einem vorsorgenden Ehevertrag der Versorgungsausgleich ausgeschlossen werden, soweit dieser aus Mitteln des Anfangsvermögens geleistet wird.[115]

Die Rechtsprechung im Fall (2) ist zu Recht auf erhebliche Kritik gestoßen,[116] denn sie widerspricht dem Umstand, dass auch sonst Anfangsvermögen in die Berechnung einbezogen wird. Will man diese Folge sicher erreichen, so bietet sich eine ehevertragliche Regelung an, wonach Versorgungsrechte, welche mit Mitteln aus dem Zugewinnausgleich erlangt sind oder aus Privatvermögen gebildet werden, das wegen der Gütertrennung nicht ausgleichspflichtig ist, auch im Versorgungsausgleich nicht ausgleichspflichtig sein sollen.[117]

Die Rechtsprechung im Fall (3) hingegen ist berechtigt, denn sie setzt das Verbot einer Doppelverwertung um. Sind die Mittel bereits einmal durch den Zugewinn gegangen, so soll daraus nicht nochmals ein Ausgleich berechnet werden.

2. Unternehmen in Zugewinn und Unterhalt

Das Thema der Doppelverwertung von Unternehmen in Zugewinn und Unterhalt durch die Bewertungsmethode nach dem Ertragswert einerseits und der Einstellung des Gewinns beim Unterhalt andererseits wurde bei meinem letzten Vortrag an diesem Ort thematisiert und inzwischen vom BGH durch zwei Urteile bestätigt. Der individuelle, konkrete Unternehmerlohn ist bei der Bewertung abzusetzen und dem Unterhaltsrecht zugrunde zu legen.[118]

Der BGH hat sich jedoch auch mit der Bewertungsmethode bei inhabergeführten Unternehmen befasst. Kleinere Unternehmen und Freiberuflerpraxen werden demnach maßgeblich durch den Inhaber geprägt.[119] Er ist nicht ohne weiteres ersetzbar. Aus diesem Grunde findet für diese Unternehmen nicht das reine Ertragswertverfahren Anwendung, sondern ein

115 Hierzu C. Münch, Ehebezogene Rechtsgeschäfte, 4. Aufl., 2015, 7. Teil, D.II.3.
116 Brudermüller, NJW 2006, 3184, 3185.
117 Götsche, FuR 2014, 202, 209.
118 BGH, NJW 2008, 1221, hierzu C. Münch, NJW 2008, 1201; BGH, NJW 2011, 2572.
119 Butz/Mortensen/Butz, DS 2012, 236, 238.

modifiziertes Ertragswertverfahren, für das sich auch der BGH ausspricht.[120] Diese Modifizierung hat im Wesentlichen zwei Auswirkungen. Zum einen wird die Ertragsprognose nicht auf ewig hochgerechnet, sondern auf einige Jahre, weil nur noch so lange die Wertigkeit des Unternehmens mitgegeben werden kann, da der Einfluss des bisherigen Inhabers nur noch begrenzt nachwirkt. Ferner wird – wie bereits erwähnt - ein konkret gerechtfertigter, individueller Unternehmerlohn abgezogen.

In einem jüngeren Urteil hat sich der BGH[121] mit einem sog. „Mieterbetrieb“ befasst und erörtert, ob auch auf diesen eine Modifizierung des Ertragswertverfahrens durch einen begrenzten Ertragszeitraum anzuwenden ist.[122] Dabei kommt es darauf an, ob der Betrieb an seinem Standort eine langfristige Mietvertragsbindung erreicht hat und ob der Standort für den Betrieb von herausragender Bedeutung ist. Trifft letzteres nicht zu, so ist auch keine Begrenzung des Ergebniszeitraumes gerechtfertigt. Ist der Betrieb hingegen standortabhängig, so wird bei einem nicht langfristigen Mietvertrag in der Tat eine Verkürzung des Ergebniszeitraumes gerechtfertigt sein.

Liegt eine vom BGH[123] so bezeichnete „ausschließliche Subjektbezogenheit“ des Unternehmenswertes vor, so lässt ich der Unternehmenswert gar nicht von der Person des Inhabers lösen, weil er auf einem höchstpersönlichen, nur dem Inhaber verliehenen Recht beruht. In solchen Fällen ist im Zugewinn für das Unternehmen kein Wert anzusetzen. So stufte der BGH in seinem jüngsten Urteil zur Unternehmensbewertung die Position eines Handelsvertreters ein, weil dessen Beziehung zum Unternehmer nicht von der Person des Handelsvertreters zu trennen sei. Er könne seine Position nicht einseitig auf einen Nachfolger übertragen und der Kundenstamm als immaterieller Vermögenswert stehe nicht ihm zu, sondern dem Unternehmer. Der BGH ließ sich auch nicht durch den Hinweis auf Unternehmensbeteiligungen mit Vinkulierungsklausel umstimmen, die im Zugewinn bewertet werden, weil die Frage, ob überhaupt ein Goodwill vorhanden sei, Vorrang habe. Den Ausgleichsanspruch des Handelsvertreters nach § 89 b HGB schließlich sah der BGH als bloße Erwerbsaussicht

---

120 BGH, NJW 2011, 2572, (Tz. 28).

121 BGH, NJW 2014, 294 f.

122 Das Sachverständigengutachten hatte das reine und das modifizierte Ertragswertverfahren auf der Basis einer 4jährigen Ertragsperiode berechnet. Im letzteren Falle reduzierte sich der Firmenwert auf etwa ein Drittel.

123 BGH, NJW 2014, 625.

an, da er erst mit der rechtlichen Beendigung des Vertreterverhältnisses entstehe und an vielen Ausschlussgründen noch scheitern könne.[124]

Ein ebensolcher Fall dürfte bei der Notarkanzlei vorliegen, die aufgrund der staatlichen Ernennung nicht veräußert werden kann. Hier kommt daher allenfalls ein Substanzwert zum Ansatz.[125]

3. Zugewinn und Schwiegerelternzuwendung

a) Schenkung und Rückabwicklung direkt

Bei Schwiegerelternzuwendungen hat sich der BGH von seiner bisherigen Rechtsprechung völlig abgewandt[126] und erklärt, er sehe eine Zuwendung der Schwiegereltern an das Schwiegerkind als Schenkung an und nicht mehr als ein Rechtsverhältnis eigener Art.[127] Auch auf diese Schenkung sollen weiterhin die Grundsätze des Wegfalls der Geschäftsgrundlage anwendbar sein. Die Widerrufsgründe der Schenkung sind nach Auffassung des BGH nur Sonderfälle des Wegfalls der Geschäftsgrundlage. Geschäftsgrundlage einer solchen Schenkung sei regelmäßig, dass die eheliche Lebensgemeinschaft zwischen Kind und Schwiegerkind fortbesteht und das eigene Kind somit in den fortdauernden Genuss der Schenkung

---

124 Die gerade für die streitgegenständliche Versicherungsbranche abweichenden Literaturansichten von Kogel, Strategien beim Zugewinnausgleich, Rn. 816 und Büte, Zugewinnausgleich bei Ehescheidung, Rn. 217 weist der BGH zurück.

125 BGH, DStRE 1999, 363, 366; Büte, Zugewinnausgleich bei Ehescheidung, Rn. 178; Haußleiter/Schulz, Vermögensauseinandersetzung bei Trennung und Scheidung, 6. Aufl., 2015, Rn. 601; a.A. Braeuer, FF 2012, 273, 278.

126 Die Notwendigkeit einer solchen Kehrtwende bezweifelt Wever, FamRZ 2010, 1047, 1049.

127 BGH, FamRZ 2010, 958 f. m. Anm. Wever, FamRZ 2010, 1047 ff. = ZEV 2010, 371 m. Anm. Langenfeld; BGH, FamRZ 2010, 1626 m. Anm. Wever = NJW 2010, 2884; BGH, FamRZ 2012, 273 m. Anm. Wever = NJW 2012, 523; BGH v. 3.12.2014 – XII ZB 181/13, BeckRS 2015, 01174; die Urteile werden breit diskutiert. Vgl. hierzu etwa: Braeuer, FPR 2011, 75, 76 f.; Herr, FamFR 2012, 557; Hoppenz, FamRZ 2010, 1718; Kogel, FamRB 2010, 309; Kogel, FamRZ 2011, 1121; Kogel, FF 2011, 247; Kogel, FamRZ 2012, 832; Kogel, FamRB 2013, 190; Kogel, FuR 2014, 19; Rodloff, FamRB 2013, 51; Schulz, FamRZ 2011, 12; Schulz, FPR 2012, 79; Stein, FamFR 2011, 243; Stein, FPR 2012, 88; Zimmermann, FamFR 2010, 268 f.

kommt.[128] Mit dem Scheitern der Ehe (Trennungszeitpunkt) entfalle diese Geschäftsgrundlage und es komme zu einer ganzen oder partiellen Rückabwicklung, je nachdem ob dem Kind die Zuwendung über eine längere Ehezeit hinweg schon zugute gekommen ist.

Neu ist, dass diese Rückabwicklung zwischen Schwiegereltern und Schwiegerkind nunmehr unabhängig von güterrechtlichen Erwägungen zu erfolgen hat, also nicht durch den Zugewinnausgleich beeinflusst, sondern in der direkten Abwicklung zwischen den Parteien der Schenkung vorgenommen wird. Damit wird eine solche Rückforderung künftig wesentlich öfter erfolgreich geltend gemacht werden können. Wenn allerdings über den Zugewinn bereits nach der früheren Auffassung des BGH entschieden ist oder die Ehegatten auf der Grundlage dieser früheren Auffassung eine Vereinbarung getroffen haben, so besteht insoweit zwar keine Rechtskraftbindung, aber im Rahmen der Gesamtabwägung nach § 313 BGB kann dies auch gegenüber dem Rückforderungsanspruch der Schwiegereltern Berücksichtigung finden,[129] wenn es durch den Zugewinnausgleich an das eigene Kind zu einer teilweisen Zweckerreichung gekommen ist.[130]

b) Problem der Doppelinanspruchnahme

Der BGH muss zugleich dafür sorgen, dass das Schwiegerkind nicht über den Zugewinn und den Rückforderungsanspruch der Schwiegereltern doppelt in Anspruch genommen wird. Daher berücksichtigt er die Schenkung beim Schwiegerkind sowohl im Anfangs- wie auch im Endvermögen, sodass sie sich im Zugewinn nicht auswirken soll.[131]

Um auch noch den Rückforderungsanspruch zu neutralisieren, wird der Wert dieser Schenkung um den Rückforderungsanspruch gemindert, und zwar um den Wert, mit dem dieser später tatsächlich entsteht,[132] der Rückforderungsanspruch wird so zum durchlaufenden Posten.[133]

128 Eine fundamental andere Ansicht vertritt das OLG Stuttgart, FamRZ 2012, 1595: Bei einer Scheidungsquote von 46,2% könne man nicht drauf schließen, dass schenkende Schwiegereltern ernsthaft erwarten könnten, die Ehe ihres Kindes werde Bestand haben.

129 Schlecht, FamRZ 2010, 1021, 1025.

130 BGH, FamRZ 2010, 1626 (Tz. 25); Rodloff, FamRB 2013, 51, 57.

131 BGH, FamRZ 2010, 958 f., Rn. 39 ff.

132 Wever, FamRZ 2010, 1047.

133 Krause, ZFE 2010, 284, 286.

Zum eigenen Kind hin soll eine Schenkung vorliegen, für die das Scheitern der Ehe keinen Wegfall der Geschäftsgrundlage darstellt.[134]

Darüber hinaus hält der BGH auch bei der Schenkung von Schwiegereltern Ansprüche wegen Zweckverfehlung nach § 812 Abs. 1 Satz 2, 2. Alt. BGB für möglich,[135] die dann wohl auch Arbeitsleistungen erfassen müssten.[136]

Besteht ein Rückgewähranspruch, so handelt es sich regelmäßig um einen finanziellen Ausgleichsanspruch. Dabei ist zu berücksichtigen, wie lange die Ehe Bestand hatte, denn für diesen Zeitraum wurde der Zweck der Zuwendung erreicht, sodass ein entsprechender Abschlag gerechtfertigt ist.[137]

Einen Anspruch auf dingliche Rückgewähr gesteht der BGH nur ganz ausnahmsweise zu. So in seinem vierten neuen Urteil zur Schwiegerelternzuwendung;[138]hier hatten sich Schwiegereltern bei Zuwendung eines Hausgrundstücks oder eines Miteigentumsanteils ein Wohnrecht vorbehalten, das durch das Scheitern der Ehe gefährdet wird – hier konkret durch einen Antrag auf Teilungsversteigerung. Die Verjährungsfrist für diesen Anspruch auf dingliche Rückgewähr nahm der BGH mit zehn Jahren nach § 196 BGB an, da es sich um einen Anspruch auf Eigentumsübertragung an einem Grundstück handele.

Die dingliche Rückgewähr hat dann Zug-um-Zug gegen Zahlung eines finanziellen Ausgleichs an das Schwiegerkind zu erfolgen. Zur Festlegung dieses Ausgleichsbetrages ist eine Gesamtwürdigung aller Umstände unter Billigkeitsgesichtspunkten durchzuführen.

c) Offene Diskussionspunkte

Die Rechtsprechungswende des BGH führt auch nach vier Urteilen und einigen Jahren Zeitablauf noch immer zu lebhaften Diskussionen. So wird grundsätzlich der Verstoß gegen das Stichtagsprinzip kritisiert, weil man den Wert des Rückforderungsanspruches erst mit dem Zeitpunkt der Trennung kennt, denn von diesem hängt der Zeitraum der Zweckerreichung ab,

---

134 So Wever, FamRZ 2010, 1047, 1048; a.A. Hoppenz, FamRZ 2010, 1028, 1028.
135 Hierzu ausführlich Schlecht, FamRZ 2010, 1021, 1025 ff.
136 Schlecht, FamRZ 2010, 1021, 1022.
137 BGH, FamRZ 1999, 365, 367; BGH, FamRZ 2010, 958 f.
138 BGH v. 3.12.2014 – XII ZB 181/13, BeckRS 2015, 01174.

ihn aber gleichwohl im Anfangsvermögen bereits berücksichtigen soll. Damit könne das Anfangsvermögen nicht mehr mit dem Eintritt in den Güterstand bestimmt werden.[139] Dies sei ein hoher Preis für die Rechtsprechungswende.[140]

Eingewendet wird auch unter Berücksichtigung der Rechtsprechung des BGH, dass der Vermögenswert (Zuwendung abzgl. Rückforderungsanspruch) noch zu indexieren sei[141] und dass die Schwiegerelternzuwendung doch Einfluss auf die Kappungsgrenze des § 1378 Abs. 2 BGB habe, die sie negativ verändere.[142] Schließlich wird noch ein latenter Erbschaftsteuerabzug ins Feld geführt.[143]

Andererseits sind die Ergebnisse der Rechtsprechung, nämlich eine Trennung des Zugewinnausgleichs einerseits und der schwiegerelterlichen Rückforderung andererseits durchaus praktikabel und befriedigend,[144] entsprechen sie doch einer schon früher erhobenen Forderung.[145]

Auch wenn dogmatisch das Stichtagsprinzip mit der möglichen Errechnung des Anfangsvermögens am Tag des Eintritts in den Güterstand aufgegeben wurde, so wird man doch von dieser Rechtsprechung ausgehen müssen. Dann aber muss man auch akzeptieren, dass der BGH entschieden hat, dass die in das Anfangs- und Endvermögen eingestellten Beträge gleich sind. Das bedeutet, dass eine zusätzliche Indexierung nicht in Betracht kommt, sie ist quasi mit der Einstellung zum gleichen Wert abgegolten.[146] Wenn das ausgleichspflichtige Schwiegerkind sich auf die Kappungsgrenze beruft, dann muss man freilich den vorhandenen Vermögenswert abzüglich des Rückforderungsanspruches als vorhanden bewerten. Das ändert aber nichts an der Neutralität dieses Wertes, der dann ebenso im Anfangsvermögen vorhanden ist. Das Argument der latenten Erbschaftsteuer schließlich wird sich ebenso lösen müssen. Diese wird in

139 Kogel, FamRB 2010, 309; Schulz, FPR 2012, 79, 82; Braeuer, FPR 2011, 75, 76 f.; Bruch, MittBayNot 2011, 144, 145; für den BGH: Hoppenz, FamRZ 2010, 1718: Stichtage sind kein Selbstzweck.

140 Wever, Vermögensauseinandersetzung, Rn. 571c.

141 Siehe etwa Kogel, FamRB 2013, 190.

142 Kogel, FamRB 2010, 309, 313.

143 Kogel, FamRZ 2012, 832, 835.

144 Wever, Vermögensauseinandersetzung, Rn. 571c.

145 Koch in FS Schwab, 513, 519.

146 Gegen eine Indexierung nun auch OLG Düsseldorf, FuR 2014, 488.

den gerechneten Beispielsfällen nur durch die Indexierung unterschiedlich, ansonsten ändert sie sich nicht.[147]

Folgende weitere Fragen stellen sich in der Rechtsanwendung:

Zunächst ist die Fälligkeit des Anspruches der Schwiegereltern zu klären. Diese wird überwiegend mit der endgültigen Trennung angenommen, die regelmäßig auf den Auszug einer Partei datiert wird. Damit ist die Erwartung der Schwiegereltern enttäuscht.[148]

Fraglich ist die Abtretbarkeit des Rückforderungsanspruchs der Schwiegereltern. Diese Abtretung ist nicht wegen einer Höchstpersönlichkeit des Anspruches ausgeschlossen. Die Abtretung scheitert auch nicht an § 1378 Abs. 3 BGB, denn es handelt sich nicht mehr um einen Anspruch, der sich auf den Zugewinn auswirkt. Vorgeschlagen wird daher eine Abtretung des Anspruchs durch die Schwiegereltern an das eigene Kind.[149] Für das Schwiegerkind hat damit nur der Gläubiger gewechselt. Beim eigenen Kind, wird der Anspruch im Anfangs- und Endvermögen zu erfassen sein, so dass sich dessen Zugewinn nicht erhöht.[150]

Problematisch ist die Vererblichkeit des Rückforderungsanspruchs. Entsteht der Anspruch noch zu Lebzeiten der Schwiegereltern (also Trennung vorher), dann ist er wie jeder andere Anspruch auch vererblich. Auch dadurch wechselt für das Schwiegerkind nur der Gläubiger. Erbt das eigene Kind, erfolgt wieder Einstellung in das Anfangs- und Endvermögen.[151] Ist der Anspruch beim Tod der Schwiegereltern noch nicht entstanden, so bleibt es dabei, denn die Schwiegereltern können nun in ihren Erwartungen nicht mehr enttäuscht werden.[152] Dann besteht weder ein Rückgewähranspruch noch eine Auswirkung im Zugewinn. Das mag man für ungerecht halten, es ist allerdings die Konsequenz daraus, dass die Schwiegereltern das Schwiegerkind statt ihrem eigenen Kind beschenkt haben.

---

147 Hier gibt es bei allen latenten Steuern das Problem, dass diese bei individueller Berechnung im Anfangs- und Endvermögen unterschiedlich hoch ausfallen. Dies könnte bei einer breiten Anwendung der latenten Steuern ohnehin ein weiterer Anwendungsfall für eine Endvermögensübernahme in das Anfangsvermögen sein.

148 Schulz, FPR 2012, 79, 80; Stein, FPR 2012, 88, 90.

149 Schulz, FPR 2012, 79, 83; Henke/Keßler, NZFam 2014, 307, 308.

150 Bei einer Abtretung nach dem Endvermögensstichtag wird der Anspruch nicht in das Endvermögen, dann aber auch nicht in das Anfangsvermögen fallen.

151 Vgl. Schulz, FPR 2012, 79, 82.

152 Wever, FamRZ 2010, 1629; Schulz, FPR 2012, 79, 83; Stein, FamFR 2011, 243, 245; Henke/Keßler, NZFam 2014, 307, 308.

Bei der Frage, wie die Minderung des Anspruchs infolge Zweckerreichung zu quantifizieren ist, gibt es verschiedene Ansichten. Es gewinnt mehr und mehr die Meinung an Boden, dass nach 20 Jahren der Nutzung durch das Schwiegerkind und das eigene Kind alle Erwartungen der Schwiegereltern erfüllt sind, so dass nach Ablauf von 20 Jahren kein Rückforderungsanspruch mehr besteht,[153] bei geringerer Nutzung entsprechend anteilig. Andere Vorschläge gehen von einer Art »Abschreibung« aus, wonach in den ersten 5 Jahren jährlich 3% wegfallen, in den nächsten 5 Jahren 4%, dann 5% und in den letzten 5 Jahren dann aufsteigend von 6 bis 10% pro Jahr[154] oder im Wege einer fallenden Abschreibung von 15 Jahren 5% und danach 10 Jahre 2,5%.[155] Nach anderer Auffassung ist die Zeit bis zur Trennung (= Zeit der gemeinsamen Nutzung) in das Verhältnis zu setzen zur Eheerwartung (= erwartete Zeitdauer der Ehe = statistische Lebensdauer der Ehegatten, maßgeblich ist die jeweils geringste).[156]

Strittig ist die Verjährung des Anspruches der Schwiegereltern. Hier gewinnt die Ansicht an Boden, dass es sich um einen reinen Geldanspruch handelt, der nicht mehr familienrechtlicher Natur ist, so dass die Verjährung nach § 195 BGB drei Jahre beträgt und ohne Übergangsvorschriften mit dem Ende des Jahres der Trennung zu laufen beginnt.[157] Wer den Anspruch hingegen weiterhin als familienrechtlich qualifiziert, der kommt zur Anwendung des Art. 229, § 23 Abs. 2 Satz1 EGBGB und damit zu einem Beginn des Ablaufs der Verjährungsfrist am 1.1.2010, soweit die ursprüngliche Verjährungsfrist da noch nicht abgelaufen war.[158] Nach Ansicht des OLG Düsseldorf[159] beginnt die Verjährung in »Altfällen«, bei denen vor der Entscheidung des BGH mit dem Systemwechsel[160] ein Anspruch aussichtslos war, erst mit Beginn des Jahres 2011.

153 Schulz, FamRZ 2012, 12, 13; OLG Frankfurt, FamRB 2013, 237; ähnlich das OLG Stuttgart, FamRZ 2012, 1595, das nach 15 Jahren einen weitgehenden Wegfall annimmt.

154 Kogel, FuR 2014, 19, 23.

155 Jüdt, FuR 2013, 431, 437.

156 So Wever, FamRZ 2013, 1, 3.

157 OLG Köln, FamRZ 2013, 822; OLG Frankfurt, FamRZ 2013, 988.

158 So z.B. Hoppenz, FamRZ 2013, 991, der bei Rückforderung des Grundstücks § 196 BGB mit der Konsequenz einer 10-jährigen Verjährungsfrist anwenden will, was der BGH nun bestätigt hat.

159 OLG Düsseldorf, FamRZ 2014, 161.

160 BGH, FamRZ 2010, 958.

Geht der Anspruch jedoch auf dingliche Rückgewähr eines Grundstückes, so hat sich der BGH[161] für die zehnjährige Verjährungsfrist des § 196 BGB ausgesprochen.

d) Folgerungen für die notarielle Praxis

Wie soll nun die notarielle Praxis auf diese Rechtsprechungswende reagieren? Zunächst wird bei Einschaltung eines Notars – etwa im Rahmen von Grundstückszuwendungen – schon die Schwiegerelternzuwendung zu vermeiden sein. Stattdessen wird man – schon aus steuerlichen Gründen – zu einer Kettenschenkung raten. Damit findet auch die Rückabwicklung ausschließlich zwischen den Ehegatten statt. Lässt ich eine direkte Schenkung nicht vermeiden, können die Fragen etwa der Minderung des Rückforderungsanspruchs aufgrund Zweckerreichung vertraglich geklärt werden.[162]

Bei einer Scheidungsvereinbarung sollte nun das Thema Schwiegerelternzuwendung immer angesprochen werden, damit die Vereinbarung nicht an einer offenen Flanke leidet. In der Regel werden die Leistungen und Gegenleistungen bei einer vertraglichen Regelung unter den Ehegatten so berechnet, dass es später nicht noch geschehen soll, dass ein Ehegatte von seinen Schwiegereltern in Anspruch genommen wird. Wenn das der Fall ist, so ist der Ausschluss von Ansprüchen untereinander im Rahmen einer Abgeltungsklausel noch um eine Freistellungsverpflichtung zu ergänzen, dass jeder Ehegatte sich verpflichtet, den anderen Ehegatten von Ansprüchen seiner eigenen Eltern freizustellen.

Formulierungsvorschlag (Freistellungsklausel Schwiegereltern):

Soweit Ansprüche der Eltern eines Ehegatten gegen den anderen Ehegatten bestehen, stellen wir uns von solchen Ansprüchen wechselseitig frei.

Einer »Gesamtvereinbarung« i.S.d. § 1378 Abs. 3 Satz 2, 3 BGB droht hingegen die Nichtigkeit, wenn Dritte in die Vereinbarungen über die Zugewinnausgleichsforderung mit eingebunden werden.[163] Dies kann schon bei der bloßen Vereinbarung über die Bewertung von Vermögensgegenständen eintreten.

---

161 BGH v. 3.12.2014 – XII ZB 181/13, BeckRS 2015, 01174.

162 Vgl. etwa Herr, FamFR 2012, 92.

163 BGH, NJW-RR 2004, 1369; Kogel, FamRZ 2011, 1121.

Wenn man aber betrachtet, dass der Anspruch der Schwiegereltern ein nun außerhalb des Zugewinns stehender Anspruch ist, der sich auf den Zugewinn nicht mehr auswirkt, weil er dort als zwingend durchlaufender Posten konstruiert ist, dann muss es möglich sein, über diesen Anspruch der Schwiegereltern mit diesen ohne Verstoß gegen § 1378 BGB eine Vereinbarung zu treffen. Allerdings sollte darauf geachtet werden, dass alle Vereinbarungen, die den Zugewinnanspruch als solchen betreffen, ausschließlich zwischen den Ehegatten getroffen werden.

4. Zugewinn und Haushaltsgegenstände

Haushaltsgegenstände, die nach § 1568 b BGB verteilt werden, unterliegen nicht dem Zugewinnausgleich; sie sind also weder im Anfangs- noch im Endvermögen zu erfassen.[164] Damit sind aber nur diejenigen Haushaltsgegenstände ausgenommen, die nach § 1568 b BGB gemeinsames Eigentum sind oder als solches vermutet werden. Die nach § 9 HausratsVO a.F. ausnahmsweise mögliche Verteilung von Haushaltsgegenständen im Alleineigentum sieht § 1568 b BGB nun nicht mehr vor. Daher unterfallen Haushaltsgegenstände im Alleineigentum eines Ehegatten immer dem Zugewinnausgleich.[165]

Der Regierungsentwurf sah in der Neuregelung des § 1568 b BGB eine Sonderregelung nur, soweit von ihr auch Gebrauch gemacht werde. Geschehe dies nicht, soll das Ehegüterrecht zur Anwendung kommen.[166] Dies führt zu einem wesentlichen Verlust an Praktikabilität. Macht ein Ehegatte Ansprüche nach § 1568 b BGB nicht geltend, sollte es damit sein Bewenden haben.[167] Dies entspricht auch der früheren Rechtsprechung.[168]

---

164 Büte, Zugewinnausgleich bei Ehescheidung, Rn. 143; Gernhuber, FamRZ 1984, 1053, 1054; a.A. für Erfassung im Anfangsvermögen: Koch, FamRZ 2003, 197, 199; OLG Celle, FamRZ 2000, 226.

165 BGH, FamRZ 1991, 1166, 1168; zum neuen Recht: C. Münch, MittBayNot 2009, 261, 266; Brudermüller, NJW 2010, 401, 405; Neumann, FamRB 2009, 368; BGH, FamRB 2011, 233 = FamRZ 2011, 1135 m.Anm. Kogel; zusammenfassend Kogel, FF 2011, 445 ff.

166 BT-Drucks. 16/10798, S. 24.

167 Götz/Brudermüller, FamRZ 2008, 3025, 3031; C. Münch, MittBayNot 2009, 261, 266.

168 Brudermüller, NJW 2010, 401, 405.

> Hinweis:
> Somit sind alle, aber auch nur die Haushaltsgegenstände vom Zugewinn ausgeschlossen, die in den Geltungsbereich des § 1568 b BGB fallen.

Wegen der darin liegenden zugewinnausgleichsrechtlichen Regelung ist es problematisch, wenn Ehegatten vor Stellung eines Scheidungsantrags bereits außerhalb einer notariellen Urkunde Haushaltsgegenstände verteilt haben, die einem Ehegatten zu Alleineigentum zustehen. Diese Verteilung beeinflusst nach OLG Düsseldorf den Zugewinnausgleich dennoch nicht, denn sie ist wegen Verstoßes gegen § 1378 Abs. 3 Satz 2 BGB nichtig. Daher sind die Gegenstände weiterhin im Endvermögen des Eigentümers zu erfassen.[169]

Haustiere sind keine Sachen (§ 90 a BGB), auf sie wird aber § 1568 b BGB entsprechend angewandt.[170] Hierzu häuft sich Rechtsprechung. Folgende Urteile sind bemerkenswert:

Es ist nicht Sinn der Vorschrift, den anderen Ehegatten von der Nutzung eines Tieres auszuschließen, etwa wegen Bedenken gegen dessen Kompetenz zur artgerechten Haltung.[171]

Immer wieder lehnt die Rechtsprechung eine Art Umgangsrecht bzw. eine "Mitnutzung" des Hundes als Haustier ab,[172] was die Literatur bedauert und mit Rücksicht auf die nur entsprechende Anwendung der Vorschriften über die Haushaltsgegenstände ein Umdenken anregt.[173] Eine vertragliche Regelung kann aber Bestimmungen hierüber vorsehen.[174]

Der Streit um das Haustier ist Familiensache, wenn die Eigenschaft als »Haushaltsgegenstand« in Betracht kommt.[175]

---

169 OLG Düsseldorf, FamRZ 2005, 273 f.; hierzu auch Kogel, FamRZ 2011, 1135, 1136.

170 OLG Zweibrücken, FamRZ 1998, 1432; OLG Celle, NJW-RR 2009, 1306; OLG Bamberg, FamRB 2004, 73: ausführliche Entscheidung nach tierpsychologischem Gutachten; AG Bad Mergentheim, FamRZ 1998, 1432 bejaht sogar Umgangsrecht, ist insoweit aber vereinzelt geblieben (s. zu einem Vergleich insoweit FamRZ 1990, 951). Vgl. auch AG Walsrode, FamRZ 2004, 1724: Auflösung der Miteigentümergemeinschaft an einem Haustier durch Eigentumszuweisung und Geldausgleich bei der nichtehelichen Partnerschaft.

171 OLG Celle, NJW-RR 2009, 1306.

172 OLG Schleswig, NJW 1998, 3127; OLG Bamberg, FamRZ 2004, 559; OLG Hamm, FamFR 2011, 20.

173 Hoppenz, FamFR 2011, 20.

174 Börger/Bosch/Heuschmid, § 6 Rn. 101.

175 OLG Celle, FamRB 2010, 103.

Bei den Billigkeitsabwägungen geht es nicht so sehr um das Wohl des Hundes als vielmehr um die sinnvolle Teilhabe der Ehegatten.[176]

Die Anwendung der Vorschriften über die Haushaltsgegenstände führt schließlich dazu, dass die Miteigentumsvermutung des § 1586 b Abs. 2 BGB eingreift.[177]

III. Der Zugewinn in der Inhaltskontrolle

1. Entscheidung des BGH zur Scheidungsvereinbarung

Ein letzter Blick soll noch dem Zugewinn in der Inhaltskontrolle gelten, wobei hierauf angesichts der weiteren Referate dieses Tages nur knapp eingegangen werden soll.

Jüngst hat sich der BGH[178] m.E. erstmals mit einem Krisen-Ehevertrag, der die umfassende Regelung einer Scheidungsvereinbarung enthält, im Rahmen der Inhaltskontrolle befasst. Er hat dabei erneut festgestellt, dass die Inhaltskontrolle keine Halbteilungskontrolle ist und aus diesem Grund die Wirksamkeit des vollständigen Versorgungsausgleichsverzichts in der Alleinverdienerehe – bei allerdings besonderer Sachverhaltskonstellation - gebilligt sowie die Ansicht[179] bestätigt, dass der Versorgungsausgleich auf den Ausgleich der Nachteile für den wirtschaftlich schwächeren Ehegatten beschränkt werden kann.

Erfreulich ist die Klarstellung, dass bei einem Verzicht auf Versorgungsausgleich trotz § 26 FamFG nicht etwa die Anwartschaften zunächst von Amts wegen zu ermitteln sind, um die Wirksamkeit zu prüfen. Dies werde der neuen Dispositionsfreiheit des § 6 VersAusglG nicht gerecht.

Aus dem Hinweis des BGH, man müsse bei Abschluss eines »Krisen-Ehevertrags« eher damit rechnen, dass dessen belastende Regelungen in dem nunmehr tatsächlich drohenden Fall des Scheiterns der Ehe zum Tragen kommen können,[180] werden unterschiedliche Schlussfolgerungen gezogen: So folgert *Bergschneider*,[181] dass Scheidungsvereinbarungen

---

176 OLG Stuttgart, FamRZ 2014, 1300; das Gericht berichtet von einem vom AG vorgeschlagenen wöchentlichen Wechselmodell für den Hund!

177 OLG Schleswig, FamRZ 2013, 1984.

178 BGH, NJW 2014, 1101.

179 Münch, FPR 2011, 504, 508.

180 BGH, NJW 2014, 1101, Rz. 35.

181 Bergschneider, FamRZ 2014, 727.

schwerer anzugreifen seien und eine höhere Bestandskraft hätten. *Braeuer*[182] hingegen warnt, dass gegen Ende der Ehe ein Verzicht auf entstandenen Zugewinn nicht mehr uneingeschränkt möglich sei.[183] Dieser Hinweis hat m.E. durchaus eine gewisse Berechtigung, für die Fälle, in denen ein Ehegatte nach langjähriger Haushaltsführungsehe ohne Kompensation auf seinen kompletten Zugewinn als erworbene Rechtsposition verzichtet.[184] Der BGH hat ausdrücklich offen gelassen, ob in diesen Fällen Anlass zu einer verstärkten Inhaltskontrolle besteht.[185]

2. Bestätigung der Kernbereichsferne

In einem Urteil aus dem Jahre 2012 nutzt der BGH[186] die Gelegenheit, um auf die weit verbreitete Kritik[187] gegen seine Einstufung des Zugewinnausgleichs als weitgehend disponibel auf der letzten Stufe der Kernbereichsleiter zu antworten. Vom Vorschlag, die Abweichungsfreiheit vom gesetzlichen Güterstand auf die Unternehmensverschonung zu begrenzen,[188] bis hin zur güterrechtlichen Unverzichtbarkeit in Höhe der erlittenen ehebedingten Nachteile[189] reichen die diesbezüglichen Wortmeldungen.[190]

Das Gericht sieht sich dabei auf der Linie des BVerfG zur Teilhabegerechtigkeit. Diese Rechtsprechung stehe der Disponibilität der güterrechtlichen Regelungen nicht entgegen, da der formal ausgestaltete Zugewinn überschießend sei und weit über die vom BVerfG postulierte Teilhabe hinausgreife. Die ehevertragliche Freiheit zur Abweichung sei notwendiges Korrektiv solcher Pauschalierung. Auch das BVerfG habe geäußert, Modifikationen des Grundsatzes gleicher Teilhabe seien nicht ausge-

182 Braeuer, NZFam 2014, 457.
183 Zu diesem Beschluss auch Born, NJW 2014, 1484 f.
184 C. Münch, Ehebezogene Rechtsgeschäfte, 4. Aufl., 2015, 2. Teil, B V.4.
185 BGH, NJW 2014, 1101, Tz. 32.
186 BGH, FamRZ 2013, 269 = DNotZ 2013, 376.
187 Dauner-Lieb, FF 2011, 382: Begrenzung auf Unternehmensverschonung mit Erfolgsbeteiligung bei Mitwirkung; Meder, FPR 2012, 113 f.: Unverzichtbarkeit in Höhe der erlittenen ehebedingten Nachteile; Brudermüller, FS Hahne, 121 ff.; Bergschneider, FS Hahne, 113 ff.; veränderte juristische Großwetterlage überholt die Rechtsprechung zur Inhaltskontrolle.
188 Dauner-Lieb, FF 2011, 382; Dauner-Lieb, Festschrift Brudermüller, 99 ff.
189 Meder, FPR 2012, 113 f.
190 Kritisch ebenso Brudermüller, Festschrift für Hahne, 121 ff.

schlossen.[191] Damit dürfte aus Sicht des BGH auch weitergehenden Forderungen des 20. Deutschen Familiengerichtstages[192] nach einer verstärkten Inhaltskontrolle im Bereich des Zugewinns unter dem Gesichtspunkt der Teilhabegerechtigkeit der Boden entzogen sein.

Der BGH betont, dass das Güterrecht auch weiterhin nur nachrangige Bedeutung habe und dass selbst eine Anpassung aufgrund Ausübungskontrolle nur unter ganz engen Voraussetzungen stattfinden könne.

Die Gütertrennung kann somit rechtssicher vereinbart werden. Gleichwohl ergeht der Ratschlag, gerade bei mehreren Verzichten in einer Urkunde oder bei sehr großer Vermögensdifferenz eine Kompensation für den Verzicht zu vereinbaren, damit keine komplette Entsolidarisierung vorliegt.

3. Funktionsäquivalenz und richterlich modifizierter Zugewinn

Als Voraussetzung der Abänderung einer bestimmten Scheidungsfolge fordert der BGH[193] nunmehr einen bereichsspezifischen ehebedingten Nachteil gerade im Hinblick auf diese Scheidungsfolge. Dem liegt die Ansicht einer strengen Trennung der Scheidungsfolgen zugrunde. Das heißt: Wer per Ausübungskontrolle Versorgungsanrechte im Wege des Versorgungsausgleichs zugeteilt haben möchte, dem müssen ehebedingt durch die Planänderung gerade solche Anrechte verloren gegangen sein. Zu vergleichen ist dabei die Situation bei Scheidung mit dem hypothetischen Verlauf ohne Ehe und ehebedingte Nachteile. Ein Ehegatte der selbst nie versorgungsausgleichsrechtlich relevant vorgesorgt hätte (hier z.B. Freiberufler mit einer reinen Vermögensaltersversorgung), der kann auch nicht im Wege der Ausübungskontrolle die Übertragung von Versorgungsanrechten des anderen Ehegatten verlangen. Die Begründung liegt darin, dass der Ausschluss des Versorgungsausgleichs bezüglich der Versorgungsanrechte des anderen Ehegatten gerade auf dem wirksamen Ehevertrag beruht, nicht aber auf der Planänderung, denn er hätte auch ohne diese keine eigenen Versorgungsanrechte erworben. Das ist eine so zuvor nicht in dieser Deutlichkeit ausgesprochene Rechtsfolge, die aber in der Rechtsprechung des BGH angelegt ist. Sie bewirkt tatsächlich eine Verlagerung

---

191 BVerfG, NJW 2011, 836.
192 FamRZ 2013, 1948, A.II.1.
193 BGH NJW 2015, 52, hierzu C. Münch, NJW 2015, 288 f.

vieler Anpassungsfragen in das Güterrecht, das seinerseits wiederum erhöht disponibel ist.

In engen Ausnahmefällen[194] lässt der BGH neuerdings jedoch ein „Hinübergreifen" in den Zugewinn zu in Fällen der Funktionsäquivalenz von Versorgungsausgleich und Zugewinn.[195] Es findet dann allerdings nur ein richterlich modifizierter Zugewinnausgleich statt zum Ausgleich der ehebedingten Versorgungsnachteile. Umgekehrt gilt dies jedoch nicht. Da man beim Zugewinn nicht von einer festen Erwartung in bestimmte Ausgleichskonstellationen ausgehen dürfe, gibt es kein Hinübergreifen in den Versorgungsausgleich bei ausgefallenem Zugewinnausgleich. Das „Hinübergreifen" bei Funktionsäquivalenz ist also eine Einbahnstraße.

Kommt diese Prüfung zu dem Ergebnis, dass ein Ausgleich mit güterrechtlichen Mitteln zu erfolgen hat, so ist dabei aber im Blick zu behalten, dass der BGH nur unter sehr engen Voraussetzungen zulassen will, dass die Berufung auf eine wirksame Gütertrennung rechtsmissbräuchlich ist.[196] Diese strenge Prüfung impliziert zugleich, dass ein „Hinübergreifen" in den Zugewinn nur bis zum Nachteilsausgleich möglich sein darf. Das „Hinübergreifen" führt also nicht zur Durchführung des vollen Zugewinnausgleichs, sondern zu einem im Rahmen der Ausübungskontrolle modifizierten richterlichen Zugewinnausgleich, den der BGH mit dieser Entscheidung ausdrücklich anerkennt.[197] Dieser Ausgleich hat zwei Obergrenzen. Eine ist der ehebedingte Versorgungsnachteil. Wenn dieser quantifiziert ist, so ist die entsprechende Zahlung anzuordnen. Soweit der Zahlungspflichtige nicht geltend macht, sein Zugewinn sei geringer, müsste dann keine komplette Aufstellung des Zugewinnausgleichs durchgeführt werden. Die zweite Obergrenze ist der tatsächliche Zugewinnausgleichsanspruch, denn der richterlich modifizierte Zugewinnausgleich darf nicht weiter gehen als bis zur Halbteilung. Beruft sich der Schuldner auf diese Grenze, muss auch der Zugewinnausgleich ermittelt werden. Keinesfalls ist damit aber das Tor geöffnet zu einem umfassenden Zugewinnausgleich

---

194 Zu weitgehend OLG Karlsruhe, NZFam 2015, 126, wo das Gericht sogar zur Nichtigkeit der Gütertrennung kommen will.

195 Hierzu schon C. Münch, FamRB 2008, 350 ff. unter dem Titel „eingesperrter Versorgungsausgleich".

196 BGH, NJW 2013, 2662 (Tz. 35).

197 Hierzu schon Münch, FamRB 2008, 350, 354; a.A.: keine Ausübungskontrolle im güterrechtlichen Bereich: Braeuer, FamRZ 2014, 77 ff.

oder einem bei Unternehmerfällen propagierten Ausgleich des gesamten Privatvermögens.[198]

Auch diese Diskussion kann durch eine sachgerechte Vertragsgestaltung vermieden werden, wenn der Fall der familienbedingten Versorgungsnachteile ehevertraglich kompensiert wird. Auch wenn bei Ehevertragsschluss eine solche Konstellation noch nicht absehbar ist, kann in einem zweistufigen Vertrag für den Fall ihres Eintritts ein Ausgleich etwa durch Begründung einer eigenständigen Alterssicherung für den Fall einer beruflichen Pause vorgesehen werden. Dabei ist die vertragliche Kompensation nicht bereichsgebunden, denn § 6 Abs. 1 VersAusglG hebt ausdrücklich hervor, dass Ehegatten den Versorgungsausgleich auch in die Regelung ihrer Vermögensverhältnisse einbinden können. Daher kann die Altersversorgung etwa in einer Diskrepanzehe mit Gütertrennung zum Schutz wertvollen Firmenvermögens auch durch Übertragung einer Einkunftsquelle sichergestellt werden.

Zugleich kann damit auch ein ehebedingter Nachteil des haushaltsführenden Ehegatten im Bereich des Zugewinns, ausgehend von dessen Sparmöglichkeiten ohne die Ehe, kompensiert werden. Dazu wird vor allem bei einer Diskrepanzehe mit sehr hohem Vermögen auf einer Seite durchaus geraten, um auch für den Bereich des Zugewinns eine komplette Entsolidarisierung zu vermeiden.

Im Rahmen einer Scheidungsvereinbarung muss diese Rechtsprechung Beachtung finden, indem etwa gerade in der Diskrepanzehe ergänzende Kompensationen vorgesehen werden, wenn es zu einer Versorgungslücke gekommen ist, welche die Rechtsprechung sonst durch ein „Hinübergreifen“ löst.

Dann hat die Gestaltung des Ehevertrages alles getan, um auch etwaigen späteren Nuancierungen der Rechtsprechung gerecht zu werden.

198 So Dauner-Lieb, Festschrift Brudermüller, 99, 113.

Elternvereinbarungen über den Verbleib und die Finanzierung der Kinder

Stephan Hammer[*]

I. Elternvereinbarungen in der notariellen Vertragsgestaltung

In notariellen Scheidungsfolgevereinbarungen spielen Vereinbarungen zu den mit Kindern verbundenen persönlichen und finanziellen Fragen oft nur eine untergeordnete Rolle. Möglicherweise wird diesem Problemkreis aber zu wenig Beachtung geschenkt. Denn wenn man von dem Grundsatz ausgeht, dass der Bedarf an rechtlicher Gestaltung umso größer ist, je weiter sich der Lebenssachverhalt vom gesetzlichen Regelfall entfernt[1], so besteht angesichts der heutigen Vielfalt gelebter Nachtrennungsfamilien nicht selten erheblicher Regelungsbedarf. Die gesetzlichen Regelungen gehen aus von der Betreuung durch einen Elternteil und einem Wochenendumgang durch den anderen Elternteil. Dementsprechend besteht z.B. bei erheblicher Mitbetreuung des Kindes durch beide Eltern oder großer Entfernung der Wohnorte der Eltern erheblicher Regelungsbedarf sowohl hinsichtlich des Sorge- und Umgangsrechts als auch hinsichtlich des Kindesunterhalts bzw. der Aufteilung der Umgangs- und Betreuungskosten.

Hinzu kommt, dass Eltern gerade auch in Bezug auf die Kinder gerichtliche Auseinandersetzungen möglichst vermeiden wollen, was regelmäßig auch im Interesse der Kinder ist. Grundsätzlich ist zu erwarten, dass die Eltern eigenverantwortlich getroffene Vereinbarungen eher akzeptieren und einhalten als gerichtliche Anordnungen, weil selbst erarbeitete Lösungen meist besser die Interessen und Bedürfnisse der jeweiligen Familie berücksichtigen und dadurch oft mehr soziale Verbindlichkeit schaffen als

---

* Dr. Stephan Hammer ist Richter am Amtsgericht Tempelhof-Kreuzberg in Berlin, z.Zt. abgeordnet an das Bundesministerium der Justiz und für Verbraucherschutz. Der Beitrag gibt ausschließlich seine persönliche Auffassung wieder.

1 Siehe dazu hinsichtlich der Gestaltung von Eheverträgen grundlegend *Langenfeld/Milzer*, Handbuch der Eheverträge und Scheidungsvereinbarungen, 7. Aufl. 2015, Rz. 51 f.

gerichtlich angeordnete.[2] Durch das Einvernehmen der Eltern kann auch ein durch die Streitigkeiten der Eltern verursachter Loyalitätsdruck vom Kind genommen werden, der für das Kind oft belastender ist als etwa die Frage, wie oft es Umgang hat. Eine Elternvereinbarung kann insoweit einen verlässlichen Rahmen für die Ausübung der elterlichen Verantwortung nach der Trennung darstellen.

Freilich bietet eine Vereinbarung der Eltern keine Garantie dafür, dass eine Betreuungs- oder Umgangsregelung tatsächlich in jedem Fall mit dem Kindeswohl vereinbar ist. Gerade bei der notariellen Beurkundung von Elternvereinbarungen ist insoweit zu berücksichtigen, dass der Notar das Kind regelmäßig nicht zu Gesicht bekommt. Wenn der Notar nach dem Inhalt der beabsichtigten Vereinbarung das Gefühl hat, dass die Interessen des Kindes dabei eindeutig übergangen werden, sollte er daher den Eltern empfehlen, die Regelung in einer Beratungsstelle zu erörtern.

II. Vereinbarungen über das Sorge- und Umgangsrecht

1. Allgemeines zur rechtlichen Gestaltung im Sorge- und Umgangsrecht

a) Rechtlicher Gestaltungsrahmen

Eltern können und sollen ihre Beziehung zum Kind grundsätzlich selbst regeln. Diese Rechtsmacht gibt ihnen die in Art. 6 Abs. 2 S. 1 GG gewährleistete Elternautonomie. Da die Eltern dabei auch über die Interessen und die Rechtsposition des Kindes bestimmen, steht allerdings das Sorge- und Umgangsrecht nicht vollständig zur ihrer Disposition. Daraus folgen zwei gewichtige Einschränkungen für die elterliche Gestaltungsbefugnis: Zum einen sind Elternvereinbarungen in größerem Umfang als privatrechtliche Verträge gerichtlich überprüfbar. Zum anderen ist die elterliche Verantwortung als solche unverzichtbar und unübertragbar.[3] Die Eltern können daher ohne gerichtlichen Beschluss weder den Sorgestatus verändern (vgl.

---

2 *Büte* in: Johannsen/Henrich, Familienrecht, 6. Aufl. 2015, § 156 FamFG Rz. 1; ausf. zur sozialen Verbindlichkeit von Elternvereinbarungen und ihren Grenzen Hammer, Elternvereinbarungen im Sorge- und Umgangsrecht, 2004, S. 173 ff.

3 BGH, FamRZ 1984, 778 und FamRZ 2005, 1471 m. Anm. *Hammer*.

etwa §§ 1626 b Abs. 3 und 1671 BGB)[4], noch auf das „Stammrecht" des Umgangs verzichten.[5] Wegen der Betroffenheit des Kindes beurteilen sich auch Wirksamkeit und Bindungswirkung von Elternvereinbarungen über die Personensorge und den persönlichen Umgang daher nicht nach den Grundsätzen des allgemeinen Vertragsrechts.[6] Maßgeblich sind vielmehr allein die kindschaftsrechtlichen Maßstäbe der §§ 1626 ff. BGB sowie die ergänzenden verfahrensrechtlichen Vorschriften (insbesondere §§ 156 Abs. 2 und §§ 86 ff. FamFG), die den Besonderheiten elterlicher Abreden und dem Schutz des Kindes Rechnung tragen.[7]

b) Form, Stellvertretung, Sprache

Für Elternvereinbarungen bestehen grundsätzlich keine Formvorschriften. Sie können daher privatschriftlich geschlossen werden. Für verschiedene Gestaltungen ist allerdings zu prüfen, ob ein richterlicher Übertragungsakt bzw. eine gerichtliche Billigung notwendig oder ratsam ist.

Eine Stellvertretung beim Abschluss einer Vereinbarung über das Personensorgerecht oder den persönlichen Umgang ist wegen der Höchstpersönlichkeit des Regelungsgegenstandes ausgeschlossen.

Mehr als sonst muss bei der Gestaltung auf die Allgemeinverständlichkeit der Regelungen geachtet werden. Elternvereinbarungen sollen klare Verhaltensanweisungen im Sinne von „Spielregeln" für die Eltern bereithalten, um Orientierung für den Alltag zu geben und die Austragung von Konflikten mit rechtlichen Mitteln möglichst zu vermeiden. Diese Funktion können sie nur erfüllen, wenn der Inhalt der Vereinbarung sprachlich so formuliert ist, dass er von den Eltern auch verstanden wird.

c) Überblick über den Beratungs- und Regelungsbedarf

Seit der Kindschaftsrechtsreform im Jahre 1998 gilt die gemeinsame Sorge nach Trennung und Scheidung grundsätzlich fort, ohne dass dies ge-

---

4 OLG Köln, FamRZ 2013, 1591; OLG Stuttgart, ZKJ 2014, 334.

5 Staudinger/*Rauscher*, BGB, 2014, § 1684 BGB Rz. 47.

6 BGH in st. Rspr., vgl. FamRZ 1993, 314, 315; DAVorm 2000, 704, 708 sowie FamRZ 2005, 1471 m. Anm. *Hammer*.

7 Dazu *Hammer*, FamRZ 2005, 1209, 1210.

sondert vereinbart werden muss. Seit 2013[8] ist die gemeinsame elterliche Sorge zudem das gesetzliche Leitbild.[9] Damit sind Vereinbarungen, in denen die Fortsetzung der gemeinsamen Sorge bestätigt wird, eigentlich rechtlich entbehrlich. Als persönliche Bekräftigung und Obersatz einer Sorgevereinbarung erscheinen sie jedoch weiter sinnvoll.

Die gemeinsame elterliche Sorge beinhaltet grundsätzlich die rechtliche Entscheidungsverantwortung der Eltern für das Kind. Sie enthält jedoch keine Aussage darüber, in welcher Form die Kinder tatsächlich betreut werden. Insoweit müssen in der notariellen Beratung zwei Punkte angesprochen werden:

- In welchem Umfang soll jeder Elternteil das Kind betreuen? Damit eng verbunden ist die Frage, wer wie viel Kindes- und Betreuungsunterhalt zahlt.
- Wie sollen die Entscheidungszuständigkeiten verteilt sein, d.h. in welchen Angelegenheiten entscheiden die Eltern gemeinsam und in welchen kann jeder allein entscheiden?

Die Gesetzeslage erlaubt es, sehr flexibel auf die jeweils von den Eltern gewählte Betreuungspraxis einzugehen und angepasste Vereinbarungen zu treffen. Folgende Grundmodelle stehen dabei zur Verfügung:

- die gemeinsame Sorge mit einer Hauptbetreuungsperson und Umgang des anderen Elternteils (sog. Residenzmodell) – dazu unter 2.,
- die alleinige Sorge eines Elternteils und Umgang des anderen Elternteils – dazu unter 3.,
- die gemeinsame Sorge mit gemeinsamer bzw. geteilter Betreuung durch beide Eltern in Form eines Wechsel- oder Nestmodells bzw. eines erweiterten Umgangs – dazu unter IV.

2. Ausgestaltung der gemeinsamen Sorge (Residenzmodell)

Das mit Abstand am häufigsten praktizierte Sorgemodell und der gemäß § 1687 BGB dem Gesetz zugrunde liegende Regelfall ist das sogenannte

8 Gesetz zur Reform der elterlichen Sorge nicht miteinander verheirateter Eltern (SorgeRefG) vom 16.4.2013, BGBl I S 795, in Kraft seit 19.5.2013.

9 BT-Drucks. 17/11048, S. 17; OLG Celle, FamRZ 2014, 857; OLG Stuttgart (16. Senat), FamRZ 2014, 1715; a.A. aber OLG Nürnberg, FamRZ 2014, 854; OLG Stuttgart (11. Senat), NJW 2015, 642,

Residenzmodell. Dabei hält sich das Kind hauptsächlich bei einem Elternteil auf und pflegt mit dem anderen Elternteil mehr oder weniger häufige Besuchskontakte. Anders als bei der Alleinsorge soll der nicht hauptsächlich betreuende Elternteil aber gemäß § 1687 Abs. 1 Satz 1 BGB in Angelegenheiten von erheblicher Bedeutung für das Kind mitentscheiden können und müssen. In Angelegenheiten des täglichen Lebens entscheidet hingegen die hauptsächlich betreuende Elternteil allein (§ 1687 Abs. 1 Satz 2 BGB), damit es nicht wegen Kleinigkeiten zu Streit unter den Eltern kommt; er kann das Kind insoweit auch allein nach außen vertreten (§ 1629 Abs. 1 Satz 3 BGB).[10] Der andere Elternteil kann allein entscheiden, soweit es die tatsächliche Betreuung des Kindes erfordert (§ 1687 Abs. 1 Satz 4 BGB) sowie in Notfällen (§ 1687 Abs. 1 Satz 5 iVm. § 1629 Abs. 1 Satz 4 BGB).

Zur Vereinbarung des Residenzmodells bedarf es grundsätzlich keiner gerichtlichen Entscheidung, da die elterliche Sorge gem. § 1671 Abs. 1 BGB trotz Trennung der Eltern ohne weiteres fortbesteht. Zwingend zu regeln ist lediglich der künftige Lebensmittelpunkt des Kindes. Zusätzlich können der Umfang des Kontakts zum nicht betreuenden Elternteil festgelegt sowie bei Bedarf die Entscheidungszuständigkeiten modifiziert werden.

a) Vereinbarung des Lebensmittelpunktes

Die Bestimmung des Kindesaufenthalts ist für Eltern und Kind zunächst die wichtigste tatsächliche Entscheidung. Das Gesetz knüpft daran aber auch wichtige Rechtsfolgen. Mit dem Kindesaufenthalt wird der hauptsächlich betreuende und damit gemäß § 1687 Abs. 1 Satz 2 BGB in allen Alltagsfragen allein entscheidungsbefugte Elternteil bestimmt. Ferner steht mit der Person des nicht betreuenden Elternteils gemäß § 1606 Abs. 3 Satz 2 BGB fest, wer dem Kind Barunterhalt schuldet, den der hauptsächlich betreuende Elternteil gemäß § 1629 Abs. 2 Satz 2 BGB im Namen des Kindes geltend machen kann.

Eine Vereinbarung über den Lebensmittelpunkt des Kindes ist grundsätzlich verbindlich. Behält der mitsorgeberechtigte Elternteil das Kind etwa nach einem Umgangstermin abredewidrig zurück, so steht dem be-

10 Palandt/*Götz*, BGB, 74. Aufl. 2015, § 1687 BGB Rz. 6.

treuungsberechtigten Elternteil nach § 1632 Abs. 1 BGB ein Rückführungsanspruch zu.[11] Zur Vollstreckung bedarf es jedoch einer familiengerichtlichen Herausgabeentscheidung nach § 1632 Abs. 3 BGB. Für diese Entscheidung muss der früheren Vereinbarung eine Indizwirkung zukommen, wie sie der BGH für Vereinbarungen über die Übertragung der elterlichen Sorge nach § 1671 Abs. 1 BGB anerkannt hat.[12] Faktisch führt dies jedenfalls bei Vereinbarungen, die unter Inanspruchnahme professioneller Beratung getroffen und anschließend auch umgesetzt wurden, dazu, dass für die Herausgabeentscheidung gemäß § 1632 Abs. 3 BGB im Wesentlichen die gleichen Maßstäbe gelten wie im Fall der vorherigen Übertragung des Aufenthaltsbestimmungsrechts.[13]

Als Folge der Bindungswirkung kann der Verstoß gegen eine private Aufenthaltsvereinbarung nach zutreffender, allerdings in der Rechtsprechung bisher nicht bestätigter Auffassung einen Schadensersatzanspruch gem. § 280 BGB Abs. 1 BGB auslösen, z.B. hinsichtlich der Kosten der Rechtsverfolgung (Detektivkosten, Kosten der Rückführung etc.).[14] Da diese Frage in der Rechtsprechung hauptsächlich im Zusammenhang mit Umgangsvereinbarungen thematisiert wird, wird hierauf an anderer Stelle (unter 4.a.) noch ausführlicher eingegangen werden. Auch wenn höchstrichterliche Rechtsprechung zu möglichen Schadensersatzansprüchen bisher fehlt. Insgesamt, dürfte eine private Aufenthaltsvereinbarung angesichts der bestehenden Bindungswirkungen aber regelmäßig ausreichend sein.

Wenn im konkreten Fall ein erhöhtes Sicherheitsbedürfnis besteht, können die Eltern auch vereinbaren, dass der Hauptbetreuungsperson auf ihren Antrag hin mit Zustimmung des anderen Elternteils das Aufenthaltsbestimmungsrecht gemäß § 1671 Abs. 1 BGB gerichtlich übertragen wird. Das Gericht ist an einen solchen übereinstimmenden Antrag nach § 1671

---

11 OLG Brandenburg, FamRZ 2001, 1230; OLG Zweibrücken, FamRZ 2000, 1042; OLG Stuttgart, FamRZ 1999, 39; MünchKomm/*Huber*, BGB, 6. Aufl. 2012, § 1632 Rz. 27, 34; *Rakete-Dombek* in: Kaiser/Schnitzler/Friederici/Schilling, BGB, 3. Aufl. 2014, § 1632 BGB Rz. 4.

12 BGH, FamRZ 2011, 796, 801 zu Sorgeentscheidungen nach § 1671. Ausf. *Hammer*, FamRZ 2005, 1209, 1214; *Schwab* in: Hofer/Schwab/Henrich, From Status to Contract, 2005, S. 44.

13 Zur Annäherung der mit Sorgevereinbarungen verbundenen Indizwirkung an den Maßstab des § 1696 Abs. 1 BGB vgl. OLG Brandenburg, FamRZ 2008, 2055; *Fröschle*, Sorge und Umgang, 2013, Rz. 301; i.Erg. auch KG, NJOZ 2012, 1482.

14 Dazu ausf. *Hammer*, FamRZ 2005, 1209, 1217.

Abs. 1 Satz 1 Nr. 1 BGB gebunden. Ist eine gerichtliche Übertragung des Aufenthaltsbestimmungsrechts erfolgt, so findet im Falle einer gerichtlichen Rückführungsentscheidung nach § 1632 Abs. 1, 3 BGB lediglich eine eingeschränkte Kindeswohlprüfung statt.[15]

b) Vereinbarung über die Entscheidungszuständigkeiten

Im Rahmen der notariellen Beratung sollte mit den Eltern die Kompetenzverteilung nach § 1687 BGB ausführlich erörtert werden. Sie entspricht in der Regel dem Gerechtigkeitsempfinden der Eltern. Die Kenntnis dieser Norm kann häufig Streitigkeiten im Alltag vermeiden und erleichtert es dem hauptsächlich betreuenden Elternteil oft, der Fortsetzung der gemeinsamen Sorge zuzustimmen. Der Regelungsgehalt des § 1687 BGB sollte daher in verständlicher Form in die Vereinbarung aufgenommen werden. Den Eltern kann zusätzlich eine beispielhafte Übersicht über „Angelegenheiten von erheblicher Bedeutung", „Angelegenheiten der täglichen Betreuung" und „Angelegenheiten der tatsächlichen Betreuung" übergeben oder der Vereinbarung beigefügt werden.[16]

Die Entscheidungskompetenzen lassen sich bei Bedarf in zweierlei Richtung anpassen. Zum einen kann vereinbart werden, dass außer in Angelegenheiten von erheblicher Bedeutung (§ 1687 Abs. 1 S. 1 BGB) auch in bestimmten anderen Angelegenheiten eine gemeinsame Entscheidung der Eltern erforderlich sein soll. Solche Vereinbarungen sind sehr selten und auch wenig praktikabel. Rechtsverbindlich ist eine solche Abrede im Übrigen nur nach gerichtlicher Bestätigung gemäß § 1687 Abs. 2 BGB.

Zum anderen können die Bereiche erweitert werden, in denen jeder Elternteil – über § 1687 Abs. 1 Satz 2 und 4 BGB hinaus – allein entscheiden kann. Meist geht es hier um zusätzliche Kompetenzen für den Umgangselternteil, weil dieser das Kind über bloße Besuchskontakte hinaus betreut oder in bestimmten Bereichen über besondere Kenntnisse verfügt. Denkbar ist eine solche Erweiterung der Kompetenzen z.B. bezüglich umfangreicherer Vermögensangelegenheiten oder bestimmter Gesundheitsaspekte. Eine unwiderrufliche Kompetenzzuweisung ist jedoch nur durch

15 OLG Hamm, FamRZ 1991, 102; BayObLG, FamRZ 1990, 1379; MünchKomm/*Huber*, BGB. 6. Aufl. 2012, § 1632 BGB Rz. 29.

16 Eine übersichtliche Darstellung findet sich etwa bei *Lang* in Münchener Anwaltshandbuch Familienrecht, 4. Aufl. 2014, § 13 Rz. 164.

Gerichtsentscheidung im Wege einer teilweisen Übertragung der Alleinsorge gemäß § 1671 Abs. 1 BGB möglich. Außergerichtlich kann nur eine widerrufliche Vollmacht erteilt werden[17], die regelmäßig aber ausreichend ist.

c) Erteilung von Sorgerechtsvollmachten

Häufig kann ein Einvernehmen der Eltern über den Fortbestand der gemeinsamen Sorge auch in streitigeren Fällen erzielt werden, wenn dem hauptsächlich betreuenden Elternteil von dem anderen eine beschränkte oder umfassende Sorgerechtsvollmacht erteilt wird.[18] Dies kommt z.B. in Betracht, wenn der überwiegend betreuende Elternteil eine Absicherung benötigt, weil der andere Elternteil schwer erreichbar ist, z.B. weil er häufig ortsabwesend ist, bei in Schüben auftretenden psychischen Erkrankungen usw. Hierdurch ist der überwiegend betreuende Elternteil handlungsfähig und dem nicht betreuenden Elternteil können der (oft auch psychologisch wichtige) Sorgestatus und die damit verbundenen Informationsrechte bei Ärzten, Lehrern, der Kita usw. erhalten werden. Durch die Widerruflichkeit der Vollmacht ist regelmäßig sichergestellt, dass der betreuende Elternteil diese nicht missbraucht und den anderen Elternteil soweit wie möglich von anstehenden Entscheidungen in Angelegenheiten von erheblicher Bedeutung unterrichtet. Die Erfahrungen in der Praxis zeigen, dass in den genannten Fallkonstellationen Widerrufe nur sehr selten erfolgen.[19] Wird eine Sorgerechtsvollmacht erteilt und der Lebensmittelpunkt einvernehmlich festgelegt, kommt regelmäßig eine Übertragung der elterlichen Sorge nach § 1671 BGB nicht mehr in Betracht.[20]

d) Vereinbarungen über Informationsrechte

Jeder Elternteil kann von dem anderen – unabhängig davon, ob er oder sie sorgeberechtigt ist – gemäß § 1686 BGB Auskunft über die persönlichen Verhältnisse des Kindes verlangen. Der Auskunftsanspruch beinhaltet

---

17 Ganz h.M., vgl. nur MünchKomm/*Huber*, BGB, 6. Aufl. 2012, § 1629 Rz. 37.

18 Ausf. *Geiger/Kirsch*, FamRZ 2009, 1879.

19 Ebenso *Geiger/Kirsch*, FamRZ 2009, 1879, 1880.

20 OLG Schleswig, FamRZ 2012, 1066.

grundsätzlich auch einen viertel- oder halbjährlichen Bericht und richtet sich allein gegen den anderen Elternteil, nicht gegen Dritte wie Lehrer, Ärzte, Therapeuten usw.[21] Diese verlangen für Auskünfte auch bei gemeinsamer elterlicher Sorge nicht zuletzt unter Hinweis auf ihre Schweigepflicht oft die Zustimmung des hauptsächlich betreuenden Elternteils, wenn es sich um eine Alltagsangelegenheit i.S.d. § 1687 Abs. 1 Satz 2 BGB handelt. Der andere Elternteil hat daher bei Verweigerung der Zustimmung keine Möglichkeit, Informationen aus erster Hand zu erhalten. Insoweit kann es vor allem bei eingeschränkter Kommunikationsfähigkeit der Eltern ratsam sein, für diese Fragen vorsorglich eine gesonderte Vollmachtserteilung aufzunehmen.

3. Vollständige oder teilweise Übertragung der Alleinsorge

Zur Übertragung der Alleinsorge auf einen Elternteil sind dessen Antrag bei Gericht sowie die Zustimmung des anderen Elternteils erforderlich. Das Gericht ist daran nach § 1671 Abs. 1 Satz 2 Nr. 1 BGB gebunden, soweit nicht das mindestens 14-jährige Kind widerspricht oder ein Fall der Kindeswohlgefährdung nach § 1666 BGB vorliegt. Der Notar sollte zusätzlich eine Umgangsregelung anraten, damit der Kontakt des Kindes mit dem zukünftig nicht mehr sorgeberechtigten Elternteil erhalten bleibt. Soll die gerichtliche Sorgeübertragung im Scheidungsverbund erfolgen, ist zusätzlich eine Übergangsregelung bis zur gerichtlichen Entscheidung anzuraten, insb. wenn der Scheidungstermin noch nicht absehbar ist.

Neben der vollen Alleinsorge können auch Teile der Alleinsorge auf einen Elternteil übertragen werden. So kann zum einen eine „partielle Alleinsorge" (bei im Übrigen fortbestehender gemeinsamer Sorge) eingerichtet werden, d.h. das Alleinentscheidungsrecht eines Elternteils in einem bestimmten Sorgebereich. Der wichtigste Fall ist die Übertragung des Aufenthaltsbestimmungsrechts auf einen Elternteil. Praktisch relevant ist auch die Übertragung der Zuständigkeit für das Kindesvermögen oder Teile davon, etwa bei Unternehmensbeteiligungen, Immobilien etc. Zum anderen kann auch eine „partielle gemeinsame Sorge" (bei Alleinsorge eines Elternteils im Übrigen) vereinbart werden, indem etwa von der Sorgeübertragung ein bestimmter Bereich ausgenommen wird, bei dem nach § 1687

21 MünchKomm/*Hennemann*, BGB, 6. Aufl. 2012, § 1686 BGB Rz. 6, 11.

Abs. 1 Satz 1 BGB beide Eltern hinsichtlich Angelegenheiten von erheblicher Bedeutung weiterhin gemeinsam entscheiden wollen (z.B. Auswahl der Schule oder Lehrstelle, größere ärztliche Eingriffe o.ä.).

4. Gestaltung des Umgangs

Bei der Gestaltung von Umgangsvereinbarungen muss der Notar darauf achten, dass die Umgangsregelung sich auf den Einzelfall bezieht. Es ist vor allem auf das Alter des Kindes Rücksicht zu nehmen, weil sich mit der Entwicklung des Kindes sein Zeitempfinden und seine Bedürfnisse ändern und seine Selbstbestimmung wächst. Diesem Erfordernis wird die in der Beratungs- wie in der Gerichtspraxis oft undifferenziert angewendete Standardregelung „Umgang alle zwei Wochen am Wochenende und die Hälfte der Ferien" nicht gerecht, die in der Regel nur bei Kindern im Grundschulalter sachgerecht ist. Kleinere Kinder sollten häufige, aber kürzere Kontakte zum nicht betreuenden Elternteil haben als ältere. Bei älteren Kindern ist darauf zu achten, dass sich die Umgangstermine auch mit ihren schulischen und außerschulischen Bedürfnissen vereinbaren lassen.

a) Verbindlichkeit von Umgangsvereinbarungen

Insbesondere bei konflikthaften Beziehungen interessiert die Eltern regelmäßig die Verbindlichkeit der getroffenen Vereinbarung. Hierzu ist zu unterscheiden zwischen einer gerichtlich gebilligten und einer privaten Umgangsvereinbarung.

Wird eine Vereinbarung der Eltern über den Umgang gemäß § 156 Abs. 2 FamFG gerichtlich gebilligt, so ist sie in gleicher Weise verbindlich wie eine (streitige) gerichtliche Entscheidung. Bindungswirkung für die Eltern entfaltet der gerichtlich gebilligte Vergleich dadurch, dass er nach §§ 86 Abs. 1 Nr. 2, 89ff. FamFG vollstreckbar ist. Nach der Rechtsprechung des BGH kann ein Verstoß gegen eine vollstreckbare Umgangsregelung zudem gemäß §§ 280 Abs. 1 BGB einen Anspruch auf Schadensersatz begründen[22] und zu einer Kürzung des Unterhaltsanspruchs nach § 1579

22 BGH, FamRZ 2002, 1099; OLG Köln, FamRZ 2015, 151.

Abs. 7 BGB führen.[23] Er kann nicht einseitig durch einen Elternteil außer Kraft gesetzt werden, vielmehr ist jeder Elternteil darauf verwiesen, einen Abänderungsantrag nach § 166 Abs. Abs. 1 FamFG i.V.m. § 1696 Abs. 1 BGB zu stellen und gemäß § 93 Abs. 1 Nr. 4 FamFG die Aussetzung der Vollstreckung zu beantragen.[24] Bis zu einer erneuten Entscheidung ist eine Abweichung von der gerichtlichen Entscheidung nur ausnahmsweise möglich, wenn „zwingende Belange des Kindeswohls auftreten, die zuvor nicht erkennbar waren oder ersichtlich nicht bedacht wurden".[25]

Wird eine Umgangsvereinbarung nicht gerichtlich gebilligt, so ist sie auch nicht mit Ordnungsmitteln nach §§ 86ff. FamFG vollstreckbar. Inwieweit die Vereinbarung im Übrigen für die Eltern verbindlich ist, ist höchstrichterlich bisher nicht geklärt. Nach zutreffender Auffassung kann ein Verstoß gegen eine solche private Elternvereinbarung jedoch gemäß § 280 Abs. 1 BGB einen Schadensersatzanspruch begründen, denn durch die Elternvereinbarung werden die Pflichten der Eltern im Rahmen des zwischen ihnen bestehenden „Rechtsverhältnisses familienrechtlicher Art"[26] zueinander in gleicher Weise konkretisiert wie durch eine gerichtliche Regelung.[27] Nicht abschließend geklärt ist jedoch, unter welchen Voraussetzungen die Vereinbarung aufgekündigt werden kann. Nach einer Ansicht kann sich jeder Elternteil aus Gründen des Kindeswohls von einer Vereinbarung lossagen.[28] Nach anderer[29] – und m.E. zutreffender[30] – Auffassung gelten die vom BGH für gerichtlich gebilligte Vereinbarungen entwickelten Grundsätze auch hier: Will ein Elternteil von der Vereinba-

---

23 OLG Schleswig, FamRZ 2003, 688.

24 So zum Schadensersatzanspruch BGH, FamRZ 2002, 1099, 1100, ebenso zur Vollstreckung BGH, FamRZ 2012, 533 m. Anm. *Hammer*. Dagegen können die Eltern einvernehmlich von einer gerichtlichen Verfügung abweichen, solange diese nicht unter Kindesschutzgesichtspunkten (§§ 1666, 1684 Abs. 4 BGB) getroffen wurde, vgl. OLG Frankfurt, OLGR Frankfurt 2003, 379.

25 BGH, FamRZ 2002, 1099, 1101.

26 BGH, FamRZ 2002, 1099, 1100.

27 *Schwab*, FamRZ 2002, 1297, 1302; *Rakete-Dombek* in: Beck'sches Notar-Handbuch, 6. Aufl. 2015, B Rz. 43.

28 *Jaeger* in: Johannsen/Henrich, Familienrecht, 6. Aufl. 2015, § 1684 BGB Erz. 12, allerdings nicht zwischen einer Bindung des Gerichts und Bindung der Eltern bis zu einer Abänderungsentscheidung differenzierend.

29 OLG Karlsruhe, FamRZ 1999, 325; MünchKomm/*Hennemann*, BGB, 6. Aufl. 2012, § 1684 BGB Rz. 15; Staudinger/*Rauscher*, BGB, 2014, § 1684 BGB Rz. 128.

30 *Hammer*, FamRZ 2005, 1209, 1214.

rung abweichen und kann er sich mit dem anderen Elternteil nicht über eine Abänderung einigen, so muss er einen gerichtlichen Antrag auf (Erst-)Regelung stellen. Unabhängig von der jeweils vertretenen Auffassung dürfte jedoch eine Pflicht zur umgehenden Information des anderen Elternteils bestehen: Wenn der betreuende Elternteil in Berlin den Umgangselternteil erst nach der Anreise von München darüber informiert, dass das Kind seit drei Tagen transportunfähig erkrankt ist oder er den Umgang aus sonstigen Gründen als zu belastend für das Kind empfindet, muss er für die entstandenen Reisekosten aufkommen. Aus Klarstellungsgründen kann eine solche Schadensersatzpflicht für den Fall des Verstoßes gegen die Umgangsvereinbarung auch in die Umgangsregelung aufgenommen werden.

b) Inhalt und Bestimmtheit der Regelung

Grundsätzlich gilt für den Umfang einer Umgangsvereinbarung: Je konflikthafter die Beziehung der Eltern ist, desto detaillierter sollte die Vereinbarung sein. Umgekehrt gilt, dass umso mehr Flexibilität bewahrt werden sollte, je kooperativer und kommunikativer die Beziehung ist, wobei auch hier ein Mindestmaß an Regelmäßigkeit und Vorhersehbarkeit (sowohl für die Kinder als auch die Eltern) gewährleistet sein muss.

Wichtige Punkte, bei denen Regelungsbedarf in einer Umgangsvereinbarung besteht, sind:

- die regelmäßigen Umgangstermine mit Uhrzeiten;
- Sondertermine: Ferien, Feiertage, Geburtstage;
- Übergabe des Kindes (Wer holt das Kind, wer bringt es zurück? Wo wird das Kind abgeholt – zu Hause, im Kindergarten, bei den Großeltern? Sollen die Eltern bei der Übergabe Kontakt haben?);
- Folgen des Ausfalls von Terminen (Erkrankung des Kindes, Verhinderung eines Elternteils);
- Umfang des Kontaktes mit dem Kind außerhalb der Umgangstermine (Telefonate, Handy, E-Mail, Briefe etc.);
- ggf. vom betreuenden Elternteil mitzugebende/vom Umgangselternteil zu stellende (besondere) Kleidung oder Ausrüstung, Dokumente (Reisepass);
- ggf. Kontakte des Kindes mit dritten Personen während des Umgangs (Großeltern, neuer Lebenspartner).

Im Übrigen richtet sich die Frage, wie inhaltlich bestimmt die Umgangsvereinbarung sein muss, danach, ob sie anschließend noch gemäß § 156 Abs. 2 FamFG gerichtlich gebilligt werden und damit gemäß § 86 Abs. 1 Nr. 2, 88ff. FamFG vollstreckbar sein soll. Nach der gängigen Formel des BGH muss eine Umgangsregelung für die Vollstreckungsfähigkeit genaue und erschöpfende Bestimmungen über Art, Ort und Zeit des Umgangs mit dem Kind enthalten,[31] wobei im Falle des unbegleiteten Umgangs regelmäßig die Festlegung der genauen Umgangszeiten ausreichend ist.[32] Der BGH hat darüber hinaus klargestellt, dass detaillierte Verpflichtungen über das Holen und Bringen in einem Umgangsvergleich grundsätzlich nicht erforderlich sind.[33] Soweit nichts anderes bestimmt ist, hat der Umgangselternteil das Kind bei dem betreuenden Elternteil abzuholen und dorthin wieder zurückzubringen, der betreuende Elternteil hat das Kind zur Abholung samt geeigneter Kleidung bereitzuhalten und zum Rückgabezeitpunkt wieder entgegenzunehmen. Um Missverständnisse zu vermeiden, ist die Aufnahme einer Regelung über das Holen und Bringen jedoch ratsam.[34]

c) Gestalterische Möglichkeiten zur Durchsetzung von Umgangsvereinbarungen

Die Durchsetzbarkeit von Umgangsvereinbarungen kann grundsätzlich nicht durch private – auch notarielle – Absprachen verstärkt werden.

Die Durchsetzung privater Vereinbarungen kann insbesondere nicht durch Vertragsstrafen oder vertragsstrafenähnliche Klauseln erhöht werden. Denn solche Klauseln unterscheiden sich in ihrer Wirkung letztlich nicht von Ordnungsmitteln iSd. §§ 88 ff. FamFG und hätten somit Vollstreckungscharakter. Vertragsstrafen würden die nach § 156 Abs. 2 Satz 2 FamFG für die gerichtliche Billigung einer Umgangsvereinbarung erforderliche Kindeswohlprüfung umgehen und sind daher nichtig gem. § 134 BGB.[35] Nichts anderes gilt m.E. in grenzüberschreitenden Fällen, in denen

---

31 BGH, FamRZ 2012, 533.

32 Zutreffend Staudinger/*Rauscher*, BGB, 2014, § 1684 BGB Rz. 183, 230.

33 BGH, FamRZ 2012, 533 m. Anm. *Hammer*.

34 Ausf. *Hammer* in: Prütting/Helms, FamFG, 3. Aufl. 2014, § 156 FamFG Rz. 62.

35 Staudinger/*Rauscher*, BGB, 2014, § 1684 BGB Rz. 125; a.A. *Bergschneider*, Verträge in Familiensachen, 5. Aufl. 2014, Rz. 294, der aber wohl von einer Ver-

die Vollstreckung von Umgangstiteln schwierig ist.[36] Es spricht jedoch nichts dagegen, in diesen Fällen eine Vertragsstrafe zur Durchsetzung eines gerichtlich gebilligten Vergleichs zu vereinbaren, die im Ergebnis entsprechend den §§ 86 ff. FamFG ausgestaltet wird, wenn dadurch lediglich eine ineffektive grenzüberschreitende Vollstreckung vermieden werden soll.

Aus den vorgenannten Gründen dürfte auch eine Verschärfung der Schadensersatzhaftung unzulässig sein, soweit sie dadurch einer verschuldensunabhängigen Vertragsstrafe nahe kommt.

III. Finanzielle Vereinbarungen

1. Dogmatische Einordnung

Gesichert ist, dass es sich bei rein finanziellen Vereinbarungen der Eltern, z.B. betreffend den Unterhalt des Kindes oder die Übernahme der Kosten für das Holen und Bringen des Kindes im Rahmen des Umgangs, um echte Verträge handelt.[37] Entsprechende notarielle Urkunden sind gem. § 120 Abs. 1 FamFG[38] iVm. § 794 Abs. 1 Nr. 5 ZPO vollstreckbare Titel.

2. Vereinbarungen über den Kindesunterhalt

Bei der Gestaltung von Vereinbarungen über den Kindesunterhalt ist darauf zu achten und durch die Formulierung klarzustellen, ob der Vertrag zwischen den Eltern geschlossen wird oder zwischen dem gemäß § 1606 Abs. 3 BGB barunterhaltspflichtigen Elternteil und dem Kind, das gemäß § 1629 Abs. 2 Satz. 1 BGB durch den anderen Elternteil vertreten wird. Denn im Hinblick auf den Offenkundigkeitsgrundsatz kommt der Vertrag

---

tragsstrafe ausgeht, die im Umfang dem Schadensersatz bei Verstoß gegen eine gerichtliche Regelung entspricht.

36 A.A. *Rauscher*, NzFam 2015, 95 in der Besprechung einer Entscheidung des OLG Bremen, in welcher sich der (deutsche) Vater mit den Kindern sich seit mehreren Jahren in China aufhält.

37 OLG Frankfurt, FamRZ 2003, 250; OLG Zweibrücken, FamRZ 1998, 1465.

38 Es handelt sich gem. § 112 Nr. 1 iVm. § 231 Abs. 1 Nr. 1 FamFG bzw. § 112 Nr. 3 iVm. § 266 Abs. 1 Nr. 4 und 5 FamFG um Familienstreitsachen.

gemäß § 164 Abs. 1 BGB im Zweifel unmittelbar zwischen den Eltern und nicht in Vertretung des Kindes zustande.

a) (Kein) Verzicht

Wie im Falle des Sorge- und Umgangsrechts gilt auch beim Kindesunterhalt gemäß § 1614 Abs. 1 BGB, dass ein vollständiger oder teilweiser Verzicht auf zukünftigen Unterhalt unzulässig ist. Ein Verzicht (genauer: Erlassvertrag nach § 397 BGB) auf rückständigen Unterhalt ist dagegen zulässig, soweit der Anspruch nicht durch Legalzession auf einen Dritten – insbesondere die Unterhaltsvorschusskasse nach § 7 Abs. 1 Satz 1 UVG – übergegangen ist.

b) Vereinbarungen über die Höhe des Unterhalts

Grundsätzlich unproblematisch möglich ist eine Verpflichtung zur Zahlung eines gegenüber den Tabellensätzen erhöhten Kindesunterhalts. Insoweit kommt entweder ein Vertrag des Verpflichteten unmittelbar mit dem Kind, vertreten durch den anderen Elternteil in Betracht. Möglich ist aber auch ein Vertrag der Eltern zugunsten des Kindes gemäß § 328 BGB, wobei neben dem Kind gemäß § 335 BGB auch der betreuende Elternteil Leistung an das Kind fordern kann. Klargestellt werden sollte in letzterem Fall allerdings, wem gegenüber die Unterwerfung unter die sofortige Zwangsvollstreckung erfolgt: Nur gegenüber dem anderen Elternteil, nur gegenüber dem Kind oder gegenüber beiden.[39] Auch eine solche Vereinbarung unterliegt der richterlichen Inhaltskontrolle nach §§ 138, 242 BGB, wenn der Verpflichtete sich erheblich über seine Einkommensverhältnisse hinaus zur Unterhaltsleistung verpflichtet, insbesondere dadurch selbst sozialhilfebedürftig wird.[40]

Vorsicht geboten ist bei Vereinbarungen des barunterhaltspflichtigen Elternteils mit dem Kind über einen geringeren als den nach der Tabelle geschuldeten Unterhalt, da solche Vereinbarungen eine objektive Verkürzung des Kindesunterhalts darstellen und daher als teilweiser Unterhalts-

---

39 *Langenfeld/Milzer*, Handbuch der Eheverträge und Scheidungsvereinbarungen, 7. Aufl. 2015, Rz. 915 mit Formulierungsvorschlag Rz. 916.

40 Vgl. insoweit zum nachehelichen Unterhalt BGH, FamRZ 2009, 198.

verzicht gemäß § 1614 BGB unwirksam sein können. Generell wird nur eine Unterschreitung der gebräuchlichen Tabellensätze bis zu 20 Prozent als zulässig, eine Unterschreitung um mehr als 1/3 dagegen als unzulässig erachtet.[41] Im Bereich zwischen 20 und 33 Prozent soll es auf eine Prüfung der Umstände des Einzelfalles ankommen.[42] Soll daher nicht lediglich der gesetzliche Unterhalt festgestellt und tituliert werden (wobei jeweils die maßgeblichen Berechnungsgrundlagen in die Vereinbarung aufzunehmen wären), sollte statt einer Vereinbarung mit dem Kind eine Freistellungsvereinbarung unter den Eltern getroffen werden.

c) Freistellungsvereinbarungen

Eine Vereinbarung über die Freistellung von der Barunterhaltspflicht gegenüber dem minderjährigen Kind ist ein Vertrag unter den Eltern, mit dem der barunterhaltspflichtige Elternteil durch den anderen Elternteil im Wege der Erfüllungsübernahme von seiner Unterhaltsverpflichtung gegenüber dem Kind freigestellt wird.[43] Eine solche Vereinbarung lässt den Unterhaltsanspruch des Kindes unberührt. Eine einseitige Freistellung kommt etwa als Gegenleistung für eine Vermögenszuwendung in Betracht. Eine wechselseitige Freistellung kann sachgerecht sein, wenn beide Eltern jeweils ein gemeinsames Kind betreuen, d.h. im Fall der Geschwistertrennung (z.B. bei großem Altersabstand der Kinder).[44]

d) Vereinbarungen über die Art der Unterhaltsgewährung

Zulässig ist gemäß § 1612 Abs. 2 BGB auch eine Vereinbarung der Eltern, dass der Unterhalt für das minderjährige Kind nicht durch eine Geldrente, sondern durch Naturalleistungen erbracht wird.[45] Dies kann z.B. bei umfangreicher Mitbetreuung des Kindes durch den barunterhaltspflichtigen

---

41 BGH, FamRZ 1984, 997, 999; OLG Hamm, FamRZ 2007, 732, 733.

42 *Scholz* in: Wendl/Dose, Das Unterhaltsrecht in der familienrichterlichen Praxis, 8. Aufl. 2011, § 2 Rz. 759.

43 BGH, FamRZ 1986, 444.

44 *Pfeil* in: Göppinger/Börger, Vereinbarungen anlässlich der Ehescheidung, 10. Aufl. 2013, 4. Teil Rz. 253.

45 *Scholz* in: Wendl/Dose, Das Unterhaltsrecht in der familienrichterlichen Praxis, 8. Aufl. 2011, § 2 Rz. 757.

Elternteil oder bei einem Getrenntleben in einem Einfamilienhaus oder einer geteilten Eigentumswohnung in Betracht kommen.

e) Sittenwidrige Kopplung mit Sorge- und Umgangsvereinbarungen

Regelungen zum Kindesunterhalt können mit Sorge- und Umgangsvereinbarungen verbunden werden, denn beide stehen – gerade bei einer Alltagsbetreuung durch beide Eltern – in engem Zusammenhang. Unzulässig sind jedoch Unterhaltsregelungen, die sich bewusst über die Interessen des Kindes hinwegsetzen und dieses als Tauschobjekt erscheinen lassen oder durch die ein bestimmtes Verhalten bestraft werden soll. Solche Vereinbarungen sind gem. § 138 BGB wegen Kommerzialisierung des Sorge- und Umgangsrechts[46] bzw. wegen unzulässiger Vereinbarung einer Vertragsstrafe nichtig. So ist eine Freistellungsvereinbarung unzulässig, die daran gekoppelt ist, dass ein Elternteil sein Umgangsrecht nicht wahrnimmt[47] oder der Übertragung der Alleinsorge zustimmt.[48]

3. Vereinbarungen über die Umgangskosten

Die Kosten des Umgangs hat grundsätzlich der umgangsberechtigte Elternteil zu tragen, denn sie sind in den Unterhaltssätzen der Düsseldorfer Tabelle bereits berücksichtigt.[49] Dies umfasst sowohl die Kosten für das Holen und Bringen, als auch die Kosten für Verpflegung, Unterkunft und Aktivitäten während des Umgangs. Eine Beteiligung des betreuenden Elternteils an den Umgangskosten kommt aber dann in Betracht, wenn die Einkommens- bzw. Vermögensverhältnisse des betreuenden Elternteils im Vergleich zum Umgangsberechtigten erheblich besser sind oder der betreuende Elternteil durch Wegzug mit dem Kind die erheblichen Fahrtkosten verursacht hat.[50]

---

46 BGH, NJW 1984, 1951 (1952); OLG Karlsruhe, FuR 2001, 72 (75). Anders, wenn die Unterhaltsvereinbarung erkennbar nicht motivierend für die Umgangs- bzw. Sorgevereinbarung war, BGH, FamRZ 1986, 444 (445); OLG Hamm, FamRZ 1999, 163 (164).

47 BGH, FamRZ 1984, 778.

48 BGH, FamRZ 1986, 444.

49 BGH, FamRZ 2014, 917 und FamRZ 1995, 215.

50 BVerfG, FamRZ 2002, 809.

Nach ständiger Rechtsprechung des BGH sind Umgangskosten als Kosten der allgemeinen Lebensführung des Umgangsberechtigten grundsätzlich weder beim Kindes- noch beim Ehegattenunterhalt zu berücksichtigen, insbesondere ist das dem Elternteil verbleibende hälftige Kindergeld von 92,00 EUR zur Deckung der Umgangskosten zu verwenden.[51] Können die Transportkosten wegen weiter Entfernung der elterlichen Wohnorte dagegen nicht aus dem Kindergeldanteil gedeckt werden, können sie entweder vom Einkommen abgezogen oder bei engen wirtschaftlichen Verhältnissen der Selbstbehalt um die Kosten des Umgangs erhöht werden[52]; auch von einer sonst möglichen Höherstufung in der Düsseldorfer Tabelle kann abgesehen werden.[53] Eine erweiterte Berücksichtigung von Umgangskosten beim Kindesunterhalt jenseits erhöhter Transportkosten ist nach neuerer Rechtsprechung des BGH in Fällen einer erheblichen Mitbetreuung des Kindes durch den barunterhaltspflichtigen Elternteil (sogenannter „erweiterter Umgang“) möglich, auf die gesondert im Abschnitt über die geteilte Betreuung der Kinder (IV.) eingegangen wird.

Nach den genannten Grundsätzen kann eine Vereinbarung über die Tragung der Umgangskosten ratsam sein, zwingend erscheint sie bei großen Entfernungen der elterlichen Wohnorte. Für eine vertragliche Regelung bestehen verschiedene Möglichkeiten. Erstens kann das Holen und Bringen der Kinder zwischen den Eltern unter jeweiliger Kostentragung aufgeteilt werden. Zweitens können die entstehenden Transportkosten aufgrund einer gesonderten Vereinbarung unter den Eltern ausgeglichen werden. Drittens können die Eltern eine entsprechende interne Freistellung des Barunterhaltspflichtigen vom Kindesunterhalt vereinbaren.

IV. Vereinbarungen bei geteilter Betreuung (Wechselmodell und erweiterter Umgang)

Betreuen nach der Trennung beide Eltern die gemeinsamen Kinder, so besteht im Rahmen einer notariellen Scheidungsfolgenvereinbarung ein erheblicher Beratungs- und Regelungsbedarf. Denn während beim Residenzmodell in der Regel nur Aufenthalt und Umgang geregelt werden müssen, macht die geteilte Betreuung eine umfassende Vereinbarung so-

51 BGH, FamRZ 2005, 706; FamRZ 1995, 215.

52 BGH, FamRZ 2005, 706.

53 OLG München, FamRZ 2008, 1945.

wohl im Sorge- und Umgangsrecht als auch hinsichtlich finanzieller Fragen erforderlich, weil diese Gestaltung in den gesetzlichen Regelungen nicht berücksichtigt ist und viele Fragen in Rechtsprechung und Literatur äußerst umstritten sind.

Eine geteilte Betreuung kann in Form eines sogenannten Wechselmodells, eines Nestmodells oder eines erweiterten Umgangs erfolgen. Von einem Wechselmodell (auch: Pendelmodell oder Doppelresidenzmodell) wird herkömmlich bei einer genau oder nahezu hälftigen Betreuung durch die Eltern gesprochen, wobei das Kind zwischen den Haushalten der Eltern wechselt. Wesentlich seltener – aber in der Praxis durchaus vorkommend – ist eine hälftige Betreuung in Form des sogenannten „Nestmodells“, bei dem das Kind in einem Haushalt lebt und dort abwechselnd von den Eltern betreut wird. Bei einer über den bloßen Wochenend- und Ferienumgang deutlich hinausgehenden regelmäßigen Mitbetreuung durch den anderen Elternteil auch unter der Woche spricht der BGH von einem „erweiterten Umgang“.[54] Teilweise wird auch in diesen Fällen von einem Wechselmodell gesprochen, weshalb die Terminologie in der Beratung ggf. erörtert werden sollte, weil insbesondere mit dem Begriff „Wechselmodell“ bei den Eltern bestimmte Erwartungen bzw. Ängste verbunden sein können. Als neutraler Oberbegriff kann die Bezeichnung „geteilte Betreuung“ verwendet werden.[55]

1. Rechtliche und tatsächliche Voraussetzungen

Die rechtliche Zulässigkeit der Vereinbarung und Praktizierung eines Wechselmodells steht nicht (mehr) in Frage.[56] Die Eltern sind bis zur Grenze der Kindeswohlgefährdung frei bei der Gestaltung der Kindesbetreuung. Auch begründet § 1687 BGB keinen Typenzwang zugunsten des Residenzmodells, denn die Entscheidung über Aufenthalt und Betreuung des Kindes ist der Norm vorgelagert.[57]

---

54 BGH, FamRZ 2014, 917, 920.

55 In Anlehnung an die englische Bezeichnung „shared parenting time“ bzw. „shared care“.

56 Vgl. etwa Staudinger/*Salgo*, BGB, 2014, § 1687 BGB Rz. 13; *Marchlewski*, FF 2015, 98 m. ausf. Nachw. Zur früheren Diskussion *Hammer*, Elternvereinbarungen im Sorge- und Umgangsrecht, 2004, S. 50.

57 *Hammer*, Elternvereinbarungen im Sorge- und Umgangsrecht, 2004, S. 50; *Marchlewski*, FF 2015, 98, 99.

Inwieweit das Wechselmodell gut oder schlecht bzw. besser als ein anderes Betreuungsmodell für das Kind ist, lässt sich nicht abstrakt bestimmen, sondern ist eine Frage des Einzelfalls. Es fehlt bislang an hinreichend aussagekräftigen Studien (zumal für den deutschen Sprachraum), zudem werden die Ergebnisse der Studien äußerst unterschiedlich interpretiert.[58] Der Notar sollte in der Beratung auf die mit einer geteilten Betreuung verbundenen klärungsbedürftigen Punkte hinweisen und den Eltern ggf. eine sozialpädagogische oder psychologische Beratung bei einer Erziehungsberatungsstelle nahelegen. Wegen der Vielzahl der regelungsbedürftigen Punkte und organisatorischen Fragen bietet auch die Mediation eine gute Möglichkeit zur Klärung der mit dem Wechselmodell verbundenen Fragen.

2. Regelung von Aufenthalt und Betreuung

Wichtigster Vereinbarungspunkt ist zunächst eine genaue Betreuungsregelung. Sie ersetzt vollständig die Aufenthalts- und Umgangsregelung beim Residenzmodell. Zu beachten ist hier wie bei Umgangsregelungen, dass die jeweiligen Betreuungszeiträume dem Alter des Kindes angepasst werden müssen, also die Intervalle bei jüngeren Kindern grundsätzlich kürzer sein sollten als bei älteren. Für kleinere Kinder ist ein wöchentlicher Wechsel regelmäßig zu lang. Auch wenn überwiegend eine genau hälftige Betreuung gewünscht wird, sollten auch andere, individuell angepasste Betreuungsanteile erörtert werden. Die geplante Regelung sollte vor Abschluss der notariellen Vereinbarung möglichst während einer Probezeit geprüft werden.

Die rechtliche Einordnung von Vereinbarungen über eine hälftige oder nahezu hälftige Betreuung ist streitig. Überwiegend wird sie dem Sorgerecht zugeordnet.[59] Andere vertreten, dass es sich um eine Materie des Umgangsrechts handele.[60] Für ein einvernehmlich geregeltes Wechselmodell ist die Einordnung allerdings kaum relevant, denn wie bereits ausge-

---

58 Vgl. etwa *Salzgeber*, NzFam 2014, 921, 924; *Sünderhauf*, FamRB 2013, 291ff.; Kinderrechtekommission des DFGT, FamRZ 2014, 1157, 1159; *Kostka*, Streit 2014, 147.

59 OLG Schleswig, FamRB 2014, 251; OLG Brandenburg, FF 2012, 457; *Jokisch*, FuR 2013, 679, 681.

60 Vgl. z.B. OLG Karlsruhe, FamRZ 2014, 1124; KG, FamRZ 2012, 886.

führt sind Sorge- und Umgangsvereinbarungen für die Eltern in gleicher Weise verbindlich.[61]

Auch für die Frage, ob die Betreuungsregelung gemäß § 156 Abs. 2 FamFG gerichtlich gebilligt und damit vollstreckbar gemacht werden kann, ist die rechtliche Einordnung im Rahmen der notariellen Gestaltung m.E. von eher geringer Bedeutung. Sieht man mit der derzeit wohl h.M. keine gesetzliche Grundlage für die gerichtliche Anordnung des Wechselmodells[62], so scheidet auch eine gerichtliche Billigung aus. Hält man dagegen eine gerichtliche Anordnung des Wechselmodells für möglich[63], so ist eine gerichtliche Billigung entweder als Umgangsregelung gemäß § 1684 Abs. 3 BGB oder als periodisch wechselndes Aufenthaltsbestimmungsrecht mit periodischer Herausgabepflicht gemäß §§ 1671 Abs. 1, 1632 Abs. 1 BGB möglich. M.E. ist jedoch davon abzuraten, die Vereinbarung gerichtlich bestätigen zu lassen, da dies nur im Hinblick auf die Vollstreckbarkeit sinnvoll wäre, eine Vollstreckung aber regelmäßig kontraproduktiv erscheint. Eine tatsächliche Sorgegemeinschaft lässt sich noch weniger als eine rechtliche Sorgegemeinschaft erzwingen, vielmehr muss das Wechselmodell im Alltag „funktionieren", wofür die Vereinbarung als solche einen hinreichenden Rahmen bieten sollte. Bei dem derzeitigen Diskussionsstand können die Eltern zudem nicht sicher sein, welche rechtliche Auffassung und persönliche Einstellung der zuständige Richter zum Wechselmodell hat. Es ist allerdings davon auszugehen, dass der BGH in absehbarer Zeit zu dieser Thematik Stellung nehmen wird.

Im Zusammenhang mit der Betreuungsregelung sollte bei einer genau hälftigen Betreuung auch vereinbart werden, bei welchem Elternteil die Hauptwohnung des Kindes angemeldet wird. Sowohl nach dem geltenden Melderecht (§ 12 Abs. 2 Melderechtsrahmengesetz (MRRG) i.V.m. den Meldegesetzen der Länder als auch nach § 22 des am 1. November 2015 in Kraft tretenden Bundesmeldegesetzes (BMG) kann jede Person in Deutschland nur eine Hauptwohnung haben und darüber hinaus eine oder

61 Ausdrücklich auf die Verbindlichkeit einer Vereinbarung über die wechselnde Betreuung hinweisend OLG Brandenburg, FF 2012, 457.

62 OLG Saarbrücken v. 26.6.2014 – 6 UF 62/14 (Juris); ausf. Darstellung des Meinungsstandes bei Kinderrechtekommission des DFGT, FamRZ 2014, 1157, 1161f. und *Marchlewski*, FF 2015, 98, 103ff.

63 OLG Schleswig, SchlHA 2014, 456 = FamRB 2014, 456; OLG Düsseldorf v. 7.11.2012 – II-6 UF 191/12 (Juris); KG, FamRZ 2012, 886.

mehrere Nebenwohnungen.[64] Die melderechtliche Hauptwohnung hat bei Kindern allerdings nur sehr geringe Bedeutung, relevant wird sie meist nur im Zusammenhang mit der Wahl der Grundschule. Können sich die Eltern nicht auf eine dauerhafte Hauptwohnung bei einem von ihnen einigen, kann eine Lösungsmöglichkeit notfalls z.B. auch darin bestehen, dass ein jährlicher Wechsel der Hauptwohnung vereinbart wird.

3. Kompetenzverteilung

Das Wechselmodell ist in § 1687 BGB nicht gesondert berücksichtigt. Nach wohl überwiegender Auffassung entscheidet der Elternteil, der das Kind jeweils betreut, gem. § 1687 Abs. 1 Satz 2 BGB (analog) in Alltagsangelegenheiten allein und hat ein entsprechendes Alleinvertretungsrecht (§ 1629 Abs. 1 Satz 3 BGB).[65] Zur Sicherheit sollten sich die Eltern hierzu wechselseitig Vollmachten erteilen. Dies gilt insbesondere dann, wenn die Betreuung nicht genau hälftig erfolgt, da hier die Alleinentscheidungsbefugnis beider Eltern in Alltagsangelegenheiten nicht gesichert ist.[66] Für Angelegenheiten von erheblicher Bedeutung sollte es bei der notwendig gemeinsamen Entscheidung der Eltern gem. § 1687 Abs. 1 Satz 1 BGB bleiben.

4. Steuerrechtliche Vereinbarungen einschließlich Kindergeldbezug

Das Kindergeld kann nach der Rechtsprechung des Bundesfinanzhofs auch bei genau hälftiger Betreuung nicht geteilt werden (§ 64 Abs. 1 EStG).[67] Vielmehr müssen die Eltern untereinander bestimmen, wer von ihnen das Kindergeld erhalten soll (§ 64 Abs. 2 S. 2 EStG analog). Dies gilt nicht nur bei exakt gleichen Betreuungszeiten, sondern ausreichend

64 Beim BVerwG ist unter dem Az. 6 C 38.14 derzeit ein Verfahren zu der Frage anhängig, ob das Kind auch bei genau hälftiger Betreuung nur einen Wohnsitz haben kann.

65 OLG Schleswig, FamRB 2014, 251; *Schilling*, NJW 2007, 3233, 3236; *Jokisch*, FuR 2013, 679, 680; *Salgo* in: Staudinger, BGB, 2014, § 1687 Rz. 15; *Finke*, NzFam 2014, 865, 867.

66 Ausf. zum Streitstand *Hammer*, Elternvereinbarungen im Sorge- und Umgangsrecht, 2004, S. 48 ff.

67 BFH, FamRZ 2005, 1173 m. Anm. *Engels*, FamRZ 2005, 1246.

ist, dass keinem Aufenthaltsort ein eindeutiges Übergewicht zukommt. Eine solche Bestimmung ist jedoch einseitig widerruflich, in diesem Fall muss der Kindergeldempfänger gerichtlich gemäß § 64 Abs. 2 Satz 3 EStG analog durch das Familiengericht bestimmt werden.[68] Auch die interne Zuordnung des Kindergelds sollte geregelt werden, da das Familiengericht sonst eine – in ihrem Umfang nicht vorhersehbare – Zuordnung im Wege des familienrechtlichen Ausgleichsanspruchs vornehmen kann.[69]

Der steuerliche Entlastungsbetrag nach § 24b EStG und dementsprechend die Steuerklasse II nach § 38b Abs. 1 Satz 2 Nr. 2 EStG können ebenfalls nur einem Elternteil gewährt werden. Auch insoweit können die Eltern nach Rechtsprechung des BFH[70] bei annähernd gleichem Betreuungsumfang bestimmen, wem der Freibetrag zustehen soll bzw. wer die Lohnsteuerklasse II eintragen können soll. Können sich die Eltern nicht einigen, ist maßgeblich, wer von ihnen das Kindergeld – ggf. auch aufgrund familiengerichtlicher Entscheidung – erhält.[71]

5. Kindesunterunterhalt

Bei geteilter Betreuung des Kindes gelten nach der Rechtsprechung des BGH bezüglich des Kindesunterhalts einige Besonderheiten, allerdings befindet sich auch hier noch vieles in der Diskussion.

Der BGH unterscheidet zwischen einer geteilten Betreuung im (echten) Wechselmodell einerseits und im Rahmen eines erweiterten Umgangs andererseits. Ein Wechselmodell liegt danach vor, wenn die Eltern sich bei der Betreuung des Kindes in der Weise abwechseln, dass jeder von ihnen etwa die Hälfte der Versorgungs- und Erziehungsaufgaben wahrnimmt. Ein erweiterter Umgang liegt vor, wenn sich die Ausgestaltung des Umgangs des einen Elternteils bereits einer Mitbetreuung annähert, der andere gleichwohl die Hauptverantwortung für das Kind trägt.[72] Die Abgrenzung ist eine Frage der tatrichterlichen Würdigung im Einzelfall, bei der der zeitlichen Aufteilung der Betreuung eine Indizwirkung zukommt, zusätz-

---

68 Dazu *Treiber* in: Blümich, EStG, KStG, GewStG, Nebengesetze, Stand: 125. EL Oktober 2014, § 64 EStG Rz. 26ff.

69 OLG Hamburg, FamRZ 2004, 1809.

70 BFH, FamRZ 2010, 1438.

71 *Treiber* in: Blümich, EStG, KStG, GewStG, Nebengesetze, Stand: 125. EL Oktober 2014, § 24b EStG Rz. 25.

72 BGH, FamRZ 2014, 917.

lich aber qualitativ-wertende Erwägungen mitbestimmend sein können. Für die Zeitanteile kann dabei maßgeblich auf die von den Eltern vereinbarten Betreuungsanteile abgestellt werden, kleinere tatsächliche Abweichungen stehen dem nicht entgegen.[73] Bei einer Aufteilung der Betreuung von 8:6 Tagen innerhalb von 2 Wochen hat der BGH danach kein Wechselmodell angenommen[74], selbst in einem Fall, in dem sich das Kind vereinbarungsgemäß an 7 von 14 Tagen beim Vater aufhielt, verneinte der BGH ein Wechselmodell nach wertenden Gesichtspunkten, weil der Mutter faktisch die Hauptverantwortung zukomme, da das Kind bei ihr häufiger übernachte und sie organisatorische Aufgaben betreffend die Schule, Beschaffung der Kleidung usw. überwiegend erledige.[75]

Die Berechnung des Unterhalts erfolgt nach dem BGH im Falle des Wechselmodells und des erweiterten Umgangs in unterschiedlicher Weise. Wichtig ist zunächst die Aussage, dass entgegen landläufiger Vorstellung bei einem Wechselmodell die Barunterhaltspflicht der Eltern nicht entfällt, sondern dass beide Eltern barunterhaltspflichtig iSd. § 1606 Abs. 3 Satz 1 BGB sind, während beim erweiterten Umgang der überwiegend betreuende Elternteil nach § 1606 Abs. 3 Satz 2 BGB von der Barunterhaltspflicht befreit ist.[76]

Die Höhe des Unterhalts bemisst sich bei einem Wechselmodell nach dem gemeinsamen Einkommen der Eltern zuzüglich des mit der geteilten Betreuung verbundenen Mehrbedarfs. Den so ermittelten Unterhalt haben die Eltern gemäß § 1606 Abs. 3 Satz 1 BGB anteilig nach ihren Einkommens- und Vermögensverhältnissen unter Berücksichtigung der erbrachten Naturalleistungen zu erbringen.[77] Bei einem erweiterten Umgang bemisst sich der Unterhalt dagegen grundsätzlich allein nach dem Einkommen des barunterhaltspflichtigen Elternteils. Der Umstand einer erheblichen Mitbetreuung kann dabei in vielfältiger Form Berücksichtigung finden[78]: durch Herabstufung in eine niedrigere Gehaltsgruppe der Düsseldorfer Tabelle, durch Berücksichtigung von Naturalleistungen, soweit dies zu Ersparnissen des hauptsächlich betreuenden Elternteils führt (z.B. Verpflegungs-

73 BGH, FamRZ 2015, 236.

74 BGH, FamRZ 2015, 236 = DNotZ 2015, 141; anders im Fall des OLG Köln, NzFam 2015, 140.

75 BGH, FamRZ 2014, 917 = NJW 2014, 1958, dazu krit. *Schürmann*, FamRZ 2014, 921.

76 BGH, FamRZ 2015, 236 = DNotZ 2015, 141 m.w.Nachw.

77 Ausf. BGH, FamRZ 2014, 917 und FamRZ 2006, 1015.

78 BGH, FamRZ 2014, 917 = NJW 2014, 1958.

und Energiekosten, nicht aber erhöhte Wohnraum- und Fahrtkosten des barunterhaltspflichtigen Elternteils), bei den Anforderungen an die Erwerbsobliegenheit des barunterhaltspflichtigen Elternteils.

Sowohl beim Wechselmodell als auch bei einem erweiterten Umgang sollte daher einer individuellen vertraglichen Gestaltung besondere Aufmerksamkeit geschenkt werden. Dabei ist zu beachten, dass sich sowohl bei den verschiedenen zum Wechselmodell vertretenen Rechenwegen[79] als auch bei sachgerechter Anwendung der bei einem erweiterten Umgang möglichen Entlastungsmöglichkeiten im Ergebnis für den unter den Eltern noch auszugleichenden Unterhalt weniger große Unterschiede ergeben, als es auf den ersten Blick erscheinen mag. Für eine Vereinbarung über den Unterhalt erscheint es unabhängig von den verschiedenen Berechnungsmethoden sinnvoll, dass die Eltern die laufenden Kosten schlicht auflisten. Auf dieser Grundlage sollte sodann der konkrete Bedarf unter Berücksichtigung der mit der geteilten Betreuung verbundenen Mehrkosten ermittelt und sodann geregelt werden, wer welche Ausgaben übernimmt oder in natura leistet. Schließlich ist unter Berücksichtigung der Einkommens- und Vermögensverhältnisse beider Eltern zu regeln, ob sich die Eltern wechselseitig von Kindesunterhaltsansprüchen freistellen bzw. in welcher Höhe unter den Eltern im Innenverhältnis noch eine Ausgleichszahlung erfolgen soll.[80]

Durch derartige interne Vereinbarungen der Eltern können auch die mit der gerichtlichen Geltendmachung des Kindesunterhalts bei einem Wechselmodell verbundenen Probleme verringert werden. Denn da sich das Kind bei einem Wechselmodell nicht in der Obhut nur eines Elternteils befindet, steht keinem der Eltern das Alleinvertretungsrecht nach § 1629 Abs. 2 Satz 2 BGB zu.[81] Im Streitfall müsste vom Gericht ein Ergänzungspfleger bestellt oder einem Elternteil gemäß § 1628 BGB die Entscheidung über die Geltendmachung des Kindesunterhalts übertragen werden.[82]

79 Hierzu etwa *Bausch/Gutdeutsch/Seiler*, FamRZ 2012, 258; *Wohlgemuth*, FamRZ 2014, 84; *Bosch*, FF 2015, 92.

80 Ebenso *Bosch*, FF 2015, 92, 96.

81 BGH, FamRZ 2014, 917.

82 BGH, FamRZ 2006, 1015.

6. Betreuungsunterhalt

Hinsichtlich des Betreuungsunterhalts iSd. § 1570 BGB sollte ebenfalls eine ausdrückliche Regelung nach den konkreten Vermögens- und Bedarfsverhältnissen getroffen werden. Grundsätzlich sind beim Wechselmodell während der jeweiligen Betreuungszeiten beide Eltern anspruchsberechtigt, jedoch sind die Ansprüche untereinander zu verrechnen, so dass im Ergebnis nur ein Elternteil einen Anspruch hat.[83] Bei ähnlichen Einkommensverhältnissen und annähernd gleichen Betreuungsanteilen bietet es sich an, den Betreuungsunterhalt auszuschließen, allerdings ist dann ein Abänderungsvorbehalt aufzunehmen. Dies entspricht regelmäßig auch den Fairnessvorstellungen der Eltern.

V. Mustervereinbarungen

1. Muster einer Sorgevereinbarung über den Lebensmittelpunkt bei gemeinsamer Sorge (Residenzmodell)

1. Elterliche Sorge und Aufenthalt des Kindes

Wir sind darüber einig, dass wir die elterliche Sorge für unsere gemeinsame Tochter A., geboren am ..., auch künftig weiter gemeinsam ausüben wollen.

A. soll ihren Lebensmittelpunkt im Haushalt der Mutter haben.

Alternativ: Die Mutter soll zukünftig über A.s Aufenthalt allein entscheiden können und wird daher beim Familiengericht beantragen, ihr das Aufenthaltsbestimmungsrecht nach § 1671 BGB zu übertragen. Der Vater stimmt einem solchen Antrag bereits jetzt ausdrücklich zu.

---

83 *Bömelburg* in: Wendl/Dose, Das Unterhaltsrecht in der familienrichterlichen Praxis, 8. Aufl. 2011, § 4 Rz. 165.

2. Umgangsregelung

Alle zwei Wochen ist A. von Samstag 12 Uhr bis Sonntag 18 Uhr beim Vater. Wir sind uns darüber einig, dass zusätzlich auch flexibel vereinbarte Besuchstermine möglich sein sollen. Jeweils am Anfang eines Jahres werden wir außerdem gemeinsam einen Besuchsplan für die Feiertage und die Ferien erstellen.

3. Entscheidungen in Sorgeangelegenheiten und Vertretung

In allen Angelegenheiten von erheblicher Bedeutung für das Kind ist eine gemeinsame Entscheidung der Eltern erforderlich. Hierzu gehören insbesondere eine Verlegung des Wohnsitzes des Kindes auf eine Entfernung von mehr als 50 km, ein Schulwechsel, operative medizinische Eingriffe, Aufenthalte im nichteuropäischen Ausland sowie eine Änderung der Umgangsregelung. Die hierzu getroffenen Vereinbarungen sind bis zu einer einvernehmlichen oder gerichtlichen Abänderung für beide Eltern rechtsverbindlich.

In Angelegenheiten des täglichen Lebens (z.B. ärztliche Routinebehandlungen, Impfungen, Teilnahme an Klassenfahrten, Besuche von Freunden, Ausgehen am Wochenende) entscheidet die Mutter allein und ist dementsprechend allein vertretungsberechtigt.

Die Mutter erteilt dem Vater die Vollmacht, selbstständig bei behandelnden Ärzten, Therapeuten und der Schule Informationen über A. einzuholen.

In Notfällen können beide Eltern das Kind allein vertreten, wenn der andere Elternteil zuvor nicht erreichbar ist; in diesem Fall ist der andere Elternteil unverzüglich zu benachrichtigen.

2. Muster einer Sorgerechtsvollmacht

1. Elterliche Sorge und Aufenthalt des Kindes

Wir sind darüber einig, dass wir die elterliche Sorge für unsere gemeinsame Tochter A., geboren am ..., auch künftig weiter gemeinsam ausüben wollen.

A. soll ihren Lebensmittelpunkt im Haushalt der Mutter haben.

2. Vollmachtserteilung

Der Vater erteilt der Mutter hiermit die Vollmacht, A. in allen Angelegenheiten der elterlichen Sorge allein zu vertreten, insbesondere in Schulangelegenheiten/ Angelegenheiten der Kita, Behördenangelegenheiten einschließlich Beantragung von öffentlichen Leistungen und Hilfen, bei ärztlichen Behandlungen einschließlich operativer Eingriffe, in Angelegenheiten bei Banken und Versicherungen, bei Beantragung und Entgegennahme von Pass- und Ausweisdokumenten.

Die Vollmacht ist jederzeit widerruflich. Der Widerruf muss schriftlich erfolgen.

Die Mutter verpflichtet sich, den Vater von anstehenden Entscheidungen über Angelegenheiten von erheblicher Bedeutung iSd. § 1687 Abs. 1 Satz 1 BGB jeweils umgehend zu unterrichten. Das sind solche Angelegenheiten, die nicht häufig vorkommen und auch deshalb regelmäßig erhebliche Auswirkungen auf die Entwicklung des Kindes haben oder haben können und in ihren Folgen nur mit einigem Aufwand zu beseitigen sind. Hierzu gehören insbesondere ein Wechsel der Kita oder der Schule oder operative medizinische Eingriffe.

3. Muster einer Umgangsvereinbarung bei weit entfernten Wohnorten der Eltern[84]

1. Umgangstermine

1.1. Wir sind darüber einig, dass L. und ihr Vater sich jeweils am ersten Wochenende eines jeden Monats von Freitag bis Sonntag sehen, und - falls Donnerstag ein Feiertag ist - von Donnerstag bis Sonntag. In den Monaten, in denen L. und ihr Vater Geburtstag haben, liegt der Umgangstermin abweichend von der sonstigen Regelung am Wochenende nach dem jeweiligen Geburtstag.

Muss ein Umgangstermin wegen Erkrankung von L. oder aus sonstigen wichtigen Gründen ausfallen, wird er am darauf folgenden Wochenende nachgeholt. Der andere Elternteil ist hierüber unverzüglich zu informieren.

1.2. Zusätzlich verbringt L. die Hälfte der Sommer-, Herbst- und Winterferien beim Vater. Die genauen Termine werden die Eltern jeweils am Jahresanfang bestimmen. Urlaubsreisen des Vaters mit L. ins nichteuropäische Ausland bedürfen der Zustimmung der Mutter; dies gilt umgekehrt auch für Urlaubsreisen der Mutter.

1.3. Weihnachten und den Jahreswechsel verbringt L. bei der Mutter, Ostern und Pfingsten im Wechsel bei Vater und Mutter.

2. Flug zwischen Hamburg und Stuttgart

Wir haben uns zusammen mit L. darauf geeinigt, dass Lena mit einem Begleitservice jeweils am Nachmittag des ersten Umgangstages nach Stuttgart und am Abend des letzten Umgangstages zurück nach Hamburg fliegen soll. Zu den ersten beiden Umgangsterminen wird die Mutter L. auf

84 Grundmuster einer Umgangsvereinbarung finden sich z.B. bei *Börger* in: Göppinger/Börger, Vereinbarungen anlässlich der Ehescheidung, 10. Aufl. 2013, 2. Teil Rz. 21; *Reetz* in: Grandel/Stockmann, Stichwortkommentar Familienrecht, 2. Aufl. 2014 unter „Vereinbarungen zum elterlichen Sorge- und Umgangsrecht" Rz. 33; *Bergschneider*, Verträge in Familiensachen. 5. Aufl. 2014, Rz. 287.

dem Hinflug und der Vater auf dem Rückflug begleiten. Sollte sich L. gegen das Fliegen aussprechen, werden wir uns verständigen, ob sie allein mit der Bahn fahren kann oder ob sie weiterhin von einem Elternteil begleitet werden muss.

Die Flugtickets kauft die Mutter. Die Kosten tragen – auch im Falle der Begleitung durch einen von uns – der Vater zu 2/3, die Mutter zu 1/3. Die Mutter legt ein Umgangskonto an, auf das der Vater den jeweiligen Betrag einen Monat im Voraus einzahlt.

Alternativ: Der Vater hat die Flugtickets auf eigene Kosten zu besorgen und der Mutter zur Verfügung zu stellen. Die Flüge müssen von einem Berliner Flughafen abgehen und dürfen am Abflugtag nicht vor 8.00 Uhr starten und am Rückflugtag nicht nach 19.00 Uhr planmäßig landen.

3. Kontakt außerhalb der Umgangstermine

L. und ihr Vater dürfen auch außerhalb der Umgangstermine miteinander Kontakt halten, telefonieren sowie SMS oder E-Mails schreiben. L. bekommt ein Handy, dessen laufende Kosten der Vater bezahlt.

4. Schlussbestimmungen

4.1. Die Mutter wird den Vater in regelmäßigen Abständen über die Entwicklung von L. informieren, insbesondere über die Schulnoten. Hierzu vereinbaren wir, einmal im Monat in der Woche vor dem Umgangswochenende telefonisch ein Elterngespräch zu führen. Über erhebliche Erkrankungen ist der Vater umgehend zu informieren.

4.2. Diese Vereinbarung ist verbindlich, bis sie einvernehmlich oder durch eine gerichtliche Entscheidung abgeändert wird. Ein Verstoß gegen die Vereinbarung kann Schadensersatzansprüche auslösen.

4.3. Sollten Unstimmigkeiten oder unvorhergesehene Schwierigkeiten auftreten, wollen wir diese gemeinsam und unter Berücksichtigung der Interessen von L. und uns bereinigen. Soweit uns dies allein nicht möglich ist, werden wir zunächst versuchen, eine einvernehmliche Lösung mit Hilfe unseres/r gemeinsamen Freundes/in .../eines Mediators/einer Erziehungs-

beratungsstelle/des Jugendamtes zu finden, bevor wir eine gerichtliche Entscheidung suchen.

4. Mustervereinbarung über das Wechselmodell bei sehr kooperativen Eltern mit vergleichbarem Einkommen

1. Wir sind uns darüber einig, dass wir die elterliche Sorge für unsere beiden Kinder C und N gemeinsam ausüben wollen, wobei die Kinder sich jeweils in den geraden Kalenderwochen des Jahres bei der Mutter und in den ungeraden Kalenderwochen des Jahres bei dem Vater aufhalten. Hinsichtlich der hohen Feiertage (Weihnachten, Ostern, Pfingsten) sowie hinsichtlich der Kinder- und Elterngeburtstage werden wir jeweils gesonderte Vereinbarungen treffen.

2. Der Wechsel der Kinder vom Vater zur Mutter findet jeweils am Freitag statt, wobei derjenige Elternteil, bei dem die Kinder in der nächsten Woche wohnen, die Kinder von der Schule bzw. vom Kindergarten abholt. In den Fällen, in denen die Schule und der Kindergarten geschlossen sind, holt der jeweils berechtigte Elternteil die Kinder am Freitag um 17.00 Uhr von der Wohnung des anderen Elternteils ab.

3. Wir verpflichten uns wechselseitig, alles zu unterlassen, was das Verhältnis der Kinder zum anderen Elternteil beeinträchtigt oder die Erziehung erschwert.

4. Wir sind uns darüber einig, dass die Mutter für das Kindergeld bezugsberechtigt ist. Die Mutter verpflichtet sich, aus dem empfangenen Kindergeld sämtliche mit dem Besuch des Kindergartens bzw. der Schule innerlich zusammenhängenden Kosten der Kinder zu bestreiten. Im Übrigen stellen sich beide Elternteile von eventuellen Barunterhaltsansprüchen der Kinder frei. Notwendige Anschaffungen über 100 EUR werden von uns je zur Hälfte getragen.

Der Vater erklärt sein Einverständnis damit, dass die Mutter die Steuerklasse 2 wählt und den steuerlichen Freibetrag nach § 24b EStG geltend machen kann.

5. Bei Meinungsverschiedenheiten werden wird eine Mediation durchführen. Bis dahin gilt die vorstehende Regelung

5. Wechselmodell bei wenig kooperativen Eltern mit genau hälftiger Betreuung eines 4 1/2-jährigen Kindes und Zeit-Punkte-Konto und abweichendem Einkommen

Die folgende Vereinbarung haben wir unter Berücksichtigung der Interessen unseres Sohnes und unserer beiderseitigen Interessen getroffen.

1. Sorgerecht

Die elterliche Sorge für L. wollen wir auch künftig gemeinsam wahrnehmen.

2. Betreuung

L. soll zu gleichen Teilen von der Mutter und vom Vater betreut werden. Wir sind davon überzeugt, dass dies derzeit für alle Beteiligten die beste Lösung ist.

Die Wohnung der Mutter soll als Hauptwohnung von L. gemeldet werden, die Wohnung des Vaters als Nebenwohnung von L. Jeweils zum 1. Januar eines Jahres soll die Hauptwohnung von L. auf die Wohnung des anderen Elternteils wechseln.

2.1. Allgemeine Betreuungsaufteilung

L. verbringt die Wochenenden einschließlich Freitagabend im wöchentlichen Wechsel beim Vater bzw. bei der Mutter. Der Vater übernimmt außerdem die Betreuung am Mittwoch und Donnerstag, die Mutter am Montag und Dienstag, wobei der Betreuungszeitraum jeweils bis zum darauf folgenden Morgen reicht. Das Kind besucht unter der Woche den Kindergarten (X) und wird vom betreuenden Elternteil dorthin gebracht bzw. von dort abgeholt.

Wir erwarten voneinander, dass die Betreuung nach Absprache auch einmal flexibel gehandhabt werden kann, damit wir an Fortbildungen teilnehmen können oder wenn wichtige berufliche Gründe vorliegen. Zu diesem Zweck führen wir ein Zeit-Punkte-Konto. Wenn einer für den anderen

außerplanmäßig die Betreuung übernimmt, erhält er eine Zeitgutschrift, die er nach Absprache bei passender Gelegenheit einlösen kann.

2.2 Krankheitsfall

Sollte L. aus gesundheitlichen Gründen nicht den Kindergarten besuchen können, soll die Betreuungsaufteilung – soweit seine körperliche und seelische Verfassung dies zulässt – möglichst entsprechend dem vereinbarten Rhythmus beibehalten werden.

Erfordert die Krankheit, vor allem bei einer Dauer über zwei Wochen, eine andere Regelung, so werden wir dies im Einzelfall abstimmen. Falls einer von uns durch die Krankheit von L. erheblich mehr als der andere in Anspruch genommen wird und auf eine dritte Betreuungsperson angewiesen ist, werden wir die entstehenden Kosten teilen. Vor Inanspruchnahme einer solchen Betreuungsperson ist der andere Elternteil zu informieren, um ihm die Gelegenheit zu geben, zur Kostenersparnis außerplanmäßig zusätzlich die Betreuung zu übernehmen.

L. bleibt weiterhin beim Vater gesetzlich krankenversichert. Der Vater wird der Mutter die Versicherungskarte auf Anfrage aushändigen.

2.3. Feiertage und Geburtstag

Die langen Wochenenden (Donnerstag als Feiertag), Oster- und Pfingstfeiertage teilen wir zu Jahresbeginn untereinander gleichmäßig auf. Weihnachten und Silvester verbringt L. im jährlichen Wechsel bei einem von uns, in diesem Jahr Weihnachten bei der Mutter und Silvester beim Vater. Auch seinen Geburtstag wird L. im Wechsel bei einem von uns verbringen, den Vorabend und die Nacht aber bei dem jeweils anderen Elternteil, damit dieser morgens mit ihm frühstücken kann. Dieses Jahr wird L. seinen Geburtstag bei der Mutter verbringen.

2.4. Kindergartenferien

Auch die Kindergartenferien teilen wir untereinander gleichmäßig auf, wobei wir uns beide darum bemühen, unsere eigene Urlaubszeit jeweils so zu planen, dass sie in die Zeit der Kindergartenferien fällt.

2.5. Entscheidungsfindung und Vollmachten

In allen Fragen des Betreuungsalltags darf jeder Elternteil allein entscheiden. Wir bevollmächtigen uns dementsprechend gegenseitig, L. in solchen Angelegenheiten allein zu vertreten. Zukünftig entstehende Fragen von erheblicher Bedeutung (z.B. Wahl der Schule, medizinische Eingriffe etc.) werden wir gemeinsam klären und vereinbaren daher ein Elterngespräch alle zwei Monate, beginnend mit dem ersten Sonntag im Oktober.

2.6. Geltungszeitraum und Abänderung

Die Betreuungsvereinbarung soll zunächst nur für die Zeit bestehen, in der L. den Kindergarten besucht. Sollte L. wiederholt den Wunsch äußern, die Betreuung zu ändern oder wird offensichtlich, dass er mit dem Wechsel überfordert ist, werden wir erneut gemeinsam nach einer Lösung suchen. Keiner von uns ist berechtigt, L. ohne Absprache abweichend von den vereinbarten Zeiten bei sich zu behalten. Mit L. haben wir über diese Betreuungsregelung gesprochen; er ist damit einverstanden.

3. Kindesunterhalt

Wir haben auf der Grundlage unseres Einkommens und des von uns für L. ermittelten Bedarfs ein eigenes Unterhaltsmodell entwickelt, das wir beide als gerecht empfinden. Dabei gehen wir von einem monatlichen Nettoeinkommen des Vaters von 2.500 EUR und der Mutter von 1.500 EUR aus.

Die Mutter zahlt monatlich

• *sämtliche Bekleidung*	*70 EUR*
• *Kindergartenkosten*	*215 EUR*
• *insgesamt*	*285 EUR*

Der Vater zahlt monatlich
- *die homöopathische Behandlung der Allergie von L. 130 EUR*

Die Mutter soll das Kindergeld von derzeit monatlich 184 EUR beziehen. Der Vater erklärt sein Einverständnis dazu, dass die Mutter die Steuerklasse 2 wählt.

Der Vater verpflichtet sich darüber hinaus gemäß § 328 BGB zugunsten des Kindes L., diesem zu Händen der Mutter monatlich jeweils bis zum dritten Werktag eines Monats 150 EUR zu zahlen. Die Mutter ist berechtigt, gemäß § 335 BGB neben dem Kind ebenfalls die Leistung fordern zu können. Der Vater unterwirft sich wegen dieser Forderung sowohl gegenüber dem Kind als auch gegenüber der Mutter der sofortigen Zwangsvollstreckung aus dieser Urkunde.

Im Übrigen trägt jeder Elternteil die bei ihm anfallenden Betreuungskosten einschließlich Wohnungskosten und Energiekosten allein. Bis zum Ende des Jahres wollen wir die jeweiligen Ausgaben für L. auflisten und am Ende des Jahres vergleichen, um sie dann ggf. neu aufzuteilen. Im Übrigen werden wir über den Kindesunterhalt erneut verhandeln, wenn
- *bei einem von uns eine Gehaltsveränderung über 20 % netto eintritt,*
- *sich der Kindesbedarf erheblich ändert,*
- *sich die Betreuungsanteile ändern.*

4. Betreuungsunterhalt

Da wir beide L. zu gleichen Anteilen betreuen und darüber hinaus beide berufstätig sind, verzichten wir wechselseitig auf Betreuungsunterhalt und nehmen den Verzicht wechselseitig an.

Auch hierüber werden wir erneut verhandeln, falls sich die Umstände in dem unter 3. beschriebenen Sinne ändern.

5. Schlussbestimmungen

Sollten Schwierigkeiten auftreten oder Änderungen erforderlich werden, die wir nicht vorausgesehen haben, werden wir nach einer gemeinsamen Lösung suchen, die L. und uns beiden gerecht wird. Wenn uns dies allein nicht gelingt, wollen wir ein Mediationsverfahren in Anspruch nehmen, bevor wir das Familiengericht anrufen. Bis eine neue Regelung erfolgt, gilt das hier Vereinbarte.

Eheverträge und Scheidungsfolgenvereinbarungen in der Rechtsprechung des Bundesgerichtshofs

*Meo-Micaela Hahne**

I. Allgemeiner Teil: Die bisherige Rechtsprechung des BGH zur Inhaltskontrolle von Eheverträgen

1. Grundsätzlicher Anwendungsbereich: Scheidungsfolgen

Nach der Rechtsprechung des Bundesgerichtshofs zur Wirksamkeit und Inhaltskontrolle von Eheverträgen stehen die gesetzlichen Scheidungsfolgenregelungen über nachehelichen Unterhalt, Zugewinn- und Versorgungsausgleich grundsätzlich zur vertraglichen Disposition der Ehegatten. Einen unverzichtbaren Mindestgehalt an Scheidungsfolgen zu Gunsten des berechtigten Ehegatten kennt das geltende Recht nicht (vgl. §§ 1408 Abs. 1 und 2, 1414, 1585c, 1587o BGB a.F.). Diese grundsätzliche Disponibilität der Scheidungsfolgen darf indes nicht dazu führen, dass der Schutzzweck der gesetzlichen Regelungen durch vertragliche Vereinbarungen beliebig unterlaufen werden kann. Das wäre der Fall, wenn dadurch eine evident einseitige und durch die individuelle Gestaltung der ehelichen Lebensverhältnisse nicht gerechtfertigte Lastenverteilung entstünde, die hinzunehmen für den belasteten Ehegatten – unter angemessener Berücksichtigung der Belange des anderen Ehegatten und seines Vertrauens in die Geltung der getroffenen Abrede – bei verständiger Würdigung des Wesens der Ehe unzumutbar erscheint. Die Belastungen des einen Ehegatten werden dabei umso schwerer wiegen und die Belange des anderen Ehegatten umso genauerer Prüfung bedürfen, je unmittelbarer die vertragliche Abbedingung gesetzlicher Regelungen in den Kernbereich des Scheidungsfolgenrechts eingreift.[1] Diese allgemeinen Maßstäbe gelten grundsätzlich auch für Verträge, die in zeitlichem Zusammenhang oder zur Vorbereitung der Scheidung geschlossen werden.

---

* Dr. Meo-Micaela Hahne ist VRiinBGH des XII. Zivilsenats a.D.

1 st. Rspr. seit BGH Urteil vom 11.02.2004 – XII ZR 265/02 – FamRZ 2004, 601 = BGHZ 158, 81, 94 ff.

2. Bedeutung der Scheidungsfolgen und Rangfolge

a) Betreuungsunterhalt § 1570 BGB

Zu diesem Kernbereich gehört in erster Linie der Betreuungsunterhalt nach § 1570 BGB und zwar grundsätzlich auch in der neuen Fassung nach der Unterhaltsreform 2008, wobei allerdings zu berücksichtigen ist, dass das neue Recht nur noch einen auf drei Jahre begrenzten Basisunterhalt vorsieht, der aus kind- und elternbezogenen Gründen verlängert werden kann.[2] Im Übrigen wird man eine Rangabstufung vornehmen können, die sich vor allem danach bemisst, welche Bedeutung die einzelnen Scheidungsfolgenregelungen für den Berechtigten in seiner jeweiligen Lage haben. So ist z.B. die Absicherung des laufenden Unterhaltsbedarfs für den Berechtigten in der Regel wichtiger als etwa der Zugewinnausgleich.

b) Alters- und Krankheitsunterhalt nebst jeweils zugehörigen Vorsorgeunterhalt (§§ 1571, 1572 BGB)

Innerhalb der Unterhaltstatbestände kommt – nach dem Betreuungsunterhalt – entsprechend ihrem Schutzzweck dem Alters- und dem Krankheitsunterhalt Vorrang zu, weil der Ehegatte in diesen Fällen in der Regel nicht mehr in der Lage ist, durch eigene Erwerbstätigkeit seinen angemessenen Unterhalt zu sichern. Zwar ist der Verzicht auf Alters- und Krankheitsunterhalt nicht von vornherein sittenwidrig, weil im Zeitpunkt des Vertragsschlusses in der Regel noch nicht absehbar ist, ob, wann und unter welchen wirtschaftlichen Gegebenheiten ein Ehegatte wegen Alters oder Krankheit unterhaltsbedürftig werden könnte.[3] Die Erkrankung kann aber die Berufung auf den ehevertraglich vereinbarten Ausschluss von nachehelichen Unterhalt nachträglich als rechtsmissbräuchlich erscheinen lassen. In einem solchen Fall treten aber nicht die gesetzlichen Scheidungsfolgen wieder ein, sondern das Gericht hat den Vertrag so anzupassen, dass nur solche Nachteile ausgeglichen werden, die als ehebedingt anzu-

---

2 vgl. BGH Urteil vom 02.02.2011 – XII ZR 11/09 – FamRZ 2011, 1377, RZ 28; BGH Beschluss vom 14.01.2014 – XII ZB 303/13 – FamRZ 2014, 629, RZ 16.

3 BGH Urteil vom 12.01.2005 – XII ZR 238/03 – FamRZ 2005, 691, 692.

sehen sind.[4] Ihnen folgen Krankenvorsorge- und Altersvorsorgeunterhalt, die – je nach Fallgestaltung – als Bestandteile des Lebensbedarfs gleichen Rang mit dem jeweiligen zugrundeliegenden Unterhaltsanspruch, z.B. aus § 1570 BGB, haben, wenn damit ehebedingte Nachteile ausgeglichen werden sollen.[5] Denn das Unterhaltsrecht will Risiken, die ein Ehegatte im Rahmen der gemeinsamen Lebensplanung um der Ehe willen auf sich genommen hat und die sich bei Trennung bzw. Scheidung verwirklichen, gleichmäßig auf die Ehegatten verteilen. Diese gleiche Lastenverteilung kann sich nicht nur auf den Hauptbestandteil des Unterhaltsanspruchs, nämlich den Elementarunterhalt beschränken, sondern auch Alters- und Krankenvorsorgeunterhalt umfassen, weil sie in gleicher Weise ehebedingten Nachteilen entgegenwirken sollen. Sie teilen deshalb den besonderen Vorrang des Elementarunterhalts im Rahmen des jeweiligen Grundtatbestandes.

So hat in einem Fall, in dem die bei Vertragsschluss berufstätige Ehefrau auf Unterhalt verzichtet hatte, weil beide Ehegatten eine Doppelverdienerehe ohne Kinder führen wollten, sie aber später wegen der Geburt zweier Kinder doch an einer weiteren Berufstätigkeit gehindert war, der Bundesgerichtshof zwar eine Sittenwidrigkeit nach § 138 BGB zum Zeitpunkt des Vertragsabschlusses verneint, jedoch wegen der veränderten Lebensumstände eine Korrektur nach § 242 BGB vorgenommen. Denn da die Ehefrau während der Betreuung der Kinder nicht in der Lage war, sich kraft eigener Erwerbstätigkeit eine eigene angemessene Altersversorgung aufzubauen, kam dem Altersvorsorgeunterhalt als einem Bestandteil des Betreuungsunterhalts gleicher Rang wie diesem zu. Daher ist es treuwidrig, wenn der Ehemann sich auf den Unterhaltsverzicht beruft und die Ehefrau damit die ehebedingten Ausfälle beim Aufbau einer eigenen Altersversorgung alleine tragen lässt. Maßstab für den Ausgleich des ehebedingten Nachteils ist dabei grundsätzlich der Betrag, den der haushaltsführende Ehegatte bei gedachter Weiterführung seiner beruflichen Tätigkeit und unter Einsatz des ihm daraus zufließenden Einkommens für den Ausbau seiner Altersversorgung hätte verwenden können. Dem künftigen Versorgungsdefizit ist daher durch den Altersvorsorgeunterhalt zu begegnen.[6]

---

4 BGH Urteile vom 28.2.2007-XII ZR 165/04- FamRZ 2007,974; 28.11.2007 – XII ZR 132/05 – FamRZ 2008, 582, RZ 36;Beschlüsse vom 27.2.2013-XII ZB 90/11- FamRZ 2013,770;8.10.2014 -XII ZB 318/11- FamRZ 2014,1978.

5 vgl. BGH Urteil vom 25.05.2005 – XII ZR 221/02 – FamRZ 2005, 1449.

6 BGH Urteil vom 25.05.2005 – XII ZR 121/01 – FamRZ 2005, 1449.

Auch die Erkrankung eines Ehegatten kann die Berufung des anderen Ehegatten auf den vertraglich vereinbarten Ausschluss von nachehelichem Unterhalt und Versorgungsausgleich grundsätzlich als rechtsmissbräuchlich (§ 242 BGB) erscheinen lassen. Das führt in der Regel aber nicht dazu, dass nunmehr die gesetzlichen Regelungen über die Scheidungsfolgen eintreten. Vielmehr hat sich die gegebenenfalls gebotene richterliche Anpassung des Vertrages grundsätzlich darauf zu beschränken, solche Nachteile auszugleichen, die als ehebedingt anzusehen sind. Das ist etwa dann der Fall, wenn der erkrankte Ehegatte in der Ehe auf eine eigene mögliche Erwerbstätigkeit verzichtet hatte und nunmehr eine Erwerbsunfähigkeitsrente bezieht, die niedriger ist als die Rente, die er bezöge, wenn er in der Ehe berufstätig geblieben wäre.[7]

c) Ansprüche nach §§ 1573, 1575, 1576 BGB

Am ehesten verzichtbar sind Ansprüche auf Erwerbslosen-, Aufstockungs, Ausbildungs- und Billigkeitsunterhalt.[8] Sie rechtfertigen schon nach ihrer geringeren Bedeutung im System der Scheidungsfolgen das Verdikt des § 138 BGB regelmäßig nicht.

d) Versorgungsausgleich

Auf derselben Rangstufe wie der Altersunterhalt rangiert der Versorgungsausgleich, der als vorweggenommener Altersunterhalt[9] zu werten ist, weil er die Altersversorgung des Ehegatten sicherstellen soll, der wegen seiner Familienarbeit nicht in der Lage war, sich eine eigene angemessene Altersversorgung zu schaffen. Denn dem gesetzlichen Scheidungsfolgensystem liegt der Gedanke zugrunde, dass ehebedingte Nachteile, die ein Ehegatte um der Ehe oder der Kindererziehung willen in seinem eigenen beruflichen Fortkommen und dem Aufbau einer entsprechenden Altersversorgung oder eines entsprechenden Vermögens auf sich genommen hat, nach der Scheidung ausgeglichen werden sollen, wobei Erwerbstätigkeit und Familienarbeit – wenn die Parteien nichts anderes vereinbart haben –

---

7 BGH Urteil vom 28.11.2007 – XII ZR 132/05 – FamRZ 2008, 582.

8 BGH Urteil vom 25.05.2005 – XII ZR 296/01 – FamRZ 2005, 1444, 1448.

9 s. BVerfG v. 28.02.1980, FamRZ 1980, 326.

grundsätzlich als gleichwertig behandelt werden. Ob eine ehevertragliche Scheidungsfolgenregelung mit diesen Grundgedanken vereinbar ist, ist in jedem Einzelfall nach den Grundlagen der Vereinbarung und den Vorstellungen der Ehegatten bei ihrem Abschluss sowie anhand der verwirklichten Gestaltung des ehelichen Lebens konkret zu prüfen.

Dementsprechend hat der Bundesgerichtshof in einem ähnlichen Fall, in dem die Ehegatten auf Versorgungsausgleich verzichtet hatten, weil beide berufstätig bleiben wollten, die Ehefrau später aber wegen der Geburt von zwei Kindern ihre Berufstätigkeit längerfristig unterbrochen und dadurch Versorgungsverluste erlitten hatte, Sittenwidrigkeit gemäß § 138 BGB verneint, weil im Zeitpunkt des Vertragsschlusses nach den Zielvorstellungen der Ehegatten noch keine Anhaltspunkte für eine einseitige Belastung der Ehefrau vorlagen. Er hat aber im Rahmen der Ausübungskontrolle gemäß § 242 BGB den Vertrag den späteren veränderten Verhältnissen angepasst. Denn anderenfalls würde der Ehegatte, der aufgrund einvernehmlicher Änderung der gemeinsamen Lebensumstände auf eine eigene Berufstätigkeit und den Erwerb einer Altersversorgung verzichtet, diese ehebedingten Nachteile ohne Kompensation allein tragen. Der Bundesgerichtshof hat es daher als angemessen und sachgerecht angesehen, bei der dann vorzunehmenden Vertragsanpassung jeweils nur die ehebedingten Versorgungsnachteile eines Ehegatten beim Aufbau seiner eigenen Altersversorgung auszugleichen, um ihn einerseits die ehebedingten Versorgungsverluste nicht allein tragen zu lassen, andererseits aber zu vermeiden, dass er – wie es bei uneingeschränkter Durchführung des Versorgungsausgleichs der Fall wäre – Versorgungsanrechte erhält, die den bloßen ehebedingten Nachteil nicht nur ausgleichen, sondern übersteigen. Denn durch die im Rahmen der Ausübungskontrolle vorzunehmende Vertragsanpassung kann der Ehegatte nicht besser gestellt werden, als er ohne die Ehe und den damit einhergehenden Erwerbsverzicht stünde.[10] Die richterliche Ausübungskontrolle hat sich daran zu orientieren, welche Versorgung der Ehegatte ohne die Ehe durch eigene Berufstätigkeit hätte erwerben können, wobei obere Grenze des Versorgungsausgleichs immer dasjenige ist, was der Ehegatte bei Durchführung eines Versorgungsausgleichs nach den gesetzlichen Vorschriften erhalten hätte.[11]

10 BGH Urteil vom 28.02.2007 – XII ZR 165/04 – FamRZ 2007, 975, RZ 28; vgl.a.Beschluss v.8.10.1014 – XII ZB 318,11- FamRZ 2014,1978.

11 BGH Beschluss vom 27.02.2013 – XII ZB 90/11 – FamRZ 2013, 770 f., RZ 21, 22.

Handelt es sich dagegen um eine Doppelverdienerehe von Freiberuflern z.B ein Ehepaar, das jeweils eine eigene Großpraxis als Zahnarzt bzw. Physiotherapeutin betrieb, und sind die Ehegatten später einvernehmlich von der ursprünglichen Gestaltung der beruflichen Tätigkeit der Ehefrau dergestalt abgewichen, dass sie ihre Großpraxis aufgab und eine Einzelpraxis im Familienheim eröffnete, lassen sich aber aus dieser Entwicklung keine ehebedingten Nachteile der Ehefrau beim Aufbau von Versorgungsanrechten ableiten, scheidet eine Anpassung des Ehevertrags bzgl.des Ausschlusses des Versorgungsausgleichs aus.[12]

Die richterliche Inhaltskontrolle hat im Übrigen immer eine etwaige Kompensation zu berücksichtigen, die zwar zu einem angemessenen, aber nicht notwendig gleichwertigen Ausgleich führen muss. Denn die richterliche Inhaltskontrolle ist keine Halbteilungskontrolle, so dass noch keine evident einseitige Belastung vorliegt, wenn keine Halbteilung erreicht wird.[13] Die Kompensation kann allenfalls dann als unzureichend angesehen werden, wenn sie nicht annähernd geeignet ist, die ehebedingten Nachteile des Verzichtenden zu kompensieren. So hat der Bundesgerichtshof eine der Ehefrau ab dem 65. Lebensjahr zufallende private Rentenversicherung, die mit monatlichen Beiträgen von DM 500,00 finanziert werden sollte, als wirtschaftlich zureichenden Ausgleich an Stelle einer Teilhabe an einer Handelsvertreterversorgung des Ehemannes angesehen. Auch die Überlassung einer Immobilie hält er grundsätzlich für eine geeignete Kompensation für den Versorgungsausgleichsverzicht.[14]

e) Zugewinnausgleich

Nach der ständigen Rechtsprechung des Bundesgerichtshofs wird der Zugewinn vom Kernbereich des Scheidungsfolgenrechts nicht umfasst. Er ist daher der ehevertraglichen Gestaltungsfreiheit am weitesten zugänglich. Schon im Hinblick auf diese nachrangige Bedeutung des Zugewinnausgleichs im System des Scheidungsfolgenrechts ist sein Ausschluss regelmäßig nicht sittenwidrig. Denn die Parteien machen hier von einem ihnen

12 Beschluss vom 8.10.2014 aaO.

13 BGH Urteil vom 05.11.2008 – XII ZR 157/06 – FamRZ 2009, 198, RZ 22; Urteil vom 25.05.2005 – XII ZR 296/01 – FamRZ 2005, 1444, 1446; Beschluss vom 29.01.2014 – XII ZB 303/13 – FamRZ 2014, 629, RZ 30, 31.

14 BGH Urteil vom 29.01.2014, a.a.O.

vom Gesetz ausdrücklich eingeräumten Wahlrecht des Güterstands Gebrauch, indem sie sich von den vorgegebenen Möglichkeiten für denjenigen Güterstand entscheiden, der ihrem geplanten Ehezuschnitt und ihren wirtschaftlichen und persönlichen Gegebenheiten am ehesten entspricht. Dabei wird es insbesondere bei einem selbständig Tätigen als legitim und nicht als Ausnutzung einer ungleichen Verhandlungsposition angesehen, die wirtschaftliche Substanz seines Unternehmens zu erhalten und nicht durch etwaige existenzbedrohende Ausgleichszahlungen zu gefährden, zumal das Unternehmen die Lebensgrundlage für den Selbständigen selbst, seinen geschiedenen Ehegatten und die gemeinsamen Kinder darstellt.[15]

Denn das Eheverständnis erfordert keine bestimmte Zuordnung des Vermögenserwerbs in der Ehe. Die eheliche Lebensgemeinschaft ist nicht notwendig auch eine Vermögensgemeinschaft.[16] Zwar sieht der gesetzliche Güterstand des Zugewinns eine gleiche Teilhabe der Ehegatten am gemeinsam erwirtschafteten Vermögen vor, ausgehend von der typisierenden Vorstellung, dass die Ehegatten in ökonomisch gleichwertiger Weise zur Vermögensbildung beitragen. Jedoch ist dies nur eine fiktive Gleichwertigkeit, die die Ehegatten nicht hindert, durch Abwahl des Regelgüterstands und Wahl der Gütertrennung als eines vom Gesetz gleichwertig zur Verfügung gestellten Güterstands ihre Vermögensordnung einvernehmlich an die individuellen Verhältnisse ihrer konkret beabsichtigten oder gelebten Eheform anzupassen. Auch das Gebot ehelicher Solidarität fordert keine wechselseitige Vermögensbeteiligung der Ehegatten. Denn ihrer gegenseitigen Verantwortung trägt bei Versorgungsbedürfnissen das Unterhaltsrecht Rechnung.[17] Demgegenüber knüpft das Güterrecht nicht an Bedarfslagen an. Die Gewinnbeteiligung im Zugewinn hat keine unterhaltsrechtliche Funktion.[18] Grob unbillige Versorgungsdefizite, die sich aus dem Ehevertrag ergeben können, sind daher vorrangig im Unterhalts-

---

15 BGHZ 158, 81, 95, 98 = FamRZ 2004, 601, 605, 608; BGH Urteile vom 12.01.2005 – XII ZR 283/03 – FamRZ 2005, 691, 692; vom 25.05.2005 – XII ZR 296/01 – FamRZ 2005, 1444, 1448; vom 28.03.2007 – XII ZR 130/04 – FamRZ 2007, 1310, 1311; vom 17.10.2007 – XII ZR 96/05 – FamRZ 2008, 386, 388; vom 28.11.2007 – XII ZR 132/05 – FamRZ 2008, 582, 585; vom 21.11.2012 – XII ZR 48/11 – FamRZ 2013, 269.

16 Schwab DNotZ 2001, 9, 16.

17 vgl. BVerfG FamRZ 1980, 326, 333.

18 Schwab, a.a.O.; zum Ganzen auch Kanzleiter, FamRZ 2014, 998 ff.

recht zu kompensieren und allenfalls hilfsweise durch Korrektur der von den Ehegatten gewählten Vermögensordnung zu beseitigen.[19]

Der Bundesgerichtshof hat ferner hervorgehoben, dass dies auch dann gilt, wenn schon bei Vertragsschluss absehbar war, dass der Ehemann in der Ehezeit ganz oder weitgehend nicht gesetzlich rentenversicherungspflichtig tätig sein würde und daher im Wesentlichen kein Versorgungsausgleich zu Gunsten der Ehefrau durchgeführt werden würde. Denn die später tatsächlich eingetretene Versorgungslücke sei keine Folge der vereinbarten Gütertrennung, sondern des Umstandes, dass der Ehemann entsprechend dem gemeinsam verwirklichten Lebensplan und dem wirtschaftlichen Zuschnitt der Ehe kein auszugleichendes Versorgungsvermögen aufgebaut habe.

Das Gesetz unterscheide strikt zwischen Versorgungsausgleich und Zugewinnausgleich, denen unterschiedliche Vermögensbestandteile unterliegen, nämlich dem Versorgungsausgleich das Versorgungsvermögen, dem Zugewinnausgleich sonstiges Erwerbsvermögen. Dem ersten unterliegt das in den Anrechten auf Versorgung wegen Alters oder Invalidität bestehende Versorgungsvermögen, dem zweiten das sonstige Vermögen. Allein die Vorstellung der Parteien, der dem Zugewinn unterfallende Vermögensaufbau diene – was nicht unüblich ist – der Altersversorgung, rechtfertigt es selbst angesichts des weiten Gestaltungsspielraums im Rahmen der Ausübungskontrolle noch nicht ohne weiteres, die strikte gesetzliche Abgrenzung der Ausgleichssysteme unberücksichtigt zu lassen. So wird der Entstehung von Nachteilen, die ein haushaltsführender Ehegatte beim Aufbau von Versorgungsanrechten erlitten hat, im Rahmen der Ausübungskontrolle systemgerecht durch eine Anpassung der Vereinbarungen zum Versorgungsausgleich Rechnung getragen. Führt der danach anzuordnende Versorgungsausgleich zu einer Halbteilung der von den Ehegatten in der Ehezeit erworbenen Versorgungsanrechte, besteht für eine Ausübungskontrolle bzgl. der Vereinbarungen zur Gütertrennung kein Anlass mehr, und zwar auch dann nicht, wenn die ehebedingten Versorgungsnachteile nicht vollständig kompensiert werden konnten und der (nicht selbständig) erwerbstätige Ehegatte in der Ehezeit zusätzlich zu seinen Versorgungsanrechten ein zur Altersversorgung geeignetes Privatvermögen aufgebaut hat.[20] Verzichteten die Ehegatten von vornherein darauf, ihre Altersversorgung durch Begründung von Versorgungsanrechten, sei-

19 BGHZ 158, 81, 98.

20 Urteil v. 21.11.2012 –XII ZR FamRZ 2013,269 Rn36.

en es gesetzliche Rentenversicherungen, Lebensversicherungen oder ähnliches, aufzubauen, so müssen sie sich auch im Scheidungsfall daran festhalten lassen. Kein Ehegatte könne erwarten, der entsprechend den Vorstellungen bei Vertragsschluss unterlassene Erwerb von Versorgungsanrechten werde im Scheidungsfall durch den vertraglich ausgeschlossenen Zugewinn kompensiert.[21]

In der neueren Literatur wird allerdings vereinzelt die Forderung erhoben, dass in Fällen, in denen mangels nennenswerter Versorgungsanwartschaften die Altersversorgung wesentlich über die private Vermögensbildung erfolgt und dementsprechend der Zugewinn auch der Versorgung und damit dem Ausgleich ehebedingter Nachteile des anderen Ehegatten dient, was insbesondere bei Unternehmerehen der Fall sei, ein Ausschluss des Zugewinnausgleichs kritischer beurteilt werden müsse als bei Angestellten, die relevante Versorgungsanwartschaften aufbauten. Soweit beim anderen Ehegatten ehebedingte Vermögenseinbußen eingetreten seien, müsse im Wege der Ausübungskontrolle ein Wertschöpfungsausgleich gewährt werden, und zwar als einmalige Leistung und nicht wie bisher über den Unterhalt. Für die Höhe desselben wäre die fiktive Erwerbsbiografie des ausgleichsberechtigten Ehegatten maßgeblich und darauf abzustellen, welche eigene private Vermögensbildung ihm hätte gelingen können, wenn er die Chance zur Realisierung seines beruflichen Potentials gehabt hätte.[22]

Eine solche Handhabung würde allerdings im Ergebnis dazu führen, dass für Unternehmerehen die Wahl des Güterstands der Gütertrennung praktisch ausgeschlossen, zumindest aber mit dem Risiko einer – im Wege der Ausübungskontrolle richterlich auferlegten – unkalkulierbaren Ausgleichszahlung behaftet wäre. Dies wäre eine Ungleichbehandlung gegenüber anderen Ehen und verfassungsrechtlich bedenklich. Die Autoren weisen im Übrigen selbst auf die praktischen Schwierigkeiten hin, die das Erfordernis eines hypothetischen Vermögenserwerbs des Ehegatten bei hinweggedachter ehebedingter Berufspause mit sich brächte. Eine solche Lösung wäre im Grunde nicht justitiabel und mit so vielen Unwägbarkeiten

---

21 BGH Urteil vom 17.10.2007, a.a.O., 388; vom 21.11.2012 – XII ZR 48/11 – FamRZ 2013, 269, RZ 17 ff., 22.

22 jeweils Dauner/Lieb in: ACP, Band 210, 2010, S. 580 ff., 605; dieselbe ff. 2010, 343 ff.; ff. 2011, 382 ff.; Reetz, FamRZ 2011, 339, 341; ähnlich, wenn auch nicht so weitgehend, Brudermüller in: Festschrift Hahne, S. 121, 133, 134; differenzierend Bergschneider, FamRZ 2010, 1857, 1859.

beladen, dass auch insoweit verfassungsrechtliche Bedenken bestünden, die sich aus dem Gebot der Rechtsklarheit und Rechtssicherheit ergäben.

Der Bundesgerichtshof hat daher dem Vorschlag, der Dispositionsbefugnis der Ehegatten über ihre güterrechtlichen Beziehungen von vornherein denjenigen Betrag zu entziehen, der – nach oben durch den Halbteilungsgrundsatz beschränkt – dem Betrag einer hypothetischen Vermögensbildung des auf eigene Erwerbstätigkeit verzichtenden Ehegatten entspricht, eine Absage erteilt. Denn ob einem Ehegatten ein Nachteil in Form unterlassener Vermögensbildung entstanden ist, beurteilt sich nicht allein nach dessen fiktiver Erwerbsbiografie, sondern darüber hinaus nach seiner individuellen Bereitschaft und Neigung, einen Teil seiner Einkünfte unter Inkaufnahme von Konsumverzicht zur Bildung privaten Vermögens zu verwenden.[23]

Dem Erfordernis einer Korrektur grob unbilliger Vermögensdefizite im Einzelfall hat die Rechtsprechung des Bundesgerichtshofs im Übrigen bereits vor Jahren durch das sogenannte Nebengüterrecht Rechnung getragen, worauf auch Dauner/Lieb[24] zutreffend hinweist. Hat ein Ehegatte nämlich zur Vermögensbildung des anderen messbar und über das allgemein übliche Maß der Ehegattenmitarbeit beigetragen, sei es durch finanzielle Zuwendungen, sei es durch Arbeitsleistung, gewährt der Bundesgerichtshof trotz Gütertrennung einen Ausgleich mit Hilfe der Rechtsfiguren des schuldrechtlichen oder ausnahmsweise auch dinglichen Rückausgleichs ehebezogener Zuwendungen[25], des familienrechtlichen Kooperationsvertrages[26] und der konkludenten Ehegatteninnengesellschaft.[27]

Diese Instrumente haben gegenüber der unkalkulierbaren hypothetischen Vermögensberechnung beim berechtigten Ehegatten den Vorzug, dass exakt ermittelt werden kann, in welcher Größenordnung und wodurch sich das Vermögen des verpflichteten Ehegatten durch die Mitarbeit oder Zuwendungen des anderen vermehrt hat und welcher Anteil daran diesem anderen gebührt. Darüber hinaus besteht kein Bedarf, eine vereinbarte Gütertrennung zu Gunsten eines Zugewinnausgleichs zurückzudrängen. Vielmehr würde eine solche generelle Ausdehnung des Kernbereichs der

---

23 BGH Urteil vom 21.11.2012 – XII ZR 48/11 – FamRZ 2013, 269 ff., RZ 25; ebenso Kanzleiter, a.a.O., 999, 1000; Hoppenz, FamRZ 2011, 1697, 1699.

24 ACP, a.a.O., 589.

25 BGHZ 116, 867; BGH Urteil vom 25.04.1997 – XII ZR 20/95 – FamRZ 1997, 933.

26 BGHZ 84, 361 ff.; 115, 261; 127, 48.

27 BGHZ 142, 137, 143 ff.

Scheidungsfolgen auf das Güterrecht die Grenze des zulässigen Eingriffs in die Privatautonomie der Ehegatten überschreiten.[28] Bemerkenswert ist im Übrigen, dass auch die Autoren, die einen solchen neuen Weg propagieren, ihn nicht über die Wirksamkeitskontrolle des § 138 BGB, sondern allenfalls über die Ausübungskontrolle des § 242 BGB gehen wollen.[29]

Aber auch im Rahmen einer solchen Ausübungskontrolle würde der Umstand, dass ein Ehegatte ehebedingt Nachteile beim Aufbau einer eigenständigen Altersversorgung erlitten hat, selbst in den Fällen der sogenannten Funktionsäquivalenz von Zugewinn und Versorgungsausgleich den anderen Ehegatten nach Treu und Glauben grundsätzlich nicht hindern, sich auf die wirksam vereinbarte Gütertrennung zu berufen.[30] Denn ehebedingte Versorgungsnachteile sind grundsätzlich nicht über einen modifizierten Zugewinnausgleich, sondern systemgerecht über den Versorgungsausgleich auszugleichen (s.o.).

Zwar hat der Senat angedeutet, dass es dort, wo ein Versorgungsausleich zu Lasten des Verpflichteten mangels Aufbau von Versorgungsanrechten nicht möglich ist, sondern ein Fall der sog. Funktionsäquivalenz von Zugewinn und Versorgungausgleich vorliegt, besondere Sachverhaltskonstellationen geben könnte, in denen ein „Hinübergreifen" auf das andere vermögensrechtliche Ausgleichssystem im Rahmen der Ausübungskontrolle in Betracht gezogen werden kann. Er hat dies aber nur für besondere Ausnahmefälle erwogen.[31] Denn es ist im Rahmen der Billigkeitsabwägung zu bedenken, dass das Interesse eines Ehegatten an der Erhaltung eines Unternehmens durch Vermeidung hoher Vermögensabflüsse infolge eines Zugewinns berechtigt und oft beiderseitige Vertragsgrundlage war. Im Übrigen würde ein Nachteilsausgleich nach dem Gedanken der Funktionsäquivalenz nur soweit reichen, dass der Ehefrau wertmäßig dasjenige ersetzt wird, was sie ohne die Ehe bei Weiterführung ihres Berufs an Versorgungsanrechten erzielt hätte, keinesfalls aber würde sie einen vollen Zugewinnausgleich erhalten. Denn die Ausübungskontrolle führt – wie bereits erwähnt – nur zu einer Anpassung in Form der Behebung ehebedingter Nachteile.

---

28 BGH Urteile vom 21.11.2012, a.a.O., RZ 25; vom 28.03.2007 – XII ZR 130/04 – FamRZ 2007, 1310, 1311.

29 vgl. Dauner/Lieb, ACP, a.a.O., 605, ebenso wohl Brudermüller, a.a.O.

30 BGH Urteil vom 21.11.2012, a.a.O., RZ 35,36.

31 Urteil v.26.6.2013 XII ZR 133/11- FamRZ 2013,1366 Rn.110; Beschluss v.8.10.2014-XII ZB 318/11- FamRZ 2014,1978.

f) Problem des § 1586b BGB (mangelnde Absicherung der Ehefrau im Falle des Todes des Ehemannes nach Scheidung?)

aa) Rechtslage

Das Gesetz sieht für die Absicherung von Ehegatten und geschiedenen Ehegatten nach Tod des anderen folgende unterhalts- und erbrechtliche Regelungen vor:

(1) Unterhaltsrecht

- Besteht die Ehe bei Tod des unterhaltsverpflichteten Ehegatten, so erlischt der Unterhaltsanspruch des unterhaltsberechtigten Ehegatten (mit Ausnahme evtl. bereits aufgelaufener rückständiger Unterhaltansprüche (§ 1615 Abs. 1 BGB). Der Ehegatte hat aber ein Erb-, notfalls Pflichtteilsrecht (gegebenenfalls erhöht gemäß § 1371 Abs. 1 BGB).
- Ist die Ehe rechtskräftig geschieden, erlischt der Unterhaltsanspruch nicht, sondern geht als Nachlassverbindlichkeit auf die Erben über (§ 1586b BGB). Sie haften jedoch lediglich bis zur Höhe des fiktiven Pflichtteils, der dem berechtigten Ehegatten bei Fortbestehen der Ehe zugestanden hätte. Nach der Begründung des Gesetzgebers sollte dieser atypische Unterhaltsanspruch gegen die Erben gleichsam als Ersatz für die infolge der Scheidung verlorene Teilhabe am Nachlass wirken.[32] Dahinter stand der Gedanke des Schutzes für den nach der Scheidung sozial schwächeren Ehegatten. Die Vorschrift des § 1586b BGB, die diesen Übergang des jeweiligen Unterhaltsanspruchs auf die Erben absichert, ist damit von ebenso großer Bedeutung für den Unterhaltsberechtigten wie der Unterhaltsanspruch selbst und teilt daher den jeweiligen Rang, den dieser Unterhaltsanspruch in der Rangfolge der schützenswerten Ansprüche einnimmt. Er gleicht sich also sowohl dem Anspruch nach § 1570 BGB als auch Ansprüchen wegen Alters oder Krankheit an, die – da sie sich unmittelbar zum Zeitpunkt der Scheidung oder der anderen dort vorausgesetzten Anknüpfungszeitpunkte ergeben – wegen Schutzbedürftigkeit des Ehegatten ebenfalls zum engeren Umfang der schützenswerten Ansprüche zählen.

---

32 BT-Drucks. 7/650, 151; vgl. auch BT-Drucks. 7/4261, 52.

(2) Erbrecht

- Besteht die Ehe bei Tod des unterhaltspflichtigen Ehegatten, ist der Ehegatte zu bestimmten, gegebenenfalls erhöhten (vgl. § 1371 Abs. 1 BGB) Anteilen gesetzlicher Erbe (§ 1931 BGB) oder pflichtteilsberechtigt (§ 2303 Abs. 2 BGB).
- Ist die Ehe rechtskräftig geschieden, besteht kein gesetzliches Erb- oder Pflichtteilsrecht.
- Das gesetzliche Erbrecht ist außerdem ausgeschlossen, wenn zum Zeitpunkt des Todes des Erblassers die Voraussetzungen für die Scheidung gegeben waren und der Erblasser sie beantragt oder ihr zugestimmt hatte (dito bei Eheaufhebung, § 1933 Satz 1 und 2 BGB). Der Verlust des Erbrechts ist verfassungsgemäß.[33] In diesen Fällen ist der Ehegatte aber nach Maßgabe der §§ 1569-1586 b BGB unterhaltsberechtigt, § 1933 Satz 3 BGB. Er wird also hinsichtlich seiner Unterhaltsberechtigung dem rechtskräftig geschiedenen Ehegatten gleichgestellt, obwohl die Scheidung infolge des dazwischentretenden Todes des unterhaltspflichtigen Ehegatten nicht mehr erfolgt. Er soll dadurch nicht schlechter gestellt werden, als ein rechtskräftig geschiedener Ehegatte, soll aber andererseits kein Erb- oder Pflichtteilsrecht mehr haben, da er dieses, wäre die Scheidung noch vor dem Tod des Erblassers erfolgt, ohnehin verloren hätte.
- Eine durch letztwillige Verfügung zugedachte Erbenstellung des Ehegatten wird ebenfalls unwirksam, wenn die Ehe vor dem Tod des Erblassers aufgelöst wurde oder wenn zum Zeitpunkt des Todes des Erblassers die Voraussetzungen der Scheidung gegeben waren und der Erblasser die Scheidung beantragt oder ihr zugestimmt hatte (§ 2077 Abs. 1 BGB). Sie bleibt wirksam, wenn anzunehmen ist, dass der Erblasser sie auch für einen solchen Fall getroffen hätte (§ 2077 Abs. 3 BGB). Entsprechendes gilt für Zuwendungen aufgrund eines Erbvertrages (§ 2279 Abs. 1 BGB).
- Verzichtet der Ehegatte durch Vertrag auf sein Erbrecht, ist er von der gesetzlichen Erbfolge ausgeschlossen und verliert auch sein Pflichtteilsrecht (§ 2346 Abs. 1 BGB). Der Verzicht kann auf den Pflichtteil beschränkt werden (§ 2346 Abs. 2 BGB).

---

33 BVerfG FamRZ 1995, 536.

bb) Auswirkung des Erb- und Pflichtteilsverzichts auf den Unterhaltsanspruch (§ 1586 b BGB)

Oft wird im Ehevertrag wechselseitig auf Erb- und Pflichtteilsrechte verzichtet.

Damit stellt sich die Frage, ob bereits der Erb- und Pflichtteilsverzicht den Übergang eines nachehelichen Unterhaltsanspruchs auf die Erben gemäß § 1586 b BGB verhindert. Das wurde hauptsächlich von Diekmann[34] vertreten, dem die überwiegende Literatur zunächst gefolgt war[35], der beim bloßen Pflichtteilsverzicht eine zusätzliche Klarstellung fordert, wenn sich der Verzicht auf den nachehelichen Unterhaltsanspruch gegen die Erben auswirken soll („Verdrängungstestament“).

Nach dieser sogenannten Einheitslösung soll sich der nacheheliche Unterhaltsanspruch des Berechtigten nicht gegen die Erben des unterhaltspflichtigen geschiedenen Ehegatten fortsetzen, wenn der Unterhaltsberechtigte vorbehaltlos auf sein gesetzliches Erbrecht oder den Pflichtteil verzichtet habe. Denn diese ließen einen Unterhaltsanspruch gemäß § 1933 S. 3 BGB nicht entstehen, wenn der Ehegatte anlässlich eines Scheidungsverfahrens sein Ehegattenerbrecht einbüße. Grund hierfür sei, dass der nacheheliche Unterhalt zwar nicht mit dem Tod des Verpflichteten erlösche, sondern als Nachlassverbindlichkeit auf den Erben übergehe. Der Höhe nach sei dieser Anspruch aber auf einen fiktiven Ehegattenpflichtteil begrenzt. Das Gesetz gewähre diesen atypischen Unterhaltsanspruch gegen den Erben „gleichsam als Ersatz“ für die anlässlich der Scheidung eingebüßte Nachlassteilhabe, die ihrerseits den überlebenden, nicht geschiedenen Ehegatten für verlorenen Unterhalt entschädige. Ein solcher Ersatz stünde aber demjenigen nicht zu, der ohne die Ehescheidung ohnehin aufgrund seines Verzichts auf den Erb- oder Pflichtteil eine Nachlassteilhabe nicht zu erwarten hätte.[36] Würde trotz Erb- oder Pflichtteilsverzicht der Unterhaltsanspruch des geschiedenen Ehegatten gemäß § 1586 b BGB fortbestehen, stünde er besser als der nicht geschiedene Ehegatte, dem weder ein Erbteil noch ein Unterhaltsanspruch verbliebe

---

34 NJW 1980, 2777; ders. FamRZ 1992, 633; ders. 1999, 1029.

35 vgl. die älteren Nachweise bei Diekmann, FamRZ 1992, 633 Fn 6; zum neueren Meinungsstand vgl. MünchKomm/Maurer, BGB, 5. Aufl., § 1586b, RZ 2; Palandt/Weidlich, BGB, 73. Aufl., § 1933, RZ 10; Wendl/Bömelburg, Unterhaltsrecht in familienrichterlicher Praxis, 8. Aufl., § 4, RZ 125; differenzierend: Rolland, 1. EheRG, 2. Aufl. 1982, § 1586b, RZ 14a.

36 Diekmann, a.a.O.

(§ 1615 Abs. 1 BGB). Es sei wenig nachvollziehbar, dass ein Pflichtteilsrecht, auf das der geschiedene Ehegatte vor der Scheidung verzichtet habe, über § 1586 b BGB, der den geschiedenen Ehegatten so behandele, als habe er sein Pflichtteilsrecht behalten, wieder aufleben solle.[37]

Nach einer im Vordringen begriffenen Gegenmeinung soll dagegen der Erb-/Pflichtteilsverzicht nicht automatisch („Fernwirkung") zum Wegfall auch des Unterhaltsanspruchs gegen die Erben nach § 1586b BGB führen.[38]

Zweck eines Erb- und/oder Pflichtteilsverzichts sei nämlich nicht die Begrenzung des Unterhalts auf die Lebenszeit des Unterhaltspflichtigen, sondern die Gewährleistung der vollen erbrechtlichen Verfügungsfreiheit der Ehegatten bereits zur Zeit ihres Getrenntlebens. Denn § 1933 S. 1 und 2 BGB schließen das Ehegattenerbrecht und das Pflichtteilsrecht nur dann aus, wenn zur Zeit des Todes des anderen Ehegatten die Scheidungsvoraussetzungen vorlagen und der Erblasser die Scheidung auch bereits beantragt oder ihr zugestimmt hatte. Gegen das Argument, es widerspreche dem Gesetzeszweck, den noch nicht geschiedenen Ehegatten schlechter zu stellen als den geschiedenen, spreche die Regelung des § 1933 S. 3 BGB. Um auch den Übergang des Unterhaltsanspruchs auf den Erben gemäß § 1586 b BGB entfallen zu lassen, bedürfe es vielmehr einer gesonderten ausdrücklichen Vereinbarung.

Dieser zweiten Ansicht ist der Vorzug zu geben.

Ein Automatismus dergestalt, dass auch die gemäß § 1586 b BGB von Gesetzes wegen an sich auf den Erben übergehende nacheheliche Unterhaltspflicht entfällt, wenn die Ehegatten zu Lebzeiten einen Erb- und/oder Pflichtteilsverzicht vereinbart haben, ist im Gesetz weder ausdrücklich vorgesehen noch aus dem Kontext zwingend zu folgern, da erbrechtliche und unterhaltsrechtliche Ansprüche verschiedener Rechtsnatur sind und unterschiedlichen Voraussetzungen unterliegen. Auch dass der Gesetzgeber bei Schaffung des § 1586 b BGB dessen Rechtfertigung darin sah,

---

37 Wendl/Bömelburg, a.a.O., RZ 125.

38 Grziwotz, FamRZ 1991, 1258; Pentz, FamRZ 1998, 1344 und 1999, 489; Schmitz, FamRZ 1999, 1569; Klingelhöffer, ZEV 1999, 13; Bergschneider, FamRZ 2003, 1049, 1056; Keim, FPR 2006, 145, 146; Johannsen/Henrich/Büttner, Familienrecht 5. Aufl., § 1586b, RZ 9 u. 11; Schwab/Borth, Handbuch des Scheidungsrechts, 7. Aufl., IV, RZ 1501; Schnitzler in: BGB-FamR, Band IV, 2. Aufl., § 1586b, RZ 10; nunmehr auch Palandt/Brudermüller, BGB, 73. Aufl., RZ 8 m.w.N.; Münch, Ehebezogene Rechtsgeschäfte, 3. Aufl., RZ 872 ff.; Hahne, Festschrift Brudermüller 2013, S. 271.

dass er als Ersatz für die in Folge der Scheidung verlorenen Erb- und Pflichtteilsrechte dienen und den Schutz des sozial schwächeren Ehegatten garantieren solle, ist kein zwingender Grund.[39] Vielmehr ist davon auszugehen, dass der Gesetzgeber – hätte er einen solchen gleichzeitigen automatischen Wegfall des § 1586 b BGB bei vereinbartem Erb-/Pflichtteilsverzicht gewollt – dies ausdrücklich normiert hätte, so wie er etwa in vergleichbarer Weise bei der früheren Regelung des § 1414 S. 2 BGB a.F. ausdrücklich geregelt hatte, dass eine Gütertrennung nicht nur Kraft spezieller Vereinbarung nach § 1414 S. 1 BGB, sondern auch dann eintritt, wenn u. a. der Versorgungsausgleich ausgeschlossen wird. Nach der Neuregelung des § 1414 S. 2 BGB hat er ebenfalls ausdrücklich festgelegt, dass Gütertrennung auch dann eintritt, wenn der Ausgleich des Zugewinns ausgeschlossen oder die Gütergemeinschaft aufgehoben wird.

Auch nach der Interessenlage der Parteien bedeutet ein Erb-/Pflichtteilsverzicht nicht automatisch einen Verzicht auf Unterhaltsansprüche nach dem Tod des Erblassers. Es liegt in der Regel näher, dass die Ehegatten durch den Erb-/Pflichtteilsverzicht eine Zerschlagung des Vermögens im Ganzen verhindern wollen. Denn diese könnte eintreten, wenn der gesamte Erb- oder Pflichtteil auf einmal ausgezahlt werden müsste, was in der Regel die Liquidierung von angelegtem Kapital oder Immobilien erfordert und insbesondere bei gebundenem Betriebsvermögen ein Unternehmen in ernsthafte Schwierigkeiten bringen kann. Demgegenüber stellt eine Unterhaltsabsicherung des überlebenden geschiedenen Ehegatten durch die Zahlung einer laufenden Monatsrente und begrenzt bis zur Höhe des Pflichtteils eine tragbarere Belastung für die Erben und eine das Vermögen schonendere Lösung dar. Erb- und Pflichtteilsverzichte werden auch häufig bereits vor Eheschluss in einem Ehevertrag vereinbart, um rechtzeitig Vorkehrungen dagegen zu treffen, dass bei einer krisenhaften Eheentwicklung, die aber noch nicht zur Stellung eines Scheidungsantrags durch den Erblasser geführt hat, mangels Vorliegens der Voraussetzungen des § 1933 S. 1 und 2 BGB zum Zeitpunkt seines plötzlichen Todes der andere Ehegatte doch erb-/pflichtteilsberechtigt bleibt. Schließlich dient der Erb-/Pflichtteilsverzichts auch dazu, Streit über die Auslegungsregel des § 2077 Abs. 3 BGB zu vermeiden, nach der die Rechtsfolge des § 2077 Abs. 1 S. 1 und 2 BGB (Unwirksamkeit des Testaments im Scheidungsfalle bzw. im Falle der Beantragung einer Scheidung) nicht eintritt,

39 BT-Drucks. 7/650 S. 151.

wenn anzunehmen ist, dass der Erblasser die letztwillige Verfügung, mit der er seinen Ehegatten bedacht hatte, auch für einen solchen Fall getroffen haben würde.

Aus diesen Gründen ist eine differenzierende Sicht der Interessenlage der Parteien angemessener als das „Alles-oder-Nichts-Prinzip" Diekmanns, das nur die Erben schont und das gesetzgeberische Anliegen auf Schutz des sozial schwächeren geschiedenen überlebenden Ehegatten negiert, somit dem Gesetz sogar zuwiderläuft. Daher muss sich – wenn die Parteien im Einzelfall neben dem Erb-/Pflichtteilsverzicht tatsächlich auch die Rechtsfolge des § 1586 b BGB und damit einen Unterhaltsanspruch für den geschiedenen Ehegatten entfallen lassen wollen – dieser Wille eindeutig aus der Vereinbarung ergeben.

3. Erb- und Pflichtteilsverzicht

Eheverträge enthalten häufig auch einen Erb- und Pflichtteilsverzicht. Das sind Regelungen, die nicht zum (Kern-)Bereich der eigentlichen Scheidungsfolgen gehören und eigenen Regeln folgen.

a) Allerdings wird in der Literatur und Rechtsprechung in jüngster Zeit kontrovers diskutiert, ob und inwieweit solche erbrechtliche Regelungen in die Inhaltskontrolle eines Ehevertrages einzubeziehen sind, wenn sie in ihm enthalten sind. Dabei geht es hauptsächlich um den Pflichtteilsverzicht, da er – im Gegensatz zum Erbverzicht – die Erbfolge selbst unberührt lässt. Für den Erbverzicht hat der Bundesgerichtshof bereits enschieden, dass weder eine Aufhebung des Verzichts entsprechend §§ 2351, 2347 Abs. 2 S. 1 BGB noch eine Rückabwicklung nach § 242 BGB wegen Wegfalls der Geschäftsgrundlage möglich sei, wenn der Erbfall bereits eingetreten ist. Denn dies würde der Rechtssicherheit entgegenstehen, die erfordert, dass die Erbfolge mit Tod des Erblassers feststehen muss.[40] Gleiches gelte für den Einwand der Zweckverfehlung gemäß § 812 BGB.

Während ein Teil der Stimmen eine Inhaltskontrolle entsprechend der Ehevertragskontrolle bejaht[41], gehen andere von einer freien Disponibilität

40 BGH Urteil vom 07.12.1977 – IV ZR 20/76 – FamRZ 1978, 237; Urteil vom 04.11.1998 – IV ZR 327/97 – FamRZ 1999, 375, 376.

41 LG Ravensburg, ZEV 2008, 578; Palandt/Brudermüller, a.a.O., § 1408, RZ 8; Bergschneider, FamRZ 2006, 1039 – jedoch beschränkt auf Globalverzichte im

des Pflichtteilsverzichts aus und verneinen seine „Infektion“ durch ggf. unwirksame ehevertragliche Regelungen.[42] Hierfür wird angeführt, dass Erb- und Pflichtteilsrechte nicht zum Kernbereich der Scheidungsfolgen gehören, sie außerdem gesonderte Zielrichtungen haben, da die Scheidungsfolgenregelungen allein auf den Scheidungsfall abzielen, während erbrechtliche Regelungen nur im Fall der Beendigung der Ehe durch Tod zur Wirkung gelangen, und schließlich der Pflichtteil keine Unterhaltsersatzfunktion, sondern Teilhabefunktion am Familienvermögen hat[43], also nicht in gleicher Weise schützenswert ist wie das Unterhaltsrecht. Allenfalls dann, wenn man der Meinung folge, der Pflichtteilsverzicht ließe automatisch den nachehelichen Unterhaltsanspruch gegen die Erben gemäß § 1586 b BGB entfallen (abzulehnen, siehe die Erläuterungen oben), könne diese Verknüpfung auch den Pflichtteilsverzicht „infizieren“, was aber durch eine salvatorische Klausel verhindert und die Unwirksamkeit auf die Unterhaltsregelung beschränkt werden könne.

b) Letztlich kann dieser Streit auf sich beruhen.

Wird nämlich die Ehe geschieden, entfallen Erb- und Pflichtteilsrecht von Gesetzes wegen. Anders als bei den gesetzlichen Scheidungsfolgen der §§ 1569 ff. BGB hat der Verzichtende keine gesicherte Rechtsposition, nicht einmal eine Anwartschaft auf Erb- und Pflichtteilsrechte.[44] Der Verzicht auf Rechte, die einem Ehegatten im Fall der Scheidung nicht zustehen, kann – auch im Rahmen der Gesamtwürdigung eines Ehevertrages – nicht sittenwidrig sein. Wenn überhaupt, wäre der Erb- und Pflichtteilsverzicht einer isolierten Prüfung nach § 138 BGB zu unterwerfen.[45] Im Übrigen würde nach der oben zu § 1586 b vertretenen Meinung der Unterhalt trotz Erb - bzw. Pflichtteilsverzicht erhalten bleiben.

Rahmen der Gesamt-würdigung; Brambring, NJW 2007, 865 ff.; Wachter, ZFE 2004, 132 ff., 143; ders. ZErb 2004, 238, 245, aber beschränkt auf solche Einzelfälle, in denen der Pflichtteil Unterhaltsfunktion hat; ebenso Dutta ACP 209 [2009] S. 761 ff., 805.

42 OLG Koblenz, FamRZ 2004, 805 ff.; Münch, ZEV 2008, 571 ff., 576; ders. in: Ehebezogene Rechts-geschäfte, 3. Aufl., RZ 870 ff., j.m.w.N.; Bengel, ZEV 2006, 192 ff.

43 vgl. BVerfG vom 19.04.2005 – ZEV 2005, 301, 304.

44 Bengel, a.a.O., S. 194 m.w.N.

45 vgl. Bengel, a.a.O., S. 196.

4. Prüfungsmaßstäbe

a) Wirksamkeitskontrolle gemäß § 138 BGB

Ob aufgrund einer vom gesetzlichen Scheidungsfolgenrecht abweichenden Vereinbarung eine evident einseitige Lastenverteilung entsteht, die hinzunehmen für den belasteten Ehegatten unzumutbar erscheint, hat der Tatrichter zu prüfen. Er hat dabei zunächst – im Rahmen einer Wirksamkeitskontrolle – zu prüfen, ob die Vereinbarung bereits im Zeitpunkt ihres Zustandekommens offenkundig zu einer derart einseitigen Lastenverteilung für den Scheidungsfall führt, dass ihr – und zwar losgelöst von der zukünftigen Entwicklung der Ehegatten und ihrer Lebensverhältnisse – wegen Verstoßes gegen die guten Sitten die Anerkennung der Rechtsordnung ganz oder teilweise mit der Folge zu versagen ist, dass an ihre Stelle die gesetzlichen Regelungen treten. Erforderlich ist dabei eine Gesamtwürdigung, die auf die individuellen Verhältnisse bei Vertragsschluss abstellt, insbesondere also auf die Einkommens- und Vermögensverhältnisse, den geplanten oder bereits verwirklichten Zuschnitt der Ehe sowie auf die Auswirkungen auf die Ehegatten und die Kinder. Subjektiv sind die von den Ehegatten mit der Abrede verfolgten Zwecke sowie die sonstigen Beweggründe zu berücksichtigen, die den begünstigten Ehegatten zu seinem Verlangen nach der ehevertraglichen Gestaltung veranlasst und den benachteiligten Ehegatten bewogen haben, diesem Verlangen zu entsprechen. Das Verdikt der Sittenwidrigkeit wird dabei regelmäßig nur in Betracht kommen, wenn durch den Vertrag Regelungen aus dem Kernbereich des gesetzlichen Scheidungsfolgenrechts ganz oder jedenfalls zu erheblichen Teilen abbedungen werden, ohne dass dieser Nachteil für den anderen Ehegatten durch anderweitige Vorteile gemildert oder durch die besonderen Verhältnisse der Ehegatten, den von ihnen angestrebten oder gelebten Ehetyp oder durch sonstige wichtige Belange des begünstigten Ehegatten gerechtfertigt wird. Eine Sittenwidrigkeit ergibt sich danach nur, wenn das Vereinbarte auch nicht annähernd geeignet ist, ehebedingte Nachteile auszugleichen.[46] Das ist nicht schon dann der Fall, wenn etwa der eheangemessene Unterhalt (§ 1578 BGB) bei der vertraglichen Festlegung von Unterhaltsbeträgen nicht erreicht wird, sondern erst dann, wenn – mangels Vereinbarung einer Wertsicherungsklausel – im Einzelfall ab-

46 Palandt/Brudermüller, BGB, 73. Auflage, § 1408, RZ 9.

sehbar ist, dass die vertraglich vorgesehene Unterhaltshöhe künftig nicht ausreichen werde, das Existenzminimum des bedürftigen Ehegatten zu decken.[47]

Allein aus der Unausgewogenheit des Vertrags und einer unzureichenden Absicherung des sozial schwächeren Ehegatten ergibt sich eine Sittenwidrigkeit indes noch nicht. Denn der Tatbestand des § 138 BGB enthält auch eine subjektive Komponente. Dabei ist zu prüfen, ob der Vertrag eine auf ungleichen Verhandlungspositionen beruhende einseitige Dominanz eines Ehegatten widerspiegelt.[48] In solchen Fällen gestörter Vertragsparität ist dem Ehevertrag die Wirksamkeit zu versagen.[49]

Allerdings hat derjenige, der sich auf § 138 BGB beruft, grundsätzlich die hierfür notwendigen Voraussetzungen, zu denen nicht nur die objektiven, sondern auch die subjektiven Umstände gehören, darzulegen und zu beweisen.[50] Ausnahmen hiervon hat die Rechtsprechung nur in Fällen von allgemeinen zivilrechtlichen Verträgen zugelassen, die auf den Austausch von Gütern und Leistungen gerichtet waren (z.B. Leasing- und Ratenkreditverträge) und in denen bereits ein grobes Missverhältnis zwischen Leistung und Gegenleistung zwingend zu der Annahme führte, dass der dadurch begünstigte Vertragspartner eine überlegene Verhandlungsposition bewusst oder grob fahrlässig zum Nachteil des anderen ausgenutzt hatte (Beispiel: Vollkaufmännischer Leasinggeber gegenüber einem privaten Endverbraucher als Leasingnehmer). Nach ständiger Rechtsprechung des XII. Zivilsenats des Bundesgerichtshofs können diese Grundsätze aber auf die anders strukturierten familienrechtlichen Vereinbarungen nicht übertragen werden.[51] Daher kann ein Vortrag zu den subjektiven Umständen nicht schon deshalb für verzichtbar gehalten werden, weil bereits die objektiven Umstände einen Rückschluss auf die subjektive Einstellung zuließen. Vielmehr kann bei Vorliegen der objektiven Umstände der Sittenwidrigkeit nur dann auf eine verwerfliche Gesinnung des einen Vertragspartners geschlossen werden, wenn diesem aufgrund außerhalb des konkreten Vertragsinhalts vorliegender Umstände eine überlegene Verhand-

---

47 BGH Urteil vom 05.07.2006 – XII ZR 25/04 – FamRZ 2006, 1359, 1362.

48 BVerfGE FamRZ 2001, 343, 347; BGHZ 170, 77, 83 = FamRZ 2007, 450.

49 BGH Urteil vom 05.11.2008 – XII ZR 157/06 – FamRZ 2009, 198, 201, RZ 31.

50 BGHZ 128, 255, 267 f.

51 BGH Urteile vom 24.04.1985 – IVb ZR 22/84 – FamRZ 1985, 788, 789; vom 09.07.1992 – XII ZR 57/91 – FamRZ 1992, 1403, 1404; vom 05.11.2008 – XII ZR 157/06 – FamRZ 2009,198, 201; vom 31.10.2012 – XII ZR 129/10 – FamRZ 2013, 195 ff., RZ 24.

lungsposition zukommt.[52] Davon kann im Verhältnis zwischen Ehegatten zueinander indes nicht ohne weiteres ausgegangen werden. Selbst eine Schwangerschaft bei Abschluss des Ehevertrages vor der Heirat ist lediglich ein Indiz für eine vertragliche Disparität, die zwar Anlass gibt, den Vertrag einer verstärkten richterlichen Kontrolle zu unterziehen, aber nicht zwangsläufig zur Sittenwidrigkeit führt.[53] Daher kann für die Beurteilung, ob auch die subjektiven Elemente der Sittenwidrigkeit (verwerfliche Gesinnung, Ausnutzung der schwächeren Lage des anderen) vorliegen, auf konkreten Vortrag desjenigen, der sich auf § 138 BGB beruft, und gegebenenfalls auf entsprechende gerichtliche Feststellungen nicht verzichtet werden.[54] Es ist festzustellen, ob und unter welchen näheren Umständen der Vertrag zu Stande gekommen ist und ob hierbei eine Zwangslage oder die Unerfahrenheit eines Ehegatten vom anderen bewusst oder zumindest grob fahrlässig zu dessen Nachteil ausgenutzt wurde.

Der Maßstab der Anforderungen an die subjektive Seite ist ebenso hoch wie der an die objektive Seite des § 138 BGB. Denn zu der „evident einseitigen Lastenverteilung" (objektive Seite) muss hinzutreten, dass sich der benachteiligte Ehegatte bei Vertragsschluss in einer deutlich schwächeren Verhandlungsposition befunden haben muss, die der andere Ehegatte zu seinem Vorteil ausgenutzt hat (subjektive Seite). Nur in solchen extremen Ausnahmefällen, in denen sich der benachteiligte Ehegatte quasi dem Diktat des anderen beugt, hat der Bundesgerichtshof bisher eine Sittenwidrigkeit angenommen. So hat er etwa die subjektive Seite des § 138 BGB in einem Fall als erfüllt angesehen, in dem die Ehefrau in dem zwei Monate vor der Geburt des Kindes und einen Tag vor der Heirat geschlossenen Ehevertrag auf den Versorgungsausgleich, Zugewinnausgleich und auf nachehelichen Unterhalt mit Ausnahme der Zeit einer erforderlichen ganztägigen Kindesbetreuung verzichtet hatte. Wegen der Zweifel an seiner Vaterschaft musste sie sich auf Verlangen des Ehemannes außerdem vertraglich verpflichten, an Untersuchungen zur Feststellung seiner Vaterschaft zu dem noch ungeborenen Kind mitzuwirken. Der Ehemann hatte die Eheschließung vom Abschluss eines Ehevertrages abhängig gemacht,

52 BGH Urteil vom 31.10.2012 – XII ZR 129/10 – FamRZ 2013, 195, RZ 24; vom 21.11.2012 – XII ZR 48/11 - FamRZ 2013, 269, RZ 27.

53 vgl. BGH Urteile vom 25.05.2005 – XII ZR 296/01 – FamRZ 2005, 1444, 1447; vom 05.07.2006 – XII ZR 25/04 – FamRZ 2006, 1359, 1361; vom 05.11.2008 – XII ZR 157/06 – FamRZ 2009, 198, 202 RZ 33.

54 BGH Urteil vom 05.11.2008, a.a.O., 202.

dessen Inhalt er – ohne Mitwirkung der Ehefrau – ausgearbeitet und dem Notar vorgegeben hatte. Dieser subjektive Druck auf die Ehefrau war noch verschärft durch ihre ungewisse wirtschaftliche und berufliche Situation, da sie zwar ihre Referendarzeit als Gymnasiallehrerin abgeschlossen, aber keine Lehramtsstelle erhalten hatte und bis zur Geburt nur anderweitig als Exportsachbearbeiterin tätig war. Sie hätte daher ohne den wirtschaftlichen Rückhalt in der Ehe als ungelernte Kraft und ledige Mutter einer ungesicherten wirtschaftlichen Zukunft entgegengesehen.[55] Noch gravierender sind Fälle, in denen der benachteiligte Ehegatte sich in einer wirtschaftlichen und persönlichen Zwangslage befindet, weil er Ausländer ist, keine ausreichenden Sprachkenntnisse und keine Berufsausbildung hat, ohne Heirat weder Aufenthalts- noch Arbeitserlaubnis erhält und somit erkennbar sich nicht selbst unterhalten kann, sondern auf die Heirat angewiesen ist.[56]

b) Teilnichtigkeit und Salvatorische Klausel gemäß § 139 BGB

Ergibt die Wirksamkeitskontrolle, dass einzelne Klauseln eines Ehevertrages schon im Zeitpunkt seines Zustandekommens nach § 138 Abs. 1 BGB nichtig sind, so ist nach § 139 BGB in der Regel der gesamte Ehevertrag nichtig, wenn nicht anzunehmen ist, dass er auch ohne die nichtigen Klauseln geschlossen sein würde, was sich insbesondere aus anderweitigen Parteivereinbarungen, z.B. Salvatorischen Klauseln, ergeben kann. Bei solchen Klauseln kann es im Zweifel auch beim Fortfall einzelner Regelungen bei der Wirksamkeit des Restes verbleiben. Wenn die Klausel die Parteien verpflichtet, an Stelle einer unwirksamen Regelung eine neue, der alten wirtschaftlich am nächsten kommende Regelung zu treffen, stimmt dies mit der gesetzlichen Anpassungsregel nach § 313 Abs. 1 BGB überein und ist unbedenklich.[57] Ergibt dagegen bereits die Gesamtwürdigung eines Ehevertrages, dessen Inhalt für eine Partei ausnahmslos nachteilig ist und dessen Einzelregelungen durch keine berechtigten Belange der anderen Partei gerechtfertigt werden, dessen Sittenwidrigkeit, so erfasst die Nichtigkeitsfolge notwendig den gesamten Vertrag; für eine Teilwirksam-

55 BGH Urteil vom 18.03.2009 – XII ZR 94/06 – FamRZ 2009, 1041, 1042, 1043.

56 BGHZ 170, 77 ff.= FamRZ 2007, 450; Urteil vom 17.05.2006 – XII ZR 250/03 FamRZ 2006, 1097.

57 BGH Urteil vom 25.01.2012 – XII ZR 139/09 – FamRZ 2012, 525, RZ 37.

keit bleibt in einem solchen Fall trotz Salvatorischer Klausel kein Raum. Eine Salvatorische Klausel hat der Bundesgerichtshof in einem Fall für wirkungslos erachtet, in dem eine der deutschen Sprache nicht mächtige brasilianische Ehefrau in einem ersten notariellen Ehevertrag Gütertrennung unter Ausschluss jeglicher sonstiger Ausgleichsansprüche sowie Ausschluss des Versorgungsausgleichs vereinbarte, auf Unterhalt mit Ausnahme des Betreuungsunterhalts nach § 1570 BGB verzichtete und in einem zweiten, kurz danach vereinbarten Ehevertrag, diesen Unterhaltsverzicht auch auf den Anspruch aus § 1570 BGB erstreckte.

c) Ausübungskontrolle gemäß § 242 BGB

Soweit ein Vertrag dem Sittenwidrigkeitsverdikt standhält, erfolgt sodann eine Ausübungskontrolle nach § 242 BGB. Dafür sind nicht die Verhältnisse im Zeitpunkt des Vertragsschlusses maßgebend. Entscheidend ist vielmehr, ob sich nunmehr – im Zeitpunkt des Scheiterns der Lebensgemeinschaft – aus dem vereinbarten Ausschluss der Scheidungsfolge eine evident einseitige Lastenverteilung ergibt, die hinzunehmen für den belasteten Ehegatten auch bei angemessener Berücksichtigung der Belange des anderen Ehegatten und seines Vertrauens in die Geltung der getroffenen Abrede sowie bei verständiger Würdigung des Wesens der Ehe unzumutbar ist. Das kann insbesondere dann der Fall sein, wenn die tatsächliche einvernehmliche Gestaltung der ehelichen Lebensverhältnisse von der ursprünglichen, dem Vertrag zugrunde liegenden Lebensplanung grundlegend abweicht. Hält die Berufung eines Ehegatten auf den vertraglichen Ausschluss der Scheidungsfolge der richterlichen Rechtsausübungskontrolle nicht stand, so führt dies im Rahmen des § 242 BGB noch nicht zur Unwirksamkeit des vertraglich vereinbarten Ausschlusses. Der Richter hat vielmehr diejenige Rechtsfolge anzuordnen, die den berechtigten Belangen beider Parteien in der nunmehr eingetretenen Situation in ausgewogener Weise Rechnung trägt.[58] Scheitert z.B. ein zunächst beabsichtigtes Versorgungskonzept wegen der Geburt und Betreuungsbedürftigkeit ehegemeinsamer Kinder und erleidet die Ehefrau dadurch Verluste in ihrer ge-

58 st. Rspr. seit BGH Urteile vom 11.02.2004 – XII ZR 265/02 – FamRZ 2004, 601, 604 = BGHZ 158, 81 ff.; vom 02.02.2011 – XII ZR 11/09 – FamRZ 2011, 1377; vom 25.01.2012 – XII ZR 139/09 – FamRZ 2012, 525; Beschluss vom 27.02.2013 – XII ZB 90/11 – FamRZ 2013, 770.

planten Altersversorgung, so erfolgt eine Anpassung im Wege der Ausübungskontrolle nicht in Gestalt der vollen Aufteilung der ehezeitlichen Anrechte, sondern nur in Gestalt eines Ausgleichs der ehebedingten Nachteile. Dieser hat sich daran zu orientieren, welche Versorgung die Ehefrau ohne die Ehe durch Fortführung der eigenen Berufstätigkeit hätte erwerben können, was bei einem zumeist vorliegenden Einkommens- und Versorgungsgefälle zwischen den Ehegatten nicht zu einer Halbteilung führen kann.[59]

II. Besonderer Teil:

Einzelne Beispielsfälle

Häufig sind Fälle, in denen die Ehegatten eine Globalregelung über die Scheidungsfolgen treffen, in der – mit oder ohne Gütertrennung – lediglich ein Teilverzicht auf Unterhalt oder Versorgungsausgleich vereinbart oder der Verzicht unter einem bestimmten Bedingungseintritt gestellt wird oder Ausgleichszahlungen geleistet werden. Auch hier ist eine sorgfältige Gesamtwürdigung der einzelnen Regelungen vorzunehmen. Im Einzelnen:

In einem Fall, in dem die Ehegatten 1986 – ca. 10 Jahre nach der Heirat und nach der Geburt zweier Kinder – einen Ehevertrag über Gütertrennung und den Ausschluss des Versorgungsausgleichs schlossen und der Ehefrau ein Unterhalt (auf damaliger Basis von DM 300,--) zugebilligt wurde, sie ferner DM 50.000,-- als freiwillige Entschädigung für Haushaltstätigkeiten und Kindererziehung erhalten sollte, die Ehefrau sich aber zugleich zur Übertragung ihres hälftigen Hausanteils auf den Ehemann verpflichtete, hat der XII. Zivilsenat des Bundesgerichtshofs das Urteil des Oberlandesgerichts, das der Ehefrau den geltend gemachten Versorgungsausgleich versagte, aufgehoben und zurückverwiesen. Maßgebend dafür waren bereits Defizite in der ersten Stufe, nämlich bei der Wirksamkeitskontrolle des Vertrages nach § 138 BGB. Es fehlte an einer umfassenden Gesamtwürdigung über die Umstände und Beweggründe der Ehegatten zum Zeitpunkt des Vertragsschlusses, über ihre Lebensplanung, die wirtschaftliche und berufliche Situation der Ehefrau, Art und Umfang der von beiden Ehegatten vor und in der Ehe erworbenen Anrechte über eine von

---

59 BGH Beschluss vom 27.02.2013, a.a.O., RZ 23-26.

der Ehefrau vor und während der Ehe gegebenenfalls bereits ausgeübte Erwerbstätigkeit und über die Möglichkeit der Ehefrau, noch künftig ihre Altersversorgung durch versicherungspflichtige Tätigkeit auszubauen. Bezüglich der zugesagten Entschädigung von DM 50.000,-- wäre zu klären gewesen, ob dieser als Gegenleistung für die Übertragung ihres hälftigen Miteigentums am gemeinsamen Haus anzusehen ist oder als teilweiser Ausgleich für ihren ehebedingten Verzicht auf die Begründung eigener Versorgungsanrechte. Soweit sich danach der Versorgungsausgleichsausschluss noch nicht als für die Ehefrau einseitig und evident belastend und damit als sittenwidrig erweist, muss in der zweiten Stufe im Wege einer auf den jetzigen Zeitpunkt bezogenen Ausübungskontrolle nach § 242 BGB geprüft werden, ob der andere Ehegatte seine Rechtsmacht treuwidrig missbraucht, wenn er sich auf den vertraglichen Versorgungsausgleichsverzicht beruft.[60]

In einem weiteren Fall hatten die zum Zeitpunkt der Heirat schon 44 bzw. 46 Jahre alten, schon einmal anderweitig verheirateten Parteien wenige Tage vor der Heirat Gütertrennung und Unterhalts- und Versorgungsausgleichsverzicht vereinbart. Der Ehemann verpflichtete sich für den Fall der Scheidung zur Zahlung einer Unterhaltsabfindung von DM 10.000,-- für jedes Ehejahr, maximal DM 80.000,--, ferner zur Entrichtung von Beiträgen zur gesetzlichen Rentenversicherung auf der Basis eines monatlichen Bruttoentgelts von DM 2.000,-- ab Rechtskraft der Scheidung bis zum 60. Lebensjahr der Ehefrau. Die Ehefrau war zunächst Rechtsanwaltsgehilfin, hatte mit ihrem ersten Mann ein Modegeschäft geführt, bevor sie in der Zahnarztpraxis ihres zweiten Ehemannes Büroarbeiten übernahm, für die sie auch während der Ehe überdurchschnittlich gut entlohnt wurde.

Das Verlangen der Ehefrau auf Durchführung des Versorgungsausgleichs, hilfsweise Feststellung der Sittenwidrigkeit des Ehevertrages haben beide Vorinstanzen zurückgewiesen. Der XII. Zivilsenat des Bundesgerichtshofs hat dies bestätigt. Für eine Sittenwidrigkeit des Ehevertrages fehlt es an einer evidenten und einseitigen Belastung der Ehefrau zum Zeitpunkt des Vertragsschlusses. Der Verzicht auf Unterhalt nach § 1570 BGB war ohnehin nicht relevant, da schon aufgrund des Alters der Ehegatten bei Heirat keine Kinder mehr zu erwarten waren. Für den Altersunterhalt war zum Zeitpunkt des Vertragsschlusses noch nicht absehbar, ob

60 BGH Urteil vom 06.10.2004 – XII ZR 110/99 – FamRZ 2005, 26.

und unter welchen wirtschaftlichen Gegebenheiten die Ehefrau später bedürftig werden könnte, da sie zum einen bereits einen wesentlichen Teil ihrer Altersversorgung erworben hatte, auch während der Ehe aufgrund der ungewöhnlich hohen Entlohnung in der Lage war, angemessen für ihr Alter vorzusorgen und schließlich auch durch die Verpflichtung des Ehemannes zur freiwilligen Beitragszahlung in die gesetzliche Rentenversicherung weiter abgesichert werden sollte. Diese für den Altersunterhalt gegebenen Gründe lassen auch den Versorgungsausgleichsverzicht nicht sittenwidrig erscheinen. Entsprechendes gilt für den Verzicht auf Krankheitsunterhalt, zumal der Ehemann sich auch zu einer Kompensation in Form der Unterhaltsabfindung von DM 80.000,-- verpflichtet hatte.

Der Vertrag hielt im Übrigen auch der Ausübungskontrolle nach § 242 BGB stand, da sich im maßgeblichen Prüfungszeitpunkt – dem Scheitern der Ehe – keine unzumutbare Lastenverteilung zu Lasten der Ehefrau ergab.[61]

In einem weiteren Fall hatten die schwangere Ehefrau und der Ehemann kurz vor der Heirat Gütertrennung vereinbart und grundsätzlich auf Versorgungsausgleich und Unterhalt verzichtet. Der Ehemann verpflichtete sich aber zur Zahlung von Rentenversicherungsbeiträgen in Höhe von 2/3 des höchsten Rentenbemessungsbetrages während der Ehe. Der Ehefrau war ein Rücktrittsrecht vom Versorgungsausgleichsverzicht für den Fall des Verzugs des Ehemannes mit drei Monatsbeträgen vorbehalten. Auch der Unterhaltsverzicht war auflösend bedingt für den Fall der Kindesbetreuung. Der sorgeberechtigte, wegen der Kinder nicht erwerbstätige Ehegatte sollte einen zeitlich gestaffelten Unterhalt von DM 2.000,-- bis zum 6. Lebensjahr und von DM 1.000,-- bis zum 14. Lebensjahr des jüngsten Kindes erhalten, im Übrigen für zwei Jahre nach Rechtskraft der Scheidung monatlich DM 2.000,--. Die Vorinstanzen haben der Ehefrau nur den ehevertraglich vereinbarten Unterhalt zugesprochen und im Übrigen ihre Klage auf Versorgungsausgleich und Auskunft zum Zugewinnausgleich abgewiesen.

Der XII. Zivilsenat des Bundesgerichtshofs hat das Urteil aufgehoben und zurückverwiesen. Allerdings hat auch er eine Nichtigkeit des Vertrages gemäß § 138 BGB verneint, da die Schwangerschaft allein hierfür mit Blick auf die getroffene Absicherung durch Unterhalt und Rentenbeitragszahlung nicht ausreicht. Die zeitliche und höhenmäßige Beschränkung des

61 BGH Urteil vom 12.01.2005 – XII ZR 238/03 – FamRZ 2005, 691.

Unterhaltsanspruchs rechtfertigt eine Sittenwidrigkeit nicht schon dann, wenn der eheangemessene Unterhalt nach § 1578 BGB nach den Verhältnissen zum Zeitpunkt des Vertragsschlusses nicht erreicht ist, sondern allenfalls dann, wenn der Unterhalt nicht annähernd geeignet ist, die ehebedingten Nachteile auszugleichen. Auch hinsichtlich der anderen Unterhaltstatbestände (Alter, Krankheit, Erwerbslosigkeit) und hinsichtlich des Versorgungsausgleichs ergibt sich aus der zum Zeitpunkt des Abschlusses des Ehevertrages maßgebenden Sicht wegen der Absicherung durch den Kindesbetreuungsunterhalt und den nachehelichen Überbrückungsunterhalt sowie durch die Rentenbeitragszahlung keine Sittenwidrigkeit. Im Rahmen der Ausübungskontrolle hat es der XII. Zivilsenat des Bundesgerichtshofs allerdings für möglich gehalten, dass sich der Ehemann nicht auf den vertraglichen Ausschluss berufen kann, wenn die tatsächliche Gestaltung der ehelichen Lebensverhältnisse von der ursprünglichen Lebensplanung abweicht, mithin die Grundsätze des Wegfalls der Geschäftsgrundlage zur Anwendung kommen.[62]

In einem weiteren Fall hatte die schwangere Ehefrau kurz vor der Heirat in einem notariellen Ehevertrag Gütertrennung vereinbart und einer Unterhaltsregelung zugestimmt, die ihr – in zeitlicher Staffelung abhängig von der Dauer der Ehe – monatliche Unterhaltsbeträge zwischen DM 1.500,-- und DM 2.500,-- bis zur Vollendung des 16. Lebensjahres des letzten gemeinsamen Kindes zuerkannte.

Der XII. Zivilsenat des Bundesgerichtshofs hat diese Regelung im Ergebnis als sittenwidrig (§ 138 BGB) angesehen. Zwar reicht dazu weder allein die Schwangerschaft noch für sich gesehen der Umstand aus, dass der festgelegte Unterhalt der Höhe nach nicht dem eheangemessenen Unterhalt (§ 1578 BGB) entsprach. Hinzu kam aber, dass die für die erste Zeitstaffel von 8 Jahren vereinbarten DM 1.500,-- nur DM 200,-- über dem notwendigen Eigenbedarf (Existenzminimum) eines erwerbstätigen Ehegatten lag und absehbar war, dass mangels Wertsicherungsklausel diese Summe nicht ausreichen würde, das Existenzminimum für die gesamte Dauer der Unterhaltspflicht zu decken.[63]

In einem weiteren Fall war die Ehefrau russische Staatsangehörige, der deutschen Sprache nicht mächtig und Klavierlehrerin. Sie hatte den deutschen Ehemann über Briefkontakt kennengelernt und war mit ihrem zehnjährigen Sohn mit einem Besuchervisum nach Deutschland gekommen.

62 BGH Urteil vom 25.05.2005 – XII ZR 296/01 – FamRZ 2005, 1444.
63 BGH Urteil vom 05.07.2006 – XII ZR 25/04 – NJW 2006, 3142.

Kurz vor der Eheschließung schlossen die Parteien in einem notariellen Ehevertrag den Versorgungsausgleich aus und verzichteten auf Unterhalt. Der Zugewinnausgleich blieb zunächst bestehen, jedoch sollte Grundbesitz dabei unberücksichtigt bleiben. Einige Monate nach der Heirat vereinbarten sie in einem weiteren notariellen Ehevertrag Gütertrennung. Die Ehefrau litt schon bei der Heirat an Skoliose, die aber später nach der Heirat als Multiple Sklerose erkannt wurde. Sie ist nunmehr gehunfähig und pflegebedürftig.

Der XII. Zivilsenat des Bundesgerichtshofs hat den Unterhaltsverzicht bereits als sittenwidrig nach § 138 BGB angesehen. Zwar können durch Vertrag von vornherein einzelne Lebensrisiken, z.B. eine schon vor der Ehe zu Tage getretene Krankheit aus der Verantwortung der Ehegatten füreinander herausgenommen werden. Allerdings kann sich ein Ehegatte nicht von jeder Verantwortung freizeichnen, wenn er – wie hier – den anderen Ehegatten aus dem Ausland nach Deutschland geholt hat und dieser andere Ehegatte erkennbar mangels Sprachkenntnissen und beruflicher Ausbildung keiner Erwerbstätigkeit wird nachkommen können.[64]

In einem weiteren Fall war die Ehefrau vor Eingehung ihrer zweiten Ehe wegen der Betreuung ihres erstehelichen Kindes nur teilerwerbstätig gewesen. Bei Eingehung der zweiten Ehe war sie schwanger. Auch der Ehemann war geschieden und einer Ehefrau und zwei Kindern unterhaltspflichtig. Die Ehegatten schlossen vor der Heirat eine Vereinbarung, wonach der jeweilige Unterhaltsberechtigte einen monatlichen Unterhalt in Höhe eines Beamtengehalts der Besoldungsgruppe A III, Dienstaltersstufe 10, bekommen sollte. Bis zu dieser Höhe sollte auch ein etwaiger Zuverdienst anrechnungsfrei bleiben. Die Ehefrau war während der Ehe nicht erwerbstätig. Sie verlangte vom Ehemann einen konkreten Unterhaltsbedarf entsprechend seinem Einkommen von insgesamt EUR 4.915,-- , Elementarunterhalt zuzüglich Altersvorsorgeunterhalt (EUR 994,--) und Krankenvorsorgeunterhalt (EUR 271,--). Das Amtsgericht hat ihr nur einen Unterhalt auf der Basis des vereinbarten Beamtengehalts von rd. EUR 1.782,-- zugesprochen. Das Oberlandesgericht hat ihr demgegenüber einen Unterhalt in Höhe des doppelten Grundgehalts zugesprochen mit der Begründung, die ehebedingten Erwerbsnachteile auszugleichen, die der Ehefrau in Höhe des vorgestellten, aber tatsächlich nicht erzielten Zuverdiens-

64 BGH Urteil vom 22.11.2006 – XII ZR 119/04 – FamRZ 2007, 450.

tes entstanden seien und dies mit der Vertragsanpassung im Rahmen der Rechtsausübungskontrolle nach § 242 BGB begründet.

Der XII. Zivilsenat des Bundesgerichtshofs hat die Sache aufgehoben und zurückverwiesen. An der Rechtswirksamkeit des Ehevertrages nach § 138 BGB bestehe kein Zweifel, da sich weder aus dem Umstand der Schwangerschaft der Ehefrau noch aus der vereinbarten Unterhaltshöhe eine einseitige Lastenverteilung zu Lasten der Ehefrau ergab. Gleiches gelte für den Umstand, dass entgegen den Erwartungen eine außergewöhnlich gute Einkommenssteigerung des Ehemannes eingetreten war. Denn ein Vertrag, in dem der Unterhalt in etwa den Einkommensverhältnissen bei Vertragsschluss entsprach und in dem künftige Einkommenssteigerungen des Unterhaltspflichtigen ausgeschlossen und der Unterhalt nur nach den allgemeinen Lebenshaltungskosten fortgeschrieben werden soll (wie hier mit der Ankoppelung auf ein bestimmtes Beamtengehalt, was einer Wertsicherungsklausel gleichkommt), ist nicht sittenwidrig, da es keinen unabdingbaren Anspruch auf Teilhabe an außergewöhnlichen Einkommenssteigerungen des anderen Ehegatten gibt. Auch eine unzulässige Rechtsausübung wurde verneint. Denn mit der Abkoppelung des nachehelichen Unterhalts von der späteren Einkommensentwicklung haben die Parteien zu verstehen gegeben, dass sich der Unterhalt der Höhe nach nicht nach den jeweiligen ehelichen Lebensverhältnissen (§ 1578 BGB) richten sollte. Das ist bindend. Eine Vertragsanpassung im Rahmen der Rechtsausübungskontrolle nach § 242 BGB kam daher hier nur unter dem Gesichtspunkt in Betracht, dass sich die Erwerbsmöglichkeiten der Ehefrau in der Ehe zu ihren Lasten erheblich anders entwickelt hatten, als ursprünglich vorgestellt. Das bedeutet aber noch nicht, dass dann pauschal die im Vertrag festgelegte Unterhaltsregelung schlicht verdoppelt werden könnte. Darüber hinaus war vorliegend auch zu beachten, dass die Ehefrau schon wegen ihres erstehelichen Kindes ihre Erwerbstätigkeit eingeschränkt hatte. Die daraus resultierenden erstehelich bedingten Nachteile können nicht zu Lasten des zweiten Ehemannes gehen.[65]

In einem weiteren Fall war die in erster Ehe geschiedene Klägerin gelernte Goldschmiedin. Sie lebte zunächst nichtehelich mit dem Beklagten zusammen, der wie sie im Juweliergeschäft seiner Eltern tätig war, das er später übernehmen sollte. Als die Klägerin schwanger wurde, drängten die Eltern des Beklagten auf Heirat und vorherigen Abschluss eines Ehever-

65 BGH Urteil vom 28.02.2007 – XII ZR 165/04 – FamRZ 2007, 974.

trages. Dieser sah die Vereinbarung der Gütertrennung, den Ausschluss des Versorgungsausgleichs und den grundsätzlichen gegenseitigen Unterhaltsverzicht vor, mit Ausnahme des Betreuungsunterhalts. Dieser sollte so lange gezahlt werden, bis das jüngste Kind das 6. Lebensjahr vollendet hatte. Unabhängig davon verpflichtete sich der Ehemann zur Zahlung einer Unterhaltsabfindung für jedes Ehejahr in Höhe von DM 3.000,--. Die Unterhaltsregelung war mit einer Wertsicherungsklausel versehen. Die Klägerin hat unter Berufung auf die gesamte Nichtigkeit des Ehevertrages wegen der Beschränkung des Unterhalts gemäß § 1570 BGB Zahlung von Zugewinnausgleich begehrt.

Der XII. Zivilsenat des Bundesgerichtshof hat den Vertrag als nicht sittenwidrig angesehen. Für sich genommen ist der Ausschluss des Zugewinnausgleichs – als nicht vom Kernbereich erfasste Scheidungsfolge - ehevertraglicher Disposition am weitesten zugänglich und regelmäßig nicht sittenwidrig. Denn es entspricht dem legitimen Interesse des Ehemannes, das väterliche Geschäft, das auch seine Lebensgrundlage bildet, nicht durch etwaige Ausgleichszahlungen zu gefährden. Eine Nichtigkeit folgt auch nicht aus der notwendigen Gesamtwürdigung mit den anderen Regelungen, insbesondere der zeitlichen Beschränkung des Betreuungsunterhalts bis zum 6. Lebensjahr des Kindes. Maßgebend sind die Einzelfallumstände. Darüber hinaus war die Ehefrau auch durch zusätzliche Unterhaltsabfindung abgesichert, wobei die teilweise nachträglich vereinbarte Zahlung in eine Kapitallebensversicherung nicht zu beanstanden war. Gleiches gilt im Ergebnis für den Verzicht auf den Krankheitsunterhalt, da insofern ein Ausschluss vorehelicher Krankheitsfolgen zulässig ist, und für den Verzicht auf Altersunterhalt, da die Parteien bei Vertragsschluss von einer Wiederaufnahme der Erwerbstätigkeit und Aufbau einer eigenen Altersversorgung der Ehefrau ausgingen, die dann auch stattfand, so dass sie keine erheblichen ehebedingten Verluste erlitt. Im Übrigen könnte dem im Wege der Ausübungskontrolle Rechnung getragen werden, was aber mit der Frage der Nichtigkeit der Gesamtregelung und auch des Zugewinnausgleichsverzichts nichts zu tun habe.[66]

In einem weiteren Fall war die Ehefrau bei Heirat als Stationsschwester voll berufstätig, der Ehemann befand sich noch in der Juristenausbildung, die er in der Ehe abschloss und anschließend in den Dienst einer Landesversicherungsanstalt trat. Später wurde er Ministerialrat in den neuen

66 BGH Urteil vom 28.03.2007 – XII ZR 130/04 – FamRZ 2007, 1310.

Bundesländern. Die Parteien vereinbarten einen gegenseitigen Unterhalts- und Versorgungsausgleichsverzicht, beließen es aber beim Güterstand des Zugewinnausgleichs. Aus der Ehe gingen zwei Kinder hervor. Die Ehefrau arbeitete nach dem ersten Kind zunächst noch voll weiter, nach dem zweiten Kind bis zu ihrer Erkrankung nur noch halbtags. Sie bezieht nun eine geringe Erwerbsminderungsrente. Das Amtsgericht hatte den Versorgungsausgleich zu Gunsten der Ehefrau rechtskräftig in beschränktem Umfang durchgeführt, aber ihr Unterhaltsbegehren zurückgewiesen. Als Zugewinnausgleich erhielt sie EUR 12.500,--, ferner den hälftigen Anteil des Verkaufs des Familienheims in Höhe von EUR 76.000,--. Das Oberlandesgericht hat der Ehefrau im Wege der Ausübungskontrolle einen teilweisen Unterhalt von rd. EUR 330,-- monatlich als Ausgleich für den zu geringen Versorgungsausgleich zuerkannt. Der Bundesgerichtshof hat – insoweit dem Oberlandesgericht folgend – eine Sittenwidrigkeit verneint und auch im Rahmen der Ausübungskontrolle grundsätzlich einen ergänzenden Krankheitsunterhaltsanspruch der Ehefrau bejaht, weil sie aufgrund der späteren Kindesbetreuung nicht mehr ausreichend für den Fall der Erwerbsminderung und des Alters Vorsorge treffen konnte und der rechtskräftig durchgeführte Versorgungsausgleich nicht zu einer Halbteilung der ehezeitlich erworbenen Versorgungsanrechte geführt hatte. Dieses Defizit sollte durch den Krankheitsunterhalt ausgeglichen werden. Er hat allerdings die Sache aufgehoben und zurückverwiesen, weil das Oberlandesgericht den wegen des ehebedingten Nachteils zuzubilligenden Unterhalt der Höhe nach nicht korrekt ermittelt hatte.[67]

In einem weiteren Fall hatten die Ehegatten, die zuvor 12 Jahre nichtehelich zusammengelebt hatten, in einem kurz vor Eheschluss geschlossenen Ehevertrag die Gütertrennung vereinbart, den Versorgungsausgleich ausgeschlossen und auf nachehelichen Unterhalt gegenseitig verzichtet. Der Vertrag enthielt auch eine Salvatorische Klausel für den Fall der Unwirksamkeit einzelner Regelungen. Die Ehefrau war gelernte Bankkauffrau, hatte in diesem Beruf aber nie gearbeitet, sondern war Büroangestellte. Im Zeitpunkt des Vertragsschlusses war sie arbeitslos. Der Ehemann war Polizeibeamter im Mittleren Dienst, daneben stiller Teilhaber eines Fitness-Studios, wo auch die Ehefrau zeitweise auf der Basis eines sozialversicherungsfreien Beschäftigungsverhältnisses geringfügig tätig war. Weitergehende Tätigkeiten übte sie bis zur Trennung nicht aus, sondern

67 BGH Urteil vom 31.10.2012 – XII ZR 129/10 –FamRZ 2013, 195.

versorgte Haushalt und drei Kinder. Der Ehemann veräußerte seine Beteiligung und erwarb zu seinem Alleineigentum ein Familienheim. Aus einem gemeinschaftlichen Bankguthaben erhielt die Ehefrau EUR 23.000,--. Ihr Begehren auf Auskunftserteilung u.a. zum Zugewinn war insoweit nicht erfolgreich, da der Bundesgerichtshof die vereinbarte Gütertrennung für wirksam hielt. Er hat hervorgehoben, dass die Berufung auf Gütertrennung als ein vom Gesetz zur Verfügung gestellter Wahlgüterstand nur unter engen Voraussetzungen rechtsmissbräuchlich sein kann. Er hat an der „Kernbereichsferne" des Zugewinnausgleichs auch für Unternehmerehen festgehalten, in denen ein Ehegatte seine Altersversorgung nicht durch Bildung von Versorgungsanrechten im Sinne des § 2 VersAusglG, sondern im Wesentlichen durch Ansammlung privaten Vermögens aufbaut. Selbst in solchen Fällen der Funktionsäquivalenz von Zugewinnausgleich und Versorgungsausgleich hindere auch der Umstand, dass der andere Ehegatte wegen seiner Familienarbeit Nachteile beim Aufbau einer eigenen Altersversorgung erlitten habe, einen Ehegatten grundsätzlich nicht, sich auf eine wirksame Gütertrennung zu berufen. Da die Versorgungsnachteile der Ehefrau hier über eine im Wege der Ausübungskontrolle vorzunehmende Teilhabe an der Beamtenversorgung des Mannes ausgeglichen wurden, hat der Bundesgerichtshof offengelassen, ob und unter welchen Voraussetzungen es geboten erscheint, der Ehefrau mittels eines modifizierten Zugewinnausgleichs einen Ausgleich für die in der Ehe entgangene Altersversorgung zu gewähren.[68]

In einem weiteren Fall betrieb der Ehemann selbständig ein Konstruktionsbüro, in dem die Ehefrau nach Aufgabe ihrer Stellung als Fabrikationshelferin als Büroangestellte beschäftigt war. Später übertrug der Ehemann das Büro auf die Ehefrau, die dort weiter tätig blieb. Zugleich mit der Übertragung des Konstruktionsbüros auf die Ehefrau verzichteten die Ehegatten gegenseitig auf Versorgungs- und Zugewinnausgleich. Später, nach Aufgabe des Konstruktionsbüros, nahm der Ehemann eine versicherungspflichtige abhängige Beschäftigung an, während die Ehefrau nur noch teilweise sozialversicherungsfreie Tätigkeiten ausübte. Im Wege der Ausübungskontrolle wurde der Ehefrau ein Versorgungsausgleich zugebilligt, weil das geplante Versorgungskonzept für die Ehefrau auf der Grundlage des Konstruktionsbüros nach dessen Aufgabe nicht mehr möglich war. Allerdings war der Versorgungsausgleich auf den Ausgleich der ehe-

68 BGH Urteil vom 21.11.2012 – XII ZR 48/11 – FamRZ 2013, 269, RZ 35,36.

bedingten Versorgungsnachteile beschränkt, die der Ehefrau nach Aufgabe des Büros entstanden waren. Denn soweit sie während ihrer Tätigkeit im Büro weniger Versorgungsanrechte erworben hatte als sie als Büroangestellte in einem fremden Betrieb hätte erwerben können, beruhte dies auf ihrer eigenen Entscheidung und ihrem eigenen wirtschaftlichen Risiko, welches sie selbst tragen müsse.[69]

In einem weiteren Fall hatten die Eheleute im Rahmen einer Ehekrise eine notarielle Scheidungsfolgenvereinbarung getroffen, in der sie Zugewinn, Versorgungsausgleich und Unterhalt ausschlossen. Der Ehefrau wurde im Rahmen der Auseinandersetzung des Vermögens der Ehegatten die Hälfte des gemeinsamen Wertpapierdepots in Höhe von EUR 130.000,-- zugewiesen, ferner eine der beiden gemeinsamen Eigentumswohnungen, die als Kapitalanlage angeschafft worden waren. Der Ehemann verpflichtete sich, die Wohnung im Wert von EUR 130.000,-- zu entschulden. Ferner stellte er die Ehefrau im Innenverhältnis von Unterhaltsansprüchen des gemeinsamen Sohnes frei. Außerdem verpflichtete er sich, zu Gunsten der Ehefrau eine private Lebensversicherung auf Kapital- oder Rentenbasis, fällig mit ihrem 65. Lebensjahr, abzuschließen und hierfür monatliche Beiträge von EUR 500,00 einzuzahlen. Die Ehefrau, die keine abgeschlossene Berufsausbildung hatte, war vor und in der Ehe in der Gastronomie selbständig und in der Ehe zeitweise im Handelsvertretungsbüro des Ehemannes tätig. Im Übrigen versorgte sie Haushalt und Kind. Die Vorinstanzen haben das Begehren der Ehefrau auf Zugewinn und Versorgungsausgleich zurückgewiesen, weil § 138 BGB nicht vorlag. Das hat der Bundesgerichtshof bestätigt und das Verfahren lediglich wegen eines Fehlers beim Trennungsunterhalt bemängelt.[70]

---

69 BGH Beschluss vom 27.02.2013 – XII ZB 90/1 – FamRZ 2013, 770

70 BGH Beschluss vom 29.01.2014 – XII ZB 303/13 – FamRZ 2014, 629.

Scheidungsvereinbarungen zum Versorgungsausgleich nach dem VersAusglG – ausgewählte Fragen aus notarieller Sicht –

Wolfgang Reetz *

I. Grundlagen

1. Vereinbarungsfreiheit

Das VersAusglG fördert privatautonome Vereinbarungen zum Versorgungsausgleich und erweitert die Dispositionsbefugnis der Ehegatten; Vereinbarungen zum Versorgungsausgleich sind „grundsätzlich erwünscht".[1] Das gilt auch für scheidungsbezogene Abreden.

Die Förderung von privatautonomen Vereinbarungen ist wichtiges Regelungsziel der Reform des Jahres 2009;[2] dies ist in streitigen Konstellationen bei der Auslegung von Normen des VersAusglG zu berücksichtigen. Zu Recht formulieren Schmid/Eulering:[3] „Der Versorgungsausgleich fördert Vereinbarungen, er empfindet sie nicht mehr, wie bisher, als eher störenden Eingriff". Die Ehegatten sollen den Wertausgleich durch Vereinbarungen möglichst selbst regeln.[4] Der Bedeutungswandel von Ehegattenvereinbarungen wird durch die gerichtliche Bindung nach § 6 Abs. 2 Ver-

---

* Dr. Wolfgang Reetz ist Notar in Köln.

1 Vgl BT-Drucks 16/10144, S. 51; OLG Schleswig (2. Senat), FamRZ 2013, 887; Brambring, in: Beck´sches Formularbuch – Bürgerliches, Handels- und Wirtschaftsrecht, VersAusgl. 10. Aufl. 2009, V 23.1; ders., Ehevertag, 7. Aufl. 2013 Rn. 88; Langenfeld, 6. Aufl. 2011, Rn. 586; siehe auch Hahne, FamRZ 2009, 2041; Eichenhofer, NotBZ 2009, 339 (341); Wick, FuR 2010, 376; ders., Versorgungsausgleich 3. Aufl. 2013 Rn.. 755; Johannsen/Heinrich/Hahne, § 7 VersAusglG Rn. 10; Müller, Teil 3 Rn. 797; Würzburger Notarhandbuch/Mayer, Teil 3 Rn. 173 f. m.w.N.

2 Hahne, FamRZ 2009, 2041; Langenfeld, FPR 2009, 497, 498; Rakete-Dombek, NJW 2010, 1313 (1316); MüKo-BGB/Dörr, 5. Aufl. 2010, § 9 VersAusglG Rn. 5; Kemper, Kap. VII Rn. 1; Bergmann, DAI-Skript zur 14. Jahresarbeitstagung 2011, 275; Götsche/Rehbein/Breuers, § 6 Rn. 2; Borth, 6. Aufl., Rn. 906.

3 Schmid/Eulering, FamRZ 2009, 1269.

4 Wick, FuR 2010, 301 mwN.; ders., Versorgungsausgleich 3. Aufl. 2013 Rn. 753.

sAusglG unterstrichen. Das VersAusglG will das bis dahin faktisch geltende Monopol der Gerichte zum Abschluss scheidungsbezogener Vereinbarungen über den Versorgungsausgleich durchbrechen.[5]

Der Bedeutungswandel von Ehegattenvereinbarungen ergibt sich darüber hinaus aus der keineswegs zufällig gewählten Stellung der §§ 6 – 8 VersAusglG im Regelungszusammenhang des Gesetzes. Vereinbarungen werden bewusst in den Bereich des Wertausgleichs eingegliedert, und systematisch vor den konkreten gesetzlichen Regelungen zum Wertausgleich bei Scheidung (§§ 9 – 19, 28 VersAusglG) behandelt.[6] Auch dies hat Bedeutung für die Auslegung und die traditionell restriktive Beurteilung von Ehegattenvereinbarungen zum Versorgungsausgleich.

Für alle Arten von vertraglichen Vereinbarungen bis zum Eintritt der Rechtskraft über den Ausgleich von Anrechten ergibt sich die Befugnis zur einvernehmlichen Modifikation bis hin zum gänzlichen Ausschluss des Versorgungsausgleichs, also die Vereinbarungsfreiheit, zunächst und einfachgesetzlich aus § 6 Abs. 1 S. 1 VersAusglG.[7] Das gilt auch für Scheidungsvereinbarungen zum Versorgungsausgleich. Die weite Dispositionsbefugnis der Ehegatten folgt ergänzend aus der vom Verfahrensrecht vorausgesetzten Abänderbarkeit nach §§ 225 ff. FamFG und aus der Tatsache, dass der durch § 6 Abs. 1 S. 2 Nr. 2 VersAusglG ausdrücklich erwähnte vollständige Ausschluss natürlich alle weniger einschneidenden Modifikationsbefugnisse, auch ohne die Aufzählung weiterer Regelbeispiele, umfasst.[8] Insoweit kann jede Art der Modifikation des vom Gesetz vorgesehenen Teilungsregimes auch als ein Teilausschluss verstanden werden.

Die weitgehende Gestaltungsbefugnis ist im Übrigen auch der sachgerechte Ausgleich für die nach wie vor deutliche Orientierung des Gesetzgebers am Leitbild der „Ein- oder Alleinverdienerehe“[9], die der sozialen

---

5 So zu Recht Eichenhofer, Neuregelung des Versorgungsausgleichs, in: Schriften zum Notarrecht 13, 163.

6 Eingehend Borth, 6. Aufl., Rn. 542 f. u. 906; ebenso Wick, FuR 2010, 301; ders., Versorgungsausgleich 3. Aufl. 2013 Rn. 753.

7 Wick, FuR 2010, 376; Langenfeld, 6. Aufl. 2011, Rn. 585; ähnlich in: Kaiser/Schnitzler/Friederici/Götsche, BGB Bd. 4 – FamR, 2. Aufl. 2010, § 6 VersAusglG Rn. 1, der ebenfalls zu Recht schreibt: „die Ehegatten sollen nicht gesetzlich gezwungen sein, einen Versorgungsausgleich durchzuführen“.

8 Vgl. bereits BGH, FamRZ 2001, 1444 zur gleichgelagerten Frage bei § 1408 Abs. 2 S. 2 BGB a.F.

9 Den Begriff „Alleinverdienerehe“ verwendet BGH, FamRZ 2014, 629.

Wirklichkeit zunehmend weniger entspricht.[10] In einer gelebten, partnerschaftlichen Doppelverdienerehe müssten die Eheleute die Unzulässigkeit einer von ihnen gewünschten Ausschlussvereinbarung und eine ihrem frei gebildeten Vertragswillen widersprechende Zwangsteilhabe an den Anrechten des wirtschaftlich erfolgreicheren Ehegatten als staatliche Bevormundung empfinden.[11]

Die Regelbeispiele des § 6 Abs. 1 S. 2 Nrn. 1 – 3 VersAusglG nennen vertragliche Vereinbarungsvarianten der bereits vor Inkrafttreten des VersAusglG geübten Gestaltungspraxis. Es handelt sich dabei um solche, die die Rechtsprechung und Literatur grundsätzlich gebilligt hatten. Der Gesetzgeber sichert damit den zum 1.9.2009 bestehenden Gestaltungsspielraum für die Zukunft ab.[12] Die Regelbeispiele stellen hingegen keinen abschließenden Katalog dar („insbesondere“).[13] Irgendeine Verengung der Vertrags- und Vereinbarungsfreiheit nach § 6 Abs. 1 S. 1 VersAusglG in Richtung der Regelbeispiele des § 6 Abs. 1 S. 2 VersAusglG ist dem Gesetz nicht zu entnehmen.[14] Aus dem Gesetzeswortlaut „ganz oder teilweise“ lässt sich im Übrigen herleiten, dass auch die Vereinbarung von abweichenden Teilregelungen ohne weiteres zulässig ist,[15] also beispielsweise das Nebeneinander von Vereinbarungen über den gänzlichen oder teilweisen Ausschluss einzelner Anrechte bei gleichzeitiger Beibehaltung der gesetzlichen Teilungsregeln für andere Anrechte der Ehegatten.[16] Überhaupt ergeben sich allein schon aus dem Systemwechsel zum Hin- und Herausgleich und der Betrachtung jedes einzelnen Anrechts Gestaltungs-

---

10 Ausführlich und weiterhin gültig: Gruntkowski, MittRhNotK 1993, 1 (10); siehe zudem Staudinger/Rehme, BGB (Stand 2007), § 1408 Rn. 43; MüKo-BGB/Kanzleiter, 5. Aufl. 2010, § 1408 BGB Rn. 18; Langenfeld, 6. Aufl. 2011, Rn. 579; siehe auch Würzburger Notarhandbuch/Mayer, Teil 3 Rn. 171.

11 So ausdrücklich BGH, FamRZ 2014, 629 unter Verweis auf Langenfeld, 6. Aufl. 2011, Rn. 651.

12 Wick, FPR 2009, 219 (220); ders., FuR 2010, 376.

13 Kemper, Kap. VII Rn. 12 f.; Kaiser/Schnitzler/Friederici/Götsche, BGB Bd. 4 – FamR, 2. Aufl. 2010, § 6 VersAusglG Rn. 18; ähnlich Hahne, FamRZ 2009, 2041 (2042).

14 So im Ergebnis auch Kemper, Kap. VII Rn. 12; siehe auch Langenfeld, 6. Aufl. 2011, Rn. 587; Wick, FuR 2010, 376.

15 Vgl. Kaiser/Schnitzler/Friederici/Götsche, BGB Bd. 4 – FamR, 2. Aufl. 2010, § 6 VersAusglG Rn. 18.

16 Siehe beispielsweise Borth, 6. Aufl., Rn. 921; Müller, Teil 3 Rn. 798 hält offenbar nur Teilausschlüsse für zulässig.

möglichkeiten, die nach dem System des Einmalausgleichs in eine Richtung nicht möglich waren.

In der Vertragspraxis werden neben den Regelbeispielen nach § 6 Abs. 1 S. 2 Nrn. 1-3 VersAusglG, einschließlich des Totalausschlusses nach § 6 Abs. 1 S. 2 Nr. 2 VersAusglG, Fallgruppen unterschieden, die sich als Modifikationen oder Teilausschlüsse des gesetzlich vorgesehenen Versorgungsausgleichs darstellen; dies sind beispielsweise: Veränderung des Ausgleichszeitraums („fiktives Ehezeitende"), Herausnahme einer oder einzelner Versorgungsarten, Veränderung der Ausgleichsquote, Begrenzung auf einen Gesamtbetrag einzelner oder mehrerer Anrechte und der Veränderung des Berechnungsverfahrens, und zwar jeweils mit und ohne Gegenleistungen sowie unter Bedingungen, Befristungen, Rücktritts- und Widerrufsvorbehalten.

2. Vorsorgende und scheidungsnahe Vereinbarungen

Allein die Ehegatten – nicht etwa auch die Versorgungsträger – haben die erforderliche Vereinbarungsbefugnis und sind die Beteiligten in scheidungsnahen Vereinbarungen über den Versorgungsausgleich.[17] Sie können daher den Ausgleich einzelner, einer Vielzahl oder insgesamt aller, dem Versorgungsausgleich unterfallender Anrechte, mittels Ehevertrag i.S.d. § 1408 Abs. 1 BGB (also zusammen mit Vereinbarungen über „güterrechtliche Verhältnisse") oder durch Scheidungsvereinbarung i.S.d. § 6 Abs. 1 S. 1 VersAusglG ausschließen oder inhaltlich modifizieren.

Im Verhältnis zu § 6 Abs. 1 S. 1 VersAusglG ist § 1408 Abs. 2 BGB nur noch eine Verweisnorm ohne eigenen Regelungsgehalt. § 1408 Abs. 2 BGB leitet für den Fall von Vereinbarungen zum Versorgungsausgleich, die im Rahmen eines Ehevertrages abgeschlossen werden (sollen) wegen der näheren Anforderungen an den Inhalt auf die §§ 6 und 8 VersAusglG weiter (nicht hingegen auf § 7 VersAusglG); § 7 Abs. 3 VersAusglG verweist wegen der Form wiederum zurück auf § 1410 BGB. Außerhalb von „Zusammenbeurkundungen" mit Regelungen nach § 1408 Abs. 1 BGB,

17 Ggfs. können die Versorgungsträger nach § 8 Abs. 2 VersAusglG indirekt beteiligt sein; Besonderheiten gelten zudem für Vereinbarungen nach § 14 Abs. 2 Nr. 1 VersAusglG.

vor allem bei „isolierten Vereinbarungen" in Scheidungsnähe, ist § 7 Abs. 1 VersAusglG anwendbar.[18]

Vorsorgende Eheverträge und scheidungsnahe Vereinbarungen mit Bezug zum Versorgungsausgleich sind im Übrigen gleich zu behandeln;[19] die Rechtsgrundlagen für ihre Beurteilung sind nunmehr einheitlich. Insbesondere unterliegen sie einheitlich der allgemeinen Inhaltskontrolle nach § 8 Abs. 1 VersAusglG (hierzu sogleich). Auch ansonsten sind Fragen der Zulässigkeit, der Wirksamkeit und der Formvoraussetzungen für alle Vereinbarungen nach den §§ 6 – 8 VersAusglG zu beurteilen; zeitpunktbezogene Unterschiede der Prüfungsdichte und des Prüfungsverfahrens durch das Familiengericht – wie sie § 1587o BGB a.F. für scheidungsnahe Vereinbarungen noch kannte – kennt das VersAusglG nicht mehr. Gleichwohl kann es im Einzelfall, insbesondere bei Scheidungsvereinbarungen sinnvoll sein, dem Familiengericht, das die Wirksamkeit der Regelungen zum Versorgungsausgleich nach § 8 Abs. 1 VersAusglG bezweifeln könnte, zuvor den Urkundsentwurf vorzulegen.[20]

3. Zeitpunkt des Zustandekommens

Vereinbarungen über den Versorgungsausgleich können – ohne Rücksicht auf eine terminologische Einordnung als vorsorgend oder scheidungsnah – in zeitlicher Hinsicht getroffen werden:[21]

- jederzeit während der intakten ehelichen Lebensgemeinschaft,
- während oder zu Beginn des Getrenntlebens (mit oder ohne konkrete Scheidungsabsicht),
- als Teil einer Vereinbarung für das auf Dauer angelegte Getrenntleben der Ehegatten („Getrenntlebenvereinbarung"),

---

18 Vgl. statt aller Götsche/Rehbein/Breuers, § 6 Rn. 5 ff.; Wick, FPR 2009, 219 (220).

19 Bergmann, FuR 2009, 421, 423; Bergmann, DAI-Skript zur 14. Jahresarbeitstagung 2011, 276; Borth, 6. Aufl., Rn. 906; unzutreffend Müller, Teil 3 Rn. 802 ff.

20 So jedenfalls Wick, FuR 2010, 301, 303; ders., Versorgungsausgleich 3. Aufl. 2013 Rn. 787 mit Musteranschreiben in Anh. 9; in der Praxis wird dieses Vorgehen vom Familiengericht hingegen häufig zurückgewiesen.

21 Zur Indifferenz des Vereinbarungszeitpunkts Kemper, Kap. VII Rn. 5 u. 97; siehe auch Wick, FuR 2010, 301; ders., Versorgungsausgleich 3. Aufl. 2013 Rn. 757; Schulz/Hauß, § 6 VersAusglG Rn. 5 ff.

- in einer konkreten Krise der Ehe (auch ohne Getrenntleben der Ehegatten und ohne konkrete Scheidungsabsicht – „Krisen-Ehevertrag"),
- bei Vorliegen einer konkreten Scheidungsabsicht als Teil einer Scheidungsfolgenvereinbarung,
- vor und auch nach Rechtshängigkeit des Scheidungsantrags bis zur Rechtskraft über den Wertausgleich (in Bezug auf jedes einzelne Anrecht), ggfs. in der Rechtsmittelinstanz, nicht jedoch vor dem BGH,[22]
- nach Rechtskraft der Scheidung, wenn und solange das Familiengericht über den Wertausgleich auch nur einzelner Anrechte noch nicht rechtskräftig entschieden hat, über diese Anrechte (z.B. Verfahren nach § 140 FamFG abgetrennt),[23]
- nach rechtskräftiger Entscheidung über den Wertausgleich von Anrechten, die noch nach Scheidung schuldrechtlich auszugleichen sind (§ 19 VersAusglG),[24]
- nach rechtskräftiger Entscheidung im Abänderungsverfahren nach § 225 FamFG, § 32 VersAusglG in Bezug auf das abzuändernde Anrecht,[25]
- nach rechtskräftiger Entscheidung im Änderungsverfahren nach § 51 VersAusglG (seltener Fall),[26]
- nach rechtskräftiger Entscheidung zur Abwendung oder Kompensation eines Verfahrens nach § 225 FamFG[27] und
- vor der Ehe zwischen den zukünftigen Ehegatten (Verlobten).[28]

---

22 OLG Brandenburg, OLGR 2007, 10; Hahne, FamRZ 2009, 2041 (2047); Götsche/Rehbein/Breuers, § 6 Rn. 10.

23 Vgl. etwa BGH, FamRZ 1982, 688; BGH, FamRZ 1989, 1060; Müller, Teil 3 Rn. 805.

24 Siehe BT-Drucks 16/10144, S. 52; Goering, FamRB 2004, 64 (70); Kemper, Kap. VII Rn. 7 mit einem Fallbeispiel zu ausländischen Anrechten.

25 Vgl. hierzu OLG Celle FamFR 2011, 180; Kaiser/Schnitzler/Friederici/Götsche, BGB Bd. 4 – FamR, 2. Aufl. 2010, § 6 VersAusglG Rn. 11; Götsche/Rehbein/Breuers, § 6 Rn. 14 mwN.; Kemper, Kap. VI Rn. 8; Schulz/Hauß, § 6 VersAusglG Rn. 7; Borth, 6. Aufl., Rn. 914, der zu Recht auf die Bindungswirkungen der Ausgangsentscheidung verweist.

26 Die Änderung nach § 51 VersAusglG führt zu einer „Totalrevision" und deswegen zur Möglichkeit alle denkbaren Gestaltungen, die auch vor Scheidung hätten vereinbart werden können, nunmehr nachzuholen; vgl. Kaiser/ Schnitzler/ Friederici/Götsche, BGB Bd. 4 – FamR, 2. Aufl. 2010, § 6 VersAusglG Rn. 11.

27 Vgl. Bergmann, in: BeckOK VersAusglG, § 7, Ed. 20, Rn. 9.

28 Siehe bereits BGH FamRZ 1979, 477 (488); Gruntkowski, MittRhNotK 1993, 1 (12); Palandt/Brudermüller, § 1408 Rn. 12 m.w.N.; Kaiser/Schnitzler/ Friederici/

Während Vereinbarungsmöglichkeiten nach rechtskräftiger Entscheidung über den Wertausgleich kaum vorstellbar sind, weil die rechtsgestaltende Wirkung der familiengerichtlichen Entscheidung (vgl. § 224 Abs. 3 FamFG) vertraglich nicht revidiert werden kann,[29] zeigt die Zusammenstellung der Zeitpunkte des Zustandekommens von Versorgungsausgleichsvereinbarungen nicht nur zufällig, dass ein Schwerpunkt auf scheidungsnahen Abreden liegt. Das scheint mit der Praxis nach dem Inkrafttreten des VersAusglG zu korrespondieren.

II. Inhaltskontrolle von Scheidungsvereinbarungen zum Versorgungsausgleich

Nachfolgend soll kurz darauf eingegangen werden, wie die von der Rechtsprechung entwickelten Maßstäbe der Inhaltskontrolle auf Scheidungsvereinbarungen und speziell auf die Scheidungsfolge „Versorgungsausgleich“ also im Rahmen des § 8 Abs. 1 VersAusglG und des familienrechtlichen Verfahrensrechts umgesetzt werden:

1. Besonderheiten der Inhaltskontrolle von Scheidungsvereinbarungen

Die Maßgaben der Inhaltskontrolle sind auch auf scheidungsnahe und echte Scheidungsvereinbarungen anwendbar.[30] Das VersAusglG unterscheidet im Anwendungsbereich des § 8 Abs. 1 VersAusglG, in dem die Inhaltskontrolle als Kontrollinstrument ausdrücklich benannt ist, nicht zwischen (vorsorgenden) Eheverträgen und scheidungsnahen Vereinbarungen. Vereinbarungen zum Versorgungsausgleich müssen einheitlich, und ohne

---

Bergschneider, BGB Bd. 4 – FamR, 2. Aufl. 2010, § 1408 BGB Rn. 6; Götsche/Rehbein/Breuers, § 6 Rn. 9.

29 Götsche/Rehbein/Breuers, § 6 Rn. 13.

30 OLG Celle, FamRZ 2004, 1202 = NJW 2004, 1961 = DNotI-Report 2004, 81; OLG Brandenburg, FamRZ 2013, 335 = BeckRS 2013, 09142; OLG Hamm, NotBZ 2012, 390; OLG Celle, FamRZ 2007, 1566 mAnm Bergschneider (Vergleich vor einem österreichischen Gericht); OLG Jena, FamRZ 2007, 2079 (zu gerichtlichem Vergleich); OLG Köln, RNotZ 2010, 55 mAnm Langenfeld, FamFR 2010, 23 (lehrbuchartig zu einer Vereinbarung nach Trennung); OLG Naumburg, FF 2002, 69 mAnm Bergschneider (zu den Vorgaben des BVerfG); NK-BGB FamR/Sanders § 1585c Rn. 14; Bergschneider, Richterliche Inhaltskontrolle, 36 mwN; Münch, Ehebezogene Rechtsgeschäfte, Rn. 691 ff.

Rücksicht auf den Zeitpunkt ihres Zustandekommens, einer richterlichen Wirksamkeits- und Ausübungskontrolle gemäß den § 8 Abs. 1 VersAusglG iVm §§ 138, 242, 313 BGB standhalten.[31] Für Scheidungsvereinbarungen können sich dennoch wichtige Besonderheiten ergeben:

Der Funktionsunterschied zwischen einem (vorsorgenden) Ehevertrag und einer Scheidungsvereinbarung, die durch den Regelungsanlass der nahen Scheidung und der Abwicklung der gemeinsamen wirtschaftlichen Verflechtung gekennzeichnet ist, ist geeignet, die Scheidungsvereinbarung überwiegend unter dem Aspekt der Wirksamkeitskontrolle (§ 138 Abs. 1 BGB) und weniger dem der Ausübungskontrolle zu beurteilen.[32] Ein signifikantes zeitliches Auseinanderfallen des „geplanten" und „gelebten" Ehetypus zwischen Vertragsabschluss einerseits und Rechtskraft der Scheidung andererseits besteht regelmäßig nicht; die Ehe ist bereits im „Abwicklungsmodus". Ein Großteil der Ehegatten wird trotz der Emotionalisierung durch die gescheiterte Ehe in einer scheidungsnahen Vereinbarung eher geneigt und auch in der Lage sein, ihre Interessen zukunftsorientiert zu erkennen und vor allem auch wahrzunehmen.

Bei der uneingeschränkt durchzuführenden Wirksamkeitskontrolle scheidungsnaher Vereinbarungen zum Versorgungsaugleich ist auf der objektiven Seite der Sittenwidrigkeitsprüfung (= objektiv einseitige Lastenverteilung als Ergebnis des Vertrages) zu berücksichtigen, inwieweit der durch eine Verzichts- oder Ausschlussvereinbarung benachteiligte Ehegatte tatsächlich Einbußen hinzunehmen hat. Gehört der verzichtende Ehegatte beispielsweise zu einem sog. rentenfernen Jahrgang, bei dem der Zeitraum zwischen der Scheidung bis zum Renteneintritt noch einen verwertbaren Anrechteerwerb erwarten lässt, steht eine sich letztendlich auswirkende Benachteiligung regelmäßig (noch) nicht fest. Im Ergebnis fehlt es daher bei rentenfernen Jahrgängen oftmals an der erforderlichen Prognosesicherheit. Es kann nicht ermittelt werden, ob im Zeitpunkt des Vertragsschlusses tatsächlich eine signifikante Nachteilsverfestigung bestand

31 Wick, FPR 2009, 219; Schmidt/Eulering, FamRZ 2009, 1269 (1270); Langenfeld, FPR 2009, 497; Brambring, NotBZ 2009, 429 (430); Bredthauer, FPR 2009, 500 (501); Eichenhofer, NotBZ 2009, 337 (338); Bergschneider/Weil, Beck'sches Formularbuch FamR, Form. K.I.1. Anm. 3; Langenfeld, Handbuch, 6. Aufl. 2011, Rn. 592.

32 In OLG Koblenz, RNotZ 2011, 608 wird die Ausübungskontrolle nur noch beiläufig angemerkt; ebenso OLG Jena, FamRZ 2007, 2079 = NJOZ 2007, 3138 (3. LS); OLG Hamm, FamRZ 2013, 1311 = NJW 2013, 3253.

und deshalb eine scheidungsbezogene Ausschlussvereinbarung möglicherweise schon bei ihrem Zustandekommen sittenwidrig ist (oder war).[33]

Neben solchen Besonderheiten zur objektiven Tatbestandsseite des Sittenwidrigkeitsvorwurfs ist es erforderlich – wie auch bei einem (vorsorgenden) Ehevertrag – eine Gesamtwürdigung aller individuellen Verhältnisse der Ehegatten bei Vertragsschluss vorzunehmen. Aus einer objektiv einseitig belastenden Regelung zum Versorgungsausgleich kann auch im Rahmen einer Scheidungsvereinbarung nur dann auf eine verwerfliche Gesinnung geschlossen werden, wenn der unausgewogene Vertragsinhalt die auf ungleichen Verhandlungspositionen beruhende einseitige Dominanz des begünstigten Ehegatten widerspiegelt.[34] Deshalb ist der Tatrichter auch bei scheidungsnahen Vereinbarungen nicht davon enthoben, konkrete Feststellungen zur Imparität machen zu müssen.

Die Anpassung vertraglicher Vereinbarungen im Wege der Ausübungskontrolle (§§ 242, 313 BGB) wird scheidungsnahe Vereinbarungen nicht nur allgemein wenig betreffen,[35] es gelten zudem abermals Besonderheiten für die kernbereichsnahe Scheidungsfolge des Versorgungsausgleichs.[36] Zunächst ist davon auszugehen, dass den Ehegatten in scheidungsnaher Situation alle wesentlichen Fragen ihres Bedarfs, ihrer Altersvorsorge und ihrer Vermögensverhältnisse bekannt sind. Einer nachträglichen Korrektur zunächst fehlerhafter Prognosen bedarf es regelmäßig nicht, es fehlt zumeist an einem signifikanten Zeitablauf zwischen Vertragsschluss und Scheidung bzw. den maßgeblichen Zeitpunkten nach § 1384 BGB, § 3 Abs. 1 VersAusglG.[37]

Anders kann im Einzelfall die Situation beim Nachscheidungsunterhalt sein.[38] Hier beginnt das Unterhaltsrechtsverhältnis als Dauerschuldverhältnis erst mit der Rechtskraft der Scheidung. Demgemäß hat die Recht-

---

33 Vgl. OLG Hamm, FamRZ 2013, 1311 = NJW 2013, 3253 mwN; AG Ludwigslust, BeckRS 2011, 08946.

34 Hierzu OLG Hamm, FamRZ 2013, 1311 = NJW 2013, 3253 mwN.

35 AA Bergschneider, Richterliche Inhaltskontrolle, 37.

36 OLG Jena, FamRZ 2007, 2079 = NJOZ 2007, 3138 (3. LS); Göppinger/Börger/Schwamb, 10. Aufl. 2013, Teil 3 Rn. 75; aA wohl Münch, FPR 2011, 504; OLG Celle, NJW-RR 2004, 1585 (als Korrektur der fehlenden Abänderungsbefugnis für nachehelichen Unterhalt).

37 So auch OLG Brandenburg, FamRZ 2013, 335 = BeckRS 2013, 09142; Borth, Versorgungsausgleich, 6. Aufl., Rn. 942.

38 Siehe insoweit Borth, Versorgungsausgleich, 6. Aufl., Rn. 942; ders., FamRZ 2004, 609; Bergschneider, FamRZ 2005, 453; OLG München, FamRZ 2005, 215; anders wohl NK-BGB FamR/Sanders § 1585c Rn. 23.

sprechung den in einer Scheidungsvereinbarung erklärten, einseitigen Verzicht auf Nachscheidungsunterhalt nachträglich der allgemeinen Ausübungskontrolle unterzogen, wenn die „geplanten" Verzichtsvoraussetzungen später wegfallen.[39] Selbst ein nach der Scheidung (wirksam) vereinbarter Unterhaltsverzicht unterliegt insoweit der Inhaltskontrolle und kann bei Kinderbetreuung im Rahmen der Ausübungskontrolle nach § 242 BGB dazu führen, dass sich der Pflichtige während der Dauer der Kinderbetreuung nicht auf den Verzicht berufen darf.[40] Ansonsten sind Veränderungen nach Scheidung (und nach dem Abschluss einer Scheidungsvereinbarung) im Rahmen der Anpassung nach § 239 FamFG zu berücksichtigen, sofern die Ehegatten dessen Anwendung nicht ausgeschlossen haben.

Auf den (Teil-)Ausschluss des Versorgungsausgleichs in einer Scheidungsvereinbarung lassen sich diese Grundsätze einer Korrektur des Vertrages mittels einer Ausübungskontrolle nach Scheidung indes nicht übertragen. Derartige Vereinbarungen führen über den gerichtlichen Beschluss nach § 224 Abs. 3 FamFG (unter Beachtung des § 6 Abs. 2 VersAusglG) zur Rechtskraft der Entscheidung über den Wertausgleich bei Scheidung. Außerhalb des schuldrechtlichen Ausgleichs (§§ 20 ff. VersAusglG) entsteht zwischen den geschiedenen Ehegatten kein nacheheliches Dauerschuldverhältnis; die Abänderungsvoraussetzungen nach §§ 227 Abs. 2, 225 FamFG sind wiederum keine Anpassungsfälle der Ausübungskontrolle. Der ggfs. modifiziert durchgeführte oder aufgrund des Vertrages gerade nicht durchgeführte – rechtskräftige – Ausgleich bei Scheidung lässt sich nicht mehr im Sinne einer Fehlerkorrektur auf der Basis des § 242 BGB nachholen. Für nachträgliche Anpassungen als Ergebnis einer Ausübungskontrolle besteht insoweit gerade kein Raum mehr.

2. Prüfungspflicht des Familiengerichts – Amtsermittlung oder Anlasskontrolle?

Nach § 8 Abs. 1 VersAusglG hat das Familiengericht (auch das Rechtsmittelgericht) von Amts wegen zu prüfen (vgl. §§ 217 ff., 26 FamFG), ob

---

39 Zu einem Verzicht nach Scheidung OLG München, FamRZ 2005, 215 = FamRB 2005, 3 (Grziwotz).

40 OLG München, FamRZ 2005, 215; vergleichbares Beispiel bei Bergschneider, Richterliche Inhaltskontrolle, 37.

und in welchem Umfang Vereinbarungen zum Versorgungsausgleich einer Wirksamkeits- oder Ausübungskontrolle standhalten. Das hat seit Inkrafttreten des VersAusglG Fragen aufgeworfen; insbesondere die, ob insoweit eine Verschärfung der Rechtslage eingetreten ist.

Indes, auch bereits vor Inkrafttreten des VersAusglG hatte der Richter im FGG-Verfahren zum Versorgungsausgleich rechtsvernichtende oder rechtshindernde Einwendungen von Amts wegen zu berücksichtigen. Der allgemeine Grundsatz der Feststellung entscheidungserheblicher Tatsachen durch amtsseitige Ermittlung (§ 26 FamFG) erfuhr im Versorgungsausgleichsverfahren dennoch seit eh und je eine spezifische Einschränkung in die Richtung, dass es trotz Amtsermittlung den Verfahrensbeteiligten überlassen blieb, die ihnen vorteilhaften Umstände, die dem Gericht nicht ohne Weiteres bekannt sein konnten und mussten, von sich aus vorzubringen und durch dienliche Tatsachendarstellung und geeigneten Beweisantritt an der Aufklärung des Sachverhalts mitzuwirken.[41] Dennoch ist (oder war) unter der Anwendung des VersAusglG die genaue Reichweite der aus dem Amtsermittlungsgrundsatz resultierenden Prüfungspflicht und -dichte in Bezug auf das Instrument der Inhaltskontrolle umstritten. Die Bedeutung der Fragestellung wird dadurch verstärkt, wenn man bedenkt, dass das Familiengericht in seiner Entscheidung gebunden ist, falls einer ehevertraglichen Vereinbarung zum Versorgungsausgleich keine Wirksamkeits- (und Durchführungshindernisse) entgegenstehen, § 6 Abs. 2 VersAusglG.

Unbestritten ist jedenfalls, dass das Gericht „von Amts wegen“ die formal-rechtlichen Anforderungen an eine (Scheidungs-)Vereinbarung nach § 7 VersAusglG und auch die materiell-rechtlichen Vereinbarungshindernisse, beispielsweise nach § 8 Abs. 2 VersAusglG oder § 134 BGB prüft. Hierunter fallen insbesondere Verstöße gegen wirksame binnenrechtliche Regelungen der Versorgungsträger.

Bei der Frage, ob sich der Amtsermittlungsgrundsatz auch auf die durch § 8 Abs. 1 VersAusglG verwirklichte Lösung eines Verweises auf die allgemeine Inhaltskontrolle von Eheverträgen mit ihrer spezifischen Kombination aus Wirksamkeits- und Ausübungskontrolle erstreckt, ist jedenfalls zu beachten, dass eine Prüfung nach § 8 Abs. 1 VersAusglG nicht identisch ist mit der präventiven und amtsseitigen Genehmigungsprüfung im Rahmen des § 1587 o BGB a.F. Auch eine funktionale Gleichstellung ist

41 Vgl. BGH, FamRZ 2007, 366 mwN., bestätigt für das VersAusglG durch BGH, NJW 2014, 61.

unzulässig.[42] Zudem stand § 1587 o BGB a.F der sinnvollen Entwicklung einer Vereinbarungskultur zum Versorgungsausgleich im Wege.[43] Insbesondere sind Gesichtspunkte einer insgesamt „versorgungsgeeigneten Gegenleistung“ für (Teil-)Ausschlüsse nicht Gegenstand einer Inhaltskontrolle nach § 8 Abs. 1 VersAusglG.[44]

Borth[45] vertritt – soweit ersichtlich auch nach der Entscheidung des BGH, FamRZ 2014, 629 – eine nach hiesiger Ansicht über die Praxis der Inhaltskontrolle vor dem VersAusglG hinausgehende Auffassung. Danach habe das Familiengericht unter Beachtung des § 8 Abs. 1 VersAusglG immer und von sich aus – ohne Rücksicht auf Vortrag und Antrag der Ehegatten – zu prüfen, welche Anrechte jeder Ehegatte in der Ehezeit erworben hat und ob im Falle eines vollständigen oder teilweisen Ausschlusses eine evident einseitige Benachteiligung des wirtschaftlich schwächeren Ehegatten vorliege. Infolgedessen müsse das Gericht – und das ist der für die Praxis gewichtige Gesichtspunkt – stets alle erforderlichen Auskünfte einholen (und Ehezeitanteile ggfs. nach § 47 Abs. 6 VersAusglG bewerten) und eine Vergleichsberechnung im Sinne einer „Ausgleichsbilanz“ entsprechend den Maßgaben des § 18 Abs. 1 u. 3 VersAusglG durchführen und aufstellen.[46] Stellt ein Gericht auf diese Weise von Amts wegen eine Benachteiligung fest, soll dies sogar dazu führen, dass ohne Berücksichtigung des Willens der Ehegatten der Versorgungsausgleich von Amts wegen und abweichend von den vertraglichen Vereinbarungen der Ehegatten, nach den gesetzlichen Bestimmungen ganz oder teilweise durchzuführen ist. Maßstab soll für diesen Fall einer amtsseitigen Anpassung allerdings lediglich der Ausgleich ehebedingter Nachteile sein.[47]

---

42 So auch BGH, FamRZ 2014, 629; Bergschneider/Weil, Beck'sches Formularbuch FamR, Form. K.I.1. Anm. 3 mwN.; Bergmann, NJW 2010, 128; Hahne, FamRZ 2009, 2041; Münch, Vereinbarungen, Rn 133 mwN.; ders., FPR 2011, 504 (505); Würzburger Notarhandbuch/Mayer, Teil 3 Rn 175; anders offenbar Wick, Versorgungsausgleich 3. Aufl. 2013 Rn 786.

43 Hierzu Hauß/Eulering, S. 107; siehe auch Münch, FPR 2011, 504 mwN.

44 In diese Richtung aber insbesondere Ruland, 2. Aufl. 2009, Rn 853.

45 Borth, 5. Aufl. 2010, Rn 862; ähnlich wohl auch OLG München, FamRZ 2011, 1813; Ruland, 3. Aufl. 2011, Rn 887.

46 So auch das Beispiel bei Triebs, Rn 432.

47 Vgl. auch Ruland, 3. Aufl. 2011, Rn 887; Triebs, 2009 Rn 130.

Auch Ruland[48] vertritt die sehr ähnliche Ansicht, dass nämlich das Familiengericht eine Inhalts- und Ausübungskontrolle ohne gesonderten Vortrag oder Antragstellung durchzuführen habe und im Zweifel sogar gegen den Willen beider Ehegatten Vereinbarungen zum Versorgungsausgleich für unwirksam erklären könne (müsse), wenn sie einer amtsermittelten Inhaltskontrolle nicht standhalten. Im Rahmen der pflichtgemäßen Amtsprüfung sieht er eine Antragstellung oder den Vortrag von Gründen, der ggfs. zur Sittenwidrigkeit des Vertrages (§ 138 BGB) oder zur Anpassungsnotwendigkeit (§§ 313, 242 BGB) führt, lediglich als Teil der Verfahrensförderung (§ 27 FamFG) durch die Verfahrensbeteiligten, nicht aber als Voraussetzung zur Prüfung selbst. Auch hier müsste das Gericht vorweg in einer „Vorprüfung" eine amtsermittelte „Ausgleichsbilanz" unter Verwendung der Anrechtebewertung nach § 47 Abs. 6 VersAusglG erstellen. Vermittelnd erscheint demgegenüber die Ansicht, das Familiengericht müsse jedenfalls in einer „Vorprüfung" aller verfahrenseinleitenden Unterlagen entscheiden, ob es in eine weitergehende, qualifizierende Prüfung eintreten will.[49]

Der BGH[50] und die wohl überwiegende Literatur[51] sind gegenüber der ristriktiven Handhabung des verfahrensrechtliche Amtsermittlungsgrundsatzes (§ 26 FamFG) der Ansicht, dass es – wie allgemein in Fällen der Inhaltskontrolle von Eheverträgen – zunächst die Sache der Ehegatten ist, eine einseitige schwerwiegende Benachteiligung durch die vertragliche Gestaltung vorzutragen, um auf diese Weise das Familiengericht in die Prüfung eintreten zu lassen. Im hiesigen Zusammenhang einer Scheidungsvereinbarung wird das allerdings selten der Fall sein.

Die Mehrheitsauffassung korrespondiert jedenfalls mit der Praxis des § 27 VersAusglG; auch hier erforscht das Familiengericht – trotz des § 26

48 Ruland, 3. Aufl. 2011, Rn 887.

49 So Würzburger Notarhandbuch/Mayer, Teil 3 Rn 175.

50 BGH, FamRZ 2014, 629.

51 Wick, FuR 2010, 301; ders., FPR 2009, 219, 220 unter Verweis auf das vergleichbare Geltendmachen von Härtegründen (hierzu auch BGH, NJW 2001, 3335 (3336)); Rotax, ZFE 2009, 453 (459 f.); Brüggen, MittBayNot 2009, 337 (345); Brambring, in: FS Kanzleiter, 101 (109); ders., Ehevertrag, 7. Aufl. 2013 Rn 90; Göppinger/Börger/Schwamb, 10. Aufl. 2013, Teil 3 Rn 30; Münch, FamR in der Notar- und Gestaltungspraxis, § 4 Rn 246; Johannsen/Heinrich/Hahne, FamR § 8 VersAusglG Rn 1 a.E.; Palandt/Brudermüller, § 8 VersAusglG, Rn 5 u. Einl. Rn 13; Bergschneider/Weil, Beck'sches Formularbuch FamR, Form. K.I.1. Anm. 3; Weil, FPR 2010, 450 (454).

FamFG – nicht von sich aus das Vorliegen von Härtegründen.[52] Regelmäßig ist deshalb der insgesamt Benachteiligte nach § 27 FamFG gehalten, von sich aus durch entsprechenden Sachvortrag Tatsachen mitzuteilen, aus denen sich solche Verdachtsmomente ergeben.[53] Zumindest aber kommt eine Prüfung durch das Familiengericht ohne einen ansatzweisen Vortrag eines Beteiligten nur dann in Betracht, wenn sich Anhaltspunkte für eine schwere Benachteiligung aufdrängen und auf der Hand liegen.[54] Solche Anhaltspunkte sind Hinweise auf Verstöße gegen von der Rechtsprechung und der Literatur entwickelten, typischen Unwirksamkeitsfallgruppen.[55]

Auch im Rahmen des § 8 Abs. 1 VersAusglG gebietet es die Amtsermittlungspflicht nach hiesiger Meinung nicht, zur Vorbereitung der Ausübungs- und Wirksamkeitskontrolle stets erst die erforderlichen Auskünfte zum Versorgungsausgleich einzuholen,[56] und auf deren Grundlage im Rahmen einer „Vorprüfung" eine „Ausgleichsbilanz" zu erstellen. Schon aus dem Gesichtspunkt der Inhaltskontrolle kann eine nur auf die Ausgleichsbilanz fokussierte Betrachtung keine hinreichenden Ergebnisse liefern. Denn die Unwirksamkeit oder Anpassungsbedürftigkeit kann immer nur auf der Grundlage einer „Gesamtschau" aller Vereinbarungen und auch der Gesamtsituation der Ehegatten erfolgen. Die ansatzlose amtsseitige Einholung von Auskünften und die Erstellung einer Ausgleichsbilanz können also bestenfalls einen selbstveranlassten Ansatzpunkt liefern, die Gesamtsituation der Ehegatten zur erforschen; das aber ist nicht der Sinn des § 8 Abs. 1 VersAusglG.

---

52 Vgl. BGH, NJW 2014, 61; ebenso Wick, Versorgungsausgleich 3. Aufl. 2013 Rn 787.

53 Vgl. Palandt/Brudermüller, Einl. v. VersAusglG Rn 13; Götsche/Rehbein/ Breuers, § 8 Rn 58; Sarres, FamFR 2012, 29 (30); das OLG Brandenburg, FamRZ 2013, 1729 = BeckRS 2012, 16681 stellt strenge Anforderungen an eine substantiierte Darlegung.

54 So auch OLG Brandenburg, FamRZ 2013, 1729 = BeckRS 2012, 16681; zustimmend BGH FamRZ 2014, 629; Palandt/Brudermüller, § 8 Rn 5; Hauß/ Eulering, Rn 162; Münch, FPR 2011, 504 (506 f).

55 Johannsen/Heinrich/Hahne, § 8 VersAusglG Rn 1; Götsche/Rehbein/Breuers, § 8 Rn 58; Hauß, FPR 2011, 26 (30); Münch, FamRB 2010, 51 (55 f.); wohl auch Wick, FuR 2010, 301; vgl. z.B. für den Fall der Schwangerschaft: OLG Brandenburg, NotBZ 2011, 127.

56 Palandt/Brudermüller, BGB, § 8 VersAusglG Rn 5 m.w.N.; OLG Brandenburg, FamRZ 2013, 1729 = BeckRS 2012, 16681; a.A. offenbar OLG München, FamRZ 2011, 1813.

Der Amtsermittlungsgrundsatz ist nach alledem im Zusammenhang der versorgungsausgleichsrechtlichen Inhaltskontrolle (§ 8 Abs. 1 VersAusglG) nach zutreffender Ansicht des BGH als Anlasskontrolle („Veranlassungsprinzip“) zu begreifen.[57] Das Prinzip der Anlasskontrolle wird dem Verweischarakter des § 8 Abs. 1 VersAusglG auf die Praxis der Inhaltskontrolle unter bewusster Abwendung von § 1587 o BGB a.F. und gleichzeitiger Stärkung der Dispositionsbefugnis der Ehegatten am besten gerecht.[58]

III. Inhalt von Vereinbarungen

1. Regelbeispiele und Regelungsvielfalt

In der Praxis der Vertragsgestaltung werden neben oder ableitbar aus den Regelbeispielen der § 6 Abs. 1 S. 2 Nrn. 1 – 3 VersAusglG, die nachfolgenden Vereinbarungstypen fallgruppenartig unterschieden. Sie lassen sich zumeist als Modifikationen oder Teilausschlüsse zum gesetzlich vorgesehenen Wertausgleich verstehen und sind nicht auf Scheidungsvereinbarungen beschränkt. Sie sollen – ohne Anspruch auf Vollständigkeit – in der Form einer Checkliste dargestellt werden:

Checkliste:[59]
Vereinbarungsmöglichkeiten zum Versorgungsausgleich

- Totalausschluss (gegenseitig oder einseitig; mit und ohne vollständiger oder mit unvollständiger Kompensation),
- Totalausschluss bei kurzer Ehedauer (über 3 Jahre hinaus [§ 3 Abs. 3 VersAusglG]),

---

57 BGH, FamRZ 2014, 629; zuvor bereits: Bergschneider, RNotZ 2009, 457 (466); Hahne; FamRZ 2009, 2041, 2043; Johannsen/Heinrich/Hahne, § 8 VersAusglG Rn 1 a.E.; Palandt/Brudermüller, § 8 Rn 5; mit überzeugenden Argumenten auch Wick, Versorgungsausgleich 3. Aufl. 2013 Rn 787; Münch, Rechtsgeschäfte, Rn 2995 ff.; ders., FPR 2011, 504 (506 f.); zur Anlasskontrolle bei Vorliegen von Härtegründen (nach § 27 VersAusglG) bereits BGH, NJW 2001, 3335 (3336).

58 So auch BGH, FamRZ 2014, 629.

59 Siehe auch die Zusammenstellungen bei Palandt/Brudermüller, § 8 VersAusglG Rn. 2; Langenfeld, 6. Aufl. 2011, Rn. 590; Münch, Vereinbarungen Rn. 91 ff.; Würzburger Notarhandbuch/Mayer, Teil 3 Rn. 189.

- Teilausschluss – verschiedene Modifikation, z.B.:
    - Herausnahme einer oder einzelner Anrechte,
    - Herausnahme einer oder einzelner Versorgungsarten (früher z.B. Herausnahme von „Randversorgungen“)
    - Begrenzung des Wertausgleichs einzelner oder aller Anrechte,
- Abänderung der Ausgleichsquote (niedriger oder höher),
- Ausgleich beschränkt auf „ehebedingte (Versorgungs-)Nachteile“
- Veränderung des Ausgleichszeitraums (z.B. „fiktives Ehezeitende“; Trennungszeitpunkt),
- Saldierungsvereinbarungen (= Verrechnungsvereinbarung, mit oder ohne „Überschussausgleich“ bei Anrechten gleicher oder nicht gleicher Art),
- wertmäßige Einbeziehung nicht ausgleichsreifer Anrechte,
- Vereinbarung zur Bewertung,
- Vereinbarungen zu Kompensationen, Abfindungen (= Gegenleistungen iwS),
    - wertäquivalente oder wertdifferente Gegenleistung,
    - frei disponierbare Gegenleistung,
    - versorgungsgeeignete Gegenleistung,
    - Beitragsleistung in eine Versorgung,
    - eher ungeeignet:
        - modifizierter nachehelicher Unterhalt,
        - Freistellung von Kindesunterhalt,
    - (teilweise) Einbeziehung in die Vermögensregelung:
        - Freistellung von Verbindlichkeiten,
        - Gesamtschuldnerausgleich,
        - Zugewinnausgleichsforderung,
        - Gesamtvermögenregelung, -auseinandersetzung,
    - Gesamtregelung der Scheidungsfolgen,
- Vorbehalt des schuldrechtlichen Ausgleichs (§ 6 Abs. 1 S. 2 Nr. 3 VersAusglG),
    - ggfs. inhaltliche Gestaltung des schuldrechtlichen Ausgleichs,
- Vermeiden des schuldrechtlichen Ausgleichs in den Fällen des § 19 VersAusglG,
- äußerst limitierte Vereinbarungsmöglichkeiten zur „externen Teilung“.

Aus der angedeuteten Regelungsvielfalt soll nachfolgend auf Aspekte des § 6 Abs. 1 S. 2 Nr. 1 VersAusglG im Rahmen scheidungsbezogener Situationen eingegangen werden:

2. Einbeziehung in die Regelung der ehelichen Vermögensverhältnisse (§ 6 Abs. 1 S. 2 Nr. 1 VersAusglG)

a) Grundsatz

Nach dem Regelbeispiel des § 6 Abs. 1 S. 2 Nr. 1 VersAusglG können (und sollen) Ehegatten den Versorgungsausgleich in eine Vereinbarung über die ehelichen Vermögensverhältnisse einbeziehen („Vermögensregelung" oder „Cross-Over-Vereinbarung"[60]).[61] Der Begriff der „ehelichen Vermögensverhältnisse" ist weit zu verstehen und nicht etwa mit dem engen Ehevertragsbegriff der „güterrechtlichen Verhältnisse" des § 1408 Abs. 1 BGB identisch. Der Gesetzgeber hat die „Vermögensregelung" bewusst vor die Vereinbarungen zum „Ausschluss" (§ 6 Abs. 1 S. 2 Nr. 2 VersAusglG) und zum „Vorbehalt des schuldrechtlichen Ausgleichs" (§ 6 Abs. 1 S. 2 Nr. 3 VersAusglG) gestellt. Ziel des Regelbeispiels ist es einerseits, zu einer insgesamt wirksamen und durchsetzbaren vertraglichen Abwicklungsregelung über die ehegemeinsamen Vermögenswerte (und Verbindlichkeiten) zu gelangen.[62] Andererseits sollen möglichst alle (oder zumindest viele) Scheidungsfolgen aus Vereinfachungsgründen zusammen und abschließend, und zwar an dieser Stelle über den Weg einer „flexiblen"[63] scheidungsbezogenen Vereinbarung der Ehegatten, erledigt werden.

Die Einbeziehung des Versorgungsausgleichs in eine Vereinbarung über die ehelichen Vermögensverhältnisse hat jedoch nicht nur Auseinandersetzungs-, sondern auch offensichtlichen Ausschluss- und Gegenleistungscharakter. Denn „Einbeziehung" kann nur bedeuten, dass auf der

---

60 Diesen Typus-Begriff verwendet Schulz/Hauß, FamR, 2. Aufl. 2011, § 6 VersAusglG Rn. 15 f.

61 Vgl. Bergmann, FuR 2009, 421 (423); Wick, FPR 219, 221; Kaiser/Schnitzler/Friederici/Götsche, BGB Bd. 4 – FamR, 2. Aufl. 2010, § 6 VersAusglG Rn. 19 ff.; Würzburger Notarhandbuch/Mayer, 3. Aufl. 2012, Teil 3 Rn. 184.

62 Schmidt, FPR 2009, 196 (200).

63 Siehe Schulz/Hauß, FamR, 2. Aufl. 2011, § 6 VersAusglG Rn. 13; BT-Drucks 16/10166, S. 51.

Grundlage von Wertangaben und -ermittlungen zumindest teilweise auf die Durchführung des Wertausgleichs bei grundsätzlich auszugleichenden Anrechten auf Versorgung verzichtet wird und hierfür Gegenleistungen aus dem Bereich der Auseinandersetzung über das eheliche Vermögen erbracht werden, die jedenfalls nicht nach dem VersAusglG auszugleichen sind. Damit werden zur Vereinfachung des Ausgleichs letztlich der Ausgleichswert bestimmter Anrechte und andere Vermögenswerte miteinander verrechnet.[64] Die Verrechnung sich gegenüberstehender Werte ist somit die gedankliche und konstruktive Grundlage einer Vereinbarung nach § 6 Abs. 1 S. 2 Nr. 1 VersAusglG.

Das Regelbeispiel des § 6 Abs. 1 S. 2 Nr. 1 VersAusglG versteht im Übrigen unter Einbeziehung die verrechnende Berücksichtigung des Zugewinnausgleichs,[65] des sonstigen Vermögensausgleichs bei Beendigung der Ehe (beispielsweise aus dem Gesamtschuldnerausgleich,[66] der Auseinandersetzung über Bruchteilsmiteigentum (z.B. bei der Familienwohnung),[67] Haushaltsgegenstände, gemeinsame Konten,[68] Verbindlichkeiten,[69] eheliche Kooperationsverträge, Ehegatten-Innengesellschaft oder sogar ausnahmsweise des nachehelichen Unterhalts[70] (z.B. als Abfindung

---

64 Ruland, 2. Aufl. 2009, Rn. 803.

65 Wick, FuR 2010, 376; ders., Versorgungsausgleich 3. Aufl. 2013 Rn. 768; Münch, Vereinbarungen Rn. 235 f.; Brambring, NotBZ 2009, 429 (439); siehe die Beispiele aus dem Bereich Zugewinnausgleich bei Schulz/Hauß, FamR, 2. Aufl. 2011, § 6 VersAusglG Rn. 13: „Scheidungsimmobilie", die gegen Ausgleichswerte aus Versorgungsanrechten „verrechnet" werden; illoyale Vermögensverfügungen, die im Zugewinn zu Zurechnungen führen würden und deren Ausgleich nicht zu finanzieren ist; Zugewinnausgleichsforderungen aus der Bewertung von freiberuflichen Praxen/Kanzleien mit teilweise erheblichem Wert; siehe auch Borth, 6. Aufl., Rn. 915.

66 Vgl. Wick, FPR 2009, 219 (221); ders., FuR 2010, 376; ders., Versorgungsausgleich 3. Aufl. 2013 Rn. 768; Kaiser/Schnitzler/Friederici/Götsche, BGB Bd. 4 – FamR, 2. Aufl. 2010, § 6 VersAusglG Rn. 20; MüKo-BGB/Eichenhofer, 5. Aufl. 2010, § 6 VersAusglG Rn. 7.

67 Siehe etwa MüKo-BGB/Eichenhofer, 5. Aufl. 2010, § 6 VersAusglG Rn. 7; Wick, FuR 2010, 376; ders., Versorgungsausgleich 3. Aufl. 2013 Rn. 768; Glockner/Hoenes/Weil, § 9 Rn. 27; mit einem Bewertungsbeispiel bereits bei Goering, FamRB 2004, 95, 98.

68 Glockner/Hoenes/Weil, § 9 Rn. 27.

69 Siehe Ruland, 3. Aufl. 2011, Rn. 855.

70 Wick, FuR 2010, 376; ders., Versorgungsausgleich 3. Aufl. 2013 Rn. 768; Hauß/Eulering, Rn. 144; gegen eine Einbeziehung wegen der Volatilität des Bedarfs und der ehelichen Lebensverhältnisse Hahne, FamRZ 2009, 1041; eher zurückhaltend auch Ruland, 3. Aufl. 2011, Rn. 855 f („in Ausnahmefällen").

nach § 1585 Abs. 2 BGB). Die „Einbeziehung" bedeutet demnach keine Verengung auf güterrechtliche oder nebengüterrechtliche Ansprüche.[71] Gegenleistungen können auch reine Kapitalabfindungen, die Beitragsentrichtung in die gRV oder die Übertragung einer Immobilie mit versorgungsgeeigneten Einnahmen aus VuV sein.[72]

Das Regelbeispiel nach Nr. 1 erfasst zudem bereits aus sich heraus Anknüpfungspunkte an die Rechtsprechung zur Inhaltskontrolle unter dem Gesichtspunkt der anderweitigen „Kompensation" und zur „Gesamtschau" scheidungsbezogener Regelungen der Ehegatten. Darüber hinaus wird ersichtlich, dass die Ehegatten den Versorgungsausgleich nicht isoliert von anderen scheidungsbezogenen Angelegenheiten betrachten und durchführen müssen.[73] Nicht erforderlich ist es, dass der Verzicht auf die Realteilung (= Ausschluss) im Rahmen der Einbeziehung in die Regelungen der Vermögensverhältnisse zu einer vollständigen Kompensation führen muss.[74]

Bei Verrechnungen mit anderen Vermögenswerten, also denjenigen, die nicht versorgungsausgleichsrechtlicher Art sind, wird regelmäßig an die Angaben der Versorgungsträger zum „Kapitalwert" oder zum „korrespondierenden Kapitalwert" angeknüpft werden;[75] grundsätzlich empfehlenswert wäre demgegenüber die Verwendung des versicherungsmathematischen Barwerts nach § 47 Abs. 5 VersAusglG oder zumindest eine Bewertung nach § 47 Abs. 6 VersAusglG (jeweils – soweit relevant – unter Verwendung realistischen Rechnungszinses). Dennoch darf nicht übersehen werden, dass die durch das VersAusglG eingeführte Pflicht zur Mitteilung von ehezeitbezogenen Kapitalwerten durch die Versorgungsträger gerade auch der Erleichterung von Vereinbarungen nach § 6 Abs. 1 S. 2 Nr. 1 VersAusglG dient.[76] Deren uneingeschränkte Verwendung bedarf

---

71 Vgl. Götsche/Rehbein/Breuers, § 6 Rn. 24 m.w.N.; Kemper, Kap. VII Rn. 17; MüKo-BGB/Eichenhofer, 5. Aufl. 2010, § 6 VersAusglG Rn. 7.

72 Vgl. Schramm, NJW-Spezial 2009, 292; Kemper, Kap. VII Rn. 14.

73 Hierauf weisen Kemper, Kap. VII Rn. 14; Borth, 6. Aufl., Rn. 915 richtigerweise hin.

74 Wick, FPR 2009, 219 (222); Götsche/Rehbein/Breuers, § 6 Rn. 23; Würzburger Notarhandbuch/Mayer, 3. Aufl. 2012, Teil 3 Rn. 185.

75 BT-Drucks 16/10144, S. 52; Wick, FuR 2010, 376 (377); Kemper, Kap. VII Rn. 14; Würzburger Notarhandbuch/Mayer, 3. Aufl. 2012, Teil 3 Rn. 184; ebenso Götsche/Rehbein/Breuers, § 6 Rn. 23, während in § 47 Rn. 28 nur eine Wertermittlung auf der Basis des § 47 Abs. 6 VersAusglG für zulässig erachtet wird.

76 So Borth, 6. Aufl., Rn. 915; Wick, FuR 2010, 376 (377).

jedoch klarer Hinweise durch den Notar an die urkundsbeteiligten Ehegatten.

b) Problemquelle: Störung der Äquivalenzbetrachtung

Neben der grundsätzlichen Unschärfe der Verwendung von Kapitalwertangaben nach § 47 Abs. 2 VersAusglG („Einkaufswert") können gerade bei der Einbeziehung von „Gegenleistungen", die als solche nicht dem Versorgungsausgleich unterliegen (z.B. eine Immobilie), weitere Störungen der Äquivalenzbetrachtung auftreten:

Eine solche Störung kann sich bei der Gegenüberstellung nominal ermittelter Ausgleichswerte mit anderen bewerteten Vermögensgegenständen dadurch ergeben, dass es sich bei Ausgleichswerten nach dem VersAusglG regelmäßig um sog. „Bruttowerte" handelt.[77] Das gilt unabhängig davon, wie die Bewertung der Anrechte nach dem VersAusglG erfolgt, also selbst für den „korrespondierenden Kapitalwert" nach § 47 Abs. 6 VersAusglG ermittelt wird. Die (Renten-)Leistungen aus der Versorgung unterliegen ab dem Zeitpunkt des tatsächlichen Bezugs, wie diejenigen aus den ungeteilten Anrechten, grundsätzlich und zunehmend der „nachgelagerten Besteuerung". Die Besteuerung in der Leistungsphase erfolgt mit dem jeweils maßgebenden, persönlichen Steuersatz und in Abhängigkeit von der jeweils gewährten Versorgung; sie kann höchst unterschiedlich ausfallen. Die Versorgungsbezüge der Beamten unterliegen beispielsweise der vollen Besteuerung, Renten aus der gRV und der berufsständischen Versorgung sind nach § 22 Nr. 1aa EStG zu besteuern, private Renten unter Berücksichtigung verschiedener Faktoren nach § 22 Nr. 1bb EStG mit dem Ertragsanteil. Zudem unterfallen (Renten-)Leistungen ggfs. und in steigendem Maße der Sozialversicherungspflicht im Bereich der Kranken- und Pflegeversicherung. Dies gilt beispielsweise für Leistungen aus betrieblichen Altersversorgungen. Die Steuer- und Abgabenbelastung kann individuell bis zu 45 % betragen. Bei der Verrechnung der Ausgleichswerte mit sonstigen Vermögenswerten (Immobilie, Zugewinnaus-

77 Vgl. Götsche/Rehbein/Breuers, 6 Rn. 23 aE; Kemper, Kap. VII Rn. 15, ders., ZFE 2011, 179 (180); Schramm, NJW-Spezial 2009, 292; Bredthauer, FPR 2009, 500 f.; Glockner/Hoenes/Weil, § 9 Rn. 11; Grandel/Stockmann/Hoenes, SWK FamR, Stichwort Nr. 201 Rn. 2; Wick, Versorgungsausgleich 3. Aufl. 2013 Rn. 768.

gleichsforderung, Gesamtschuldnerausgleich etc.), insbesondere im Bereich des Regelbeispiels nach § 6 Abs. 1 S. 2 Nr. 1 VersAusglG, ist demnach der Inhaber von Versorgungsanrechten als ausgleichspflichtige Person (bzw. von Ansprüchen auf Wertausgleich) potentiell benachteiligt. Die Gegenleistung „Vermögenswert", beispielsweise die Leistung von Zugewinnausgleich (§ 1378 Abs. 1 BGB) ist regelmäßig steuerfrei (s etwa § 5 Abs. 2 ErbStG), also ein „Nettowert", das Versorgungsanrecht unterliegt hingegen einer latenten Abgabenbelastung.[78] Es besteht also nicht nur eine Schieflage bei der Verrechnung von „Anrechten nicht gleicher Art", sondern auch „keine Parität der Nominalwerte" bei der Einbeziehung von Vorsorgeanrechten in die Vermögensregelungen der Ehegatten.[79]

Solche Störungen der Äquivalenz könnten vermieden werden, wenn die Ausgleichswerte um die durchschnittliche Steuer- und Sozialabgabenlast in einer endgültigen Bewertung bereinigt werden würden.[80] Insgesamt werden dann jedoch lediglich näherungsweise Schätzwerte zustande kommen und eine realistische Betrachtung nur möglich sein, wenn der Renteneintritt unmittelbar bevorsteht.[81] Vereinbarungen nach § 6 Abs. 1 S. 2 Nr. 1 VersAusglG, die Vermögenswerte als Gegenleistungen einbeziehen wollen, werden damit unter Beachtung steuer- und abgabenrechtlicher Ungleichheiten im späteren Leistungsbezug von Anrechten schwieriger handhabbar. Zu Recht wird daher empfohlen, steuer- und abgabenrechtliche Gesichtspunkte nur bei Vereinbarungen kurz vor dem Renteneintritt tatsächlich zu berücksichtigen.[82] Über eine mögliche Störung der Äquivalenzbetrachtung von Wertangaben sollte dennoch immer belehrt

78 Siehe hierzu auch zusammenfassend Glockner/Hoenes/Weil, § 9 Rn. 11; Grandel/Stockmann/Hoenes, SWK FamR, Stichwort Nr. 201 Rn. 2, die zu Recht darauf hinweist, dass solche Äquivalenzstörungen auch bei Abfindungen nach § 23 f. VersAusglG zu beachten sind.

79 So die plastische Darstellung bei Schulz/Hauß, § 6 VersAusglG Rn. 15.

80 Hierzu Schramm, NJW-Spezial 2009, 292; grds. zustimmend Götsche/Rehbein/Breuers, § 6 Rn. 23 aE.; Grandel/Stockmann/Hoenes, SWK FamR, Stichwort Nr. 201 Rn. 2.

81 So richtigerweise Götsche/Rehbein/Breuers, § 6 Rn. 23 aE.; siehe ebenso Kemper, ZFE 2011, 179 (180); Bredthauer, FPR 2009, 500 (501); Schramm, NJW-Spezial 2009, 292; Grandel/Stockmann/Hoenes, SWK FamR, Stichwort Nr. 201 Rn. 2.

82 Götsche/Rehbein/Breuers, § 6 Rn. 23 aE.

werden.[83] Regelmäßig sind die Beteiligten bereit, ein solches „Störungsrisiko“ hinzunehmen. Hinzu kommt, dass sich einzelfallbezogen auch beachtenswerte steuerliche Belastungen aus einer versorgungsfremden „Gegenleistung“ ergeben können, die das Bild weiter verkomplizieren.

c) Allgemeine Risiken (Versorgungssicherheit im Alter)

Zu den allgemeinen Risiken von Vereinbarungen nach dem Regelbeispiel § 6 Abs. 1 S. 2 Nr. 1 VersAusglG und erst Recht nach dem Regelbeispiel Nr. 2 („Ausschluss“) gehören neben Bewertungs- und Äquivalenzfragen auch die unterschiedliche Sicherheit von Vermögenswerten auf lange Sicht gegenüber der Wertbeständigkeit von Anrechten auf Versorgung.[84] Insbesondere die sog. öffentlich-rechtlichen Altersvorsorgeanrechte (Paradebeispiele: gRV u. BeamtV) gelten als außerordentlich wertstabil und krisensicher. Auch der Aspekt der für den Lebensunterhalt im Alter nötigen Liquidität und der Absicherung der „Kosten“ einer überdurchschnittlich langen Lebensdauer darf beim Eingehen von „Cross-Over-Vereinbarungen“ oder Ausschlussabreden nicht unterschätzt werden. Zur Deckung des baren Bedarfs im Alter sind selbst insgesamt hinreichende Vermögenswerte möglicherweise ungeeignet. Insbesondere die emotional bedingte Übernahme des „Familienheims“ gegen den Verzicht auf Wertausgleich genügt diesen Anforderungen zuweilen gerade nicht. Auch eine sonstige, „in die Regelungen der Vermögensverhältnisse einbezogene“ Immobilie kann sich durchaus als instabiler als Altersvorsorgeanrechte erweisen. Selbstverständlich ist es keine „vernünftige“ Regelung, dass der eine Ehegatte seine Betriebsrente behält, der andere dafür das Auto bekommt.[85] Ob diese Unsicherheiten allerdings quantifizierbar und in scheidungsbezogenen Vereinbarungen durch Bewertungsabschläge berücksichtigt werden können, darf für die Praxis mehr als bezweifelt werden. Ebenso darf bezweifelt werden, dass „unvernünftige“ Vereinbarungen mittels Inhaltskontrolle nach § 8 Abs. 1 VersAusglG, die eine Missbrauchskon-

83 Für den Bereich der anwaltlichen Beratung Schulz/Hauß, § 6 VersAusglG Rn. 17; Wick, Versorgungsausgleich 3. Aufl. 2013 Rn. 768.

84 Vgl. etwa Kemper, Kap. VII Rn. 17 mit Beispiel; ebenso Schulz/Hauß, § 6 VersAusglG Rn. 16.

85 Das Beispiel findet sich bei Ruland, 3. Aufl. 2011, Rn. 855; Kemper, Kap. VII Rn. 18 und Bredthauer, FPR 2009, 500, 501.

trolle und kein Instrument zur Herbeiführung des „richtigen Vertrages" darstellen, zu verhindern sind. Aus der Sicht des Notars sollten Gesichtspunkte der „Versorgungssicherheit im Alter" gleichwohl angemessen belehrt werden.

d) Kombinierte Belehrungen

Gerade bei der Einbeziehung von Ausgleichswerten aus dem Versorgungsausgleich in die Regelung der ehelichen Vermögensverhältnisse (§ 6 Abs. 1 S. 2 Nr. 1 VersAusglG) kann es zu einer Summierung von „Ungereimtheiten" kommen. Regelmäßig werden Ausgleichswerte von „Anrechten nicht gleicher Art" miteinander verrechnet und zudem der Ausgleichswert einzelner Anrechte mit Vermögens- oder sonstigen Leistungsansprüchen saldiert. Zumeist wird dies auf der Grundlage nur bedingt vergleichbarer Kapitalwertangaben nach § 47 Abs. 2 VersAusglG („Einkaufswert") geschehen. Vereinbarungen nach § 6 Abs. 1 S. 2 Nr. 1 VersAusglG sind daher im Ergebnis beratungs- und belehrungsintensiv. Hierzu könnte beispielsweise eine kombinierte Belehrung verwendet werden:

(1) Der Notar hat uns über die Bedeutung des Versorgungsausgleichs, die rechtliche Tragweite des gänzlichen oder teilweisen Ausschlusses und die Folgen für die soziale, insb. die Alterssicherung nach einer Scheidung belehrt. Es ist uns bekannt, dass bei Wirksamkeit der Vereinbarungen, die in der Ehezeit erworbenen Anteile von Anrechten nicht oder nicht vollständig zwischen uns geteilt werden. Zur Durchführung dieser Vereinbarung bedarf es zudem einer rechtskräftigen Entscheidung des Familiengerichts über den Wertausgleich nach Maßgabe dieser Urkunde.

(2) Der Notar hat zudem darüber belehrt, dass der Kapitalwert, der korrespondierende Kapitalwert, die monatliche Rente oder andere Angaben von Versorgungsträgern lediglich ausgleichsrechtliche Hilfswerte darstellen, die dem tatsächlichen Wert eines Anrechts möglicherweise nicht entsprechen und die angegebenen Werte auch nicht schematisch miteinander verglichen werden können. Dies gilt erst Recht für einen Vergleich mit Werten außerhalb des Versorgungsausgleichs (z.B. Zugewinn, andere Herauszahlungsbeträge). Bei Wertvergleichen von Anrechten könnten wertbildende Faktoren wie beispielsweise Leistungsumfang, Dynamisierung, Absicherung und Altersgrenzen für einen Bezug der Versorgung be-

rücksichtigt werden. Für derartige Feststellungen ist – wie dies § 47 Abs. 6 VersAusglG ausdrücklich für Vereinbarungen über den Versorgungsausgleich vorsieht – die Einholung eines Gutachtens empfehlenswert.

(3) Die Beteiligten erklären, dass sie dennoch die Angaben über erworbene Anrechte, insbesondere zur monatlichen Rente [oder: zum korrespondierenden Kapitalbetrag etc.], bei ihrer vertraglichen Vereinbarung zugrunde legen wollen. Eine weitergehende Ermittlung versicherungsmathematischer Barwerte und/oder die vollständige Berücksichtigung wertbildender Faktoren soll unterbleiben.

(4) Der Notar hat zudem darauf hingewiesen, dass Rentenzahlungen aus Altersvorsorgeanrechten, auch solchen, die ganz oder teilweise durch den Versorgungsausgleich erlangt werden, anders als Leistungen aus der Vermögensauseinandersetzung der Ehegatten (z.B. bare Geldzahlungen, Zugewinn, Übertragung von Bruchteilsmiteigentum etc), ab dem Zeitpunkt des tatsächlichen Rentenbezugs der Besteuerung unterliegen können. Zusätzlich können solche Rentenzahlungen der Sozialversicherungspflicht unterfallen; dies gilt beispielsweise für Leistungen aus einer betrieblichen Altersversorgung. Die sich hieraus ergebende Ungleichbehandlung scheidungsbezogener Leistungen, die erheblich sein kann, nehmen wir für unsere Vereinbarung in Kauf; sie soll nicht bewertet und einberechnet werden.

3. Beispiele zur Einbeziehung in Vermögensregelungen: Zugewinnausgleichsforderung

Die Einbeziehung des Zugewinnausgleichs als Teil der Vermögensregelungen auf der einen Seite und des Wertausgleichs nach dem VersAusglG auf der anderen Seite, gilt als ein scheidungsbezogenes Musterbeispiel zum Anwendungsbereich des § 6 Abs. 1 S. 2 Nr. 1 VersAusglG.[86] Voraus-

86 Bergschneider/Weil, Beck'sches Formularbuch Familienrecht, Form. K.IV. 4, Anm 1; Münch, Vereinbarungen Rn. 235 f.; Brambring, NotBZ 2009, 429, 439; Schulz/Hauß, § 6 VersAusglG Rn. 13; Borth, 6. Aufl., Rn. 915; MüKo-BGB/ Eichenhofer, 5. Aufl. 2010, § 6 VersAusglG Rn. 7; Ruland, 3. Aufl. 2011, Rn. 853; Berechnungsbeispiele bei Götsche/Rehbein/Breuers, § 6 Rn. 13.

setzung der Einbeziehung ist die Feststellung oder vertragliche Festlegung der Höhe des Zugewinnausgleichsanspruchs nach § 1378 Abs. 1 u. 3 BGB. Dies setzt regelmäßig die Beendigung des Güterstands der Zugewinngemeinschaft oder die Rechtshängigkeit der Scheidung voraus (§ 1384 BGB). Die Rechtshängigkeit der Scheidung ist als Eheende (§ 3 Abs. 1 VersAusglG) zudem maßgeblich, um aussagekräftige Auskünfte über den Ausgleichswert einzubeziehender Anrechte zu erlangen.

Aus einer notariellen Urkunde sollten sich die verrechenbaren Ansprüche eindeutig und klar ergeben; die Höhe der Zugewinnausgleichsforderung sollte endgültig und unanfechtbar zwischen Ehegatten festgeschrieben werden. Die Einbeziehung anderer vermögensrechtlicher Ansprüche des Nebengüterrechts ist sinnvoll. Die Abänderbarkeit der Regelungen zum Versorgungsausgleich sollte ausgeschlossen werden. Wegen der vollkommen unterschiedlichen Bedeutung von Wertangaben ist eine eingehende Belehrung erforderlich; es liegt ein Fall der Anwendung einer kombinierten Belehrung (siehe zuvor) zur besonderen Alterssicherungsfunktion des Versorgungsausgleichs, zum „korrespondierenden Kapitalwert“ und zu typischen „Aquivalenzstörungen“ vor.

Fall:
Die Ehe von Herrn A und Frau B ist gescheitert; das Trennungsjahr ist abgelaufen und der Scheidungsantrag zugestellt (= Ehezeitende). Beide Ehegatten sind anwaltlich beraten. B schuldet dem A einen unstreitigen Zugewinnausgleich (§ 1378 Abs. 1 BGB) i.H.v. 81.000,– EUR; sonstige vermögensrechtliche Ausgleichsansprüche bestehen nicht. Die Ehegatten wollen ihre Anrechte auf Altersversorgung möglichst ungeschmälert behalten. Das Anrecht aus betrieblicher Altersversorgung soll möglichst ungeteilt bleiben. Verbleibende ehebedingte Nachteile der B ergeben sich nicht; sie kann aus eigenen Einkünften ihren angemessenen Unterhalt und den Aufbau ihrer Altersversorgung sicherstellen. Die Auskünfte der Versorgungsträger liegen den Ehegatten vor; sie einigen sich darauf, ihrer Vereinbarung die korrespondierenden Kapitalwertangaben ihrer Versorgungsträger zugrunde zu legen. Die Ehegatten streben eine „Gesamtlösung“ an.

Die gegenseitigen Ansprüche stellen sich wie folgt dar:

	Ehemann	Ehefrau	Kommentar
Zugewinn	*81.000,00 €*		Vereinbarung
gRV		*92.601,36 €*	§ 47 (2) VersAusglG
gRV	*23.148,27 €*		§ 47 (2) VersAusglG
BetrAV		*33.625,00 €*	§ 47 (2) VersAusglG
	104.148,27 €	126.226,36 €	Summen

Lösungsvorschlag:[87]

I. Vorbemerkungen, Sachverhalt

§ 1
Persönliche Verhältnisse

(1) Wir haben am 10. August 1996 vor dem Standesbeamten des Standesamts in Köln die Ehe miteinander geschlossen.

(2) Wir besitzen beide ausschließlich die deutsche Staatsangehörigkeit; unseren gewöhnlichen Aufenthalt haben wir in Köln.

(3) Kinder; sonstige Unterhaltssachverhalte _____.
(4) Wir haben bisher keinen Ehevertrag und keine Scheidungsvereinbarung abgeschlossen und leben daher im gesetzlichen Güterstand der Zugewinngemeinschaft.

(5) Wir leben seit dem ____ getrennt im Sinne des § 1567 BGB und beabsichtigen uns scheiden zu lassen, das Scheidungsverfahren ist unter dem Az.: ____ bei dem Amtsgericht Köln -Familiengericht- anhängig. Die förmliche Zustellung der Antragsschrift erfolgte am 19. März 2015. Herr A stimmt bereits durch diese Urkunde dem Scheidungsantrag seiner Ehefrau in vollem Umfange zu; diese Zustimmung ist in das Scheidungsverfahren einzuführen. Wir sind beide anwaltlich vertreten.

87 Muster: Bergschneider/Weil, Beck'sches Formularbuch Familienrecht, Form. K.IV. 4; Münch, Vereinbarungen, Rn. 236; ders., Rechtsgeschäfte, Rn. 3179; Brambring, NotBZ 2009, 429 (439).

Frau F ist als Werbekauffrau im Anstellungsverhältnis in Vollzeit erwerbstätig; Herr M. ist als PR-Berater im Angestelltenverhältnis ebenfalls in Vollzeit erwerbstätig. ____ ggfs. Einkommensverhältnisse ____

(6) ____.

(7) Zur Regelung der Scheidungsfolgen wollen wir Vereinbarungen nach näherer Maßgabe dieser Urkunde treffen, insbesondere die Zugewinnausgleichsforderung festlegen und durchführen sowie die dem Versorgungsausgleich unterliegenden Anrechte in die Vermögensregelungen einbeziehen. Ein Entwurf dieser Scheidungsvereinbarung wurde uns mehr als zwei Wochen vor der Beurkundung zugesandt und ausführlich erörtert.

§ 2
Anrecht auf Altersvorsorge

(1) Herr A hat in der Ehezeit vom 1.8.1996 bis zum Ehezeitende am 31.3.2015 folgende Ehezeitanteile von Anrechten, die dem Wertausgleich unterliegen oder in den Versorgungsausgleich einzubeziehen sind, erworben:

a) nach der Auskunft der Deutsche Rentenversicherung ____ vom ____ 2015 in der allgemeinen Rentenversicherung:

• *Ehezeitanteile von*	*29,1226 EP;*
• *dies entspricht einer monatlichen Rente von*	*800,00 EUR;*
• *mit einem Ausgleichswert von*	*14,5613 EP;*
• *dies entspricht einer monatlichen Rente von*	*400,00 EUR;*
• *der „korrespondierende Kapitalwert" beträgt*	*92.601,36 EUR.*

Das Anrecht unterliegt der internen Teilung nach § 10 ff. VersAusglG.

b) nach der Auskunft der ____ vom ____ 2015 ein unverfallbares Anrecht aus betrieblicher Altersversorgung nach dem BetrAVG:

• *Ehezeitanteile (Kapitalwert) von*	*67.250,00 EUR;*
• *dies entspricht einem jährlichen Rentenwert von*	*791,00 EUR;*
• *mit einem Ausgleichswert (Kapitalwert) von*	*33.625,00 EUR;*
• *nach Berücksichtigung der Teilungskosten von*	*33.100,00 EUR.*

Das Anrecht unterliegt der internen Teilung nach § 10 ff. VersAusglG.

(2) Frau B hat folgende Ehezeitanteile von Anrechten, die dem Wertausgleich unterliegen oder in den Versorgungsausgleich einzubeziehen sind, erworben:
nach der Auskunft der Deutsche Rentenversicherung ____ vom ____ 2015 in der allgemeinen Rentenversicherung:

- *Ehezeitanteile von* 7,1250 EP;
- *dies entspricht einer monatlichen Rente von* 200,00 EUR;
- *mit einem Ausgleichswert von* 3,5625 EP;
- *dies entspricht einer monatlichen Rente von* 100,00 EUR;
- *der „korrespondierende Kapitalwert“ beträgt* 23.148,27 EUR.

Das Anrecht unterliegt der internen Teilung nach § 10 ff. VersAusglG.

(3) Den Eheleuten sind die Auskünfte der vorgenannten Versorgungsträger über den Ehezeitanteil, den Ausgleichswert und die Kapitalwertangaben der jeweils von ihnen erworbenen Anrechte bekannt; auf ein Beifügen zu dieser Urkunde wird verzichtet.

II. Scheidungsvereinbarung

§ 1
Zugewinnausgleich

(1) Die Ehegatten sind sich darüber einig, dass Frau B ihrem Ehemann, Herrn A, nach Maßgabe der Zugewinnausgleichsberechnung auf den maßgeblichen Berechnungszeitpunkt der Rechtshängigkeit des Scheidungsantrags einen Zugewinnausgleich in Höhe von

81.000,– EUR

-einundachtzigtausend Euro-

schuldet.

Die Ehegatten erklärten:
Wir verzichten auf eine konkrete Aufstellung und Ermittlung des jeweils für uns maßgebenden Anfangs- und Endvermögens im Rahmen der Berechnung des Zugewinns in dieser Urkunde. Wir bestimmen vielmehr die angegebene Zugewinnausgleichsforderung als verbindlich, da die nachfolgenden Regelungen ungeachtet der Höhe tatsächlicher Ausgleichsansprüche, abschließend und unanfechtbar gewollt sind.

(2) Wir verzichten im Übrigen nach Maßgabe dieses Vertrages auf jeden weiteren Ausgleich etwaigen Zugewinns für die Vergangenheit, gleichviel aus welchem Rechtsgrund, in welcher Höhe und ob ein solcher überhaupt erzielt worden ist; wir verzichten zudem auf jeden weitergehenden vermögensrechtlichen Ausgleich, der ehebezogen außerhalb des Güterrechts entstanden sein könnte.

§ 2
Versorgungsausgleich

(1) Herr ____ und Frau ____ vereinbaren hiermit, dass der Versorgungsausgleich nach den gesetzlichen Bestimmungen des VersAusglG wegen der von ihnen erworbenen Ehezeitanteile von Anrechten nach Abschn. I § 3 dieser Urkunde wie folgt stattfinden soll:

(2) Ein Ausgleich des Anrechts aus der gesetzlichen Rentenversicherung der Ehefrau (Abschn. I § 2 Abs. (2) lit. a) durch interne Teilung soll nicht stattfinden. Die Eheleute verrechnen vielmehr die sich insoweit gegenüberstehenden Ausgleichswerte ihrer Anrechte aus der gesetzlichen Rentenversicherung unter Vorwegnahme der Verrechnungsbefugnis der Versorgungsträger (§ 10 Abs. 2 VersAusglG), insgesamt jedoch unabhängig von dieser und der maßgeblichen Bezugsgröße, in Höhe der „korrespondierende Kapitalwerte" von jeweils 23.148,27 EUR.

(3) Ein Ausgleich des Anrechts aus der betrieblichen Altersvorsorge des Ehemanns (Abschn. I § 2 Abs. (1) lit. b) durch Realteilung soll ebenfalls nicht stattfinden. Die Eheleute verrechnen vielmehr den Ausgleichswert auf der Grundlage des mitgeteilten Kapital- bzw. korrespondierenden Kapitalwerts von 33.625,00 EUR. Die Verrechnung findet unter Einbeziehung der Zugewinnausgleichsforderung des Ehemanns in die Vermögensregelung in Höhe dieses Betrages mit der Zugewinnausgleichsforderung (§ 2 Abs. (1) dieser Urkunde) in gleicher Höhe statt.

(4) Zur weiteren teilweisen Vermeidung der internen Teilung des Anrechts aus der gesetzlichen Rentenversicherung des Ehemanns verrechnen die Ehegatten einen Teilbetrag des Ausgleichswerts in Höhe von 47.375,– EUR mit der verbleibenden Zugewinnausgleichsforderung in gleicher Höhe.

(5) Bei der Deutsche Rentenversicherung ____ soll, bezogen auf den 31.5.2012 im Wege der internen Teilung lediglich ein Anrecht zugunsten der Frau B in Höhe von 3,4717 Entgeltpunkten (statt des Ausgleichswertes von 14,5613 EP) begründet bzw. ausgebaut und zugleich das Anrecht des Herrn A um genau diesen Wert gekürzt werden. Dem vereinbarten Ausgleich liegt nach Verrechnung ein korrespondierender Kapitalwert von 22.078,09 EUR zugrunde. Für die familiengerichtliche Entscheidung soll jedoch allein die Einigung auf den Ausgleichswert in der Bezugsgröße „Entgeltpunkte" maßgeblich sein; noch einzuberechnen sind die insoweit angemessenen Teilungskosten (§ 13 VersAusglG).

(6) Die Verrechnung und Kürzung von Ausgleichswerten, bzw. der Entgeltpunkte beruht nach dem Willen der Beteiligten auf der Einbeziehung des Versorgungsausgleichs in die Vermögensregelungen der Ehegatten aus Anlass der Scheidung (§ 6 Abs. 1 S. Nr. 1 VersAusglG), jeweils auf der Grundlage der mitgeteilten Kapital- bzw. korrespondierenden Kapitalwerte. Soweit die Modifikation des Ausgleichs Ausschlusswirkung hat, stimmt dem jeder der Ehegatten zu.

(7) Die Ehegatten schließen eine nachträgliche gerichtliche Abänderung ihrer vorstehenden Vereinbarung nach § 227 Abs. 2 FamFG aus. Der Notar hat über die Bedeutung und die gesetzlichen Voraussetzungen einer nachträglichen Abänderung und die Anrechte, die einer solchen Abänderung unterliegen können, belehrt.

§ 3
<u>Hinweise zum Versorgungsausgleich</u>

Kombinierte Hinweise (s.o.).

§ 4
<u>Rechtsbestand der Vereinbarungen,</u>
<u>Sonstiges</u>

(1) Die Beteiligten sind darüber einig, dass die in dieser Urkunde getroffenen Vereinbarungen, soweit nicht ausdrücklich etwas anderes bestimmt ist, unter der Voraussetzung abgeschlossen werden, dass ihre Ehe rechtskräftig geschieden wird.

(2) Die Eheleute ____ vereinbaren hiermit, dass die Verrechnung von Ausgleichswerten und Zugewinnausgleichsansprüchen nur einheitlich Bestand haben sollen. Sollten eine oder mehrere der vorstehend getroffenen Vereinbarungen aus irgendeinem Grund unwirksam oder undurchführbar sein, sollen im Zweifel auch die übrigen in dieser Urkunde getroffenen Vereinbarungen unwirksam sein.

(3) Der Notar hat uns über die Vorschriften belehrt, nach denen diese Scheidungsvereinbarung aufgehoben oder geändert werden kann. Ein einseitiges Rücktrittsrecht behalten wir uns nicht vor.

FSC
www.fsc.org
MIX
Papier | Fördert
gute Waldnutzung
FSC® C083411

Kolibri 360 GmbH
Ferdinand-Jühlke-Straße 7
99095 Erfurt, Deutschland
produktsicherheit@kolibri360.de